本书为

教育部人文社会科学研究青年基金项目“制度规约下的大学教师职业生涯研究”（项目批准号：12YJC880119）的研究成果

寻路

——制度规约下的大学教师职业生涯研究

吴艳茹 著

中国社会科学出版社

图书在版编目（CIP）数据

寻路——制度规约下的大学教师职业生涯研究 / 吴艳茹著. —北京：中国社会科学出版社，2013.4

ISBN 978-7-5161-1508-4

Ⅰ. ①寻… Ⅱ. ①吴… Ⅲ. ①高等教育—教师—职业选择—体制改革—研究—中国 Ⅳ. ①G645.11

中国版本图书馆CIP数据核字(2012)第229009号

出 版 人　赵剑英
责任编辑　赵　丽
责任校对　王兰馨
责任印制　李　建

出版发行　中国社会科学出版社
社　　址　北京鼓楼西大街甲158号（邮编 100720）
网　　址　http://www.csspw.cn
　　　　　中文域名：中国社科网　010-64070619
发 行 部　010-84083685
门 市 部　010-84029450
经　　销　新华书店及其他书店

印　　刷　北京市大兴区新魏印刷厂
装　　订　廊坊市广阳区广增装订厂
版　　次　2013年4月第1版
印　　次　2013年4月第1次印刷

开　　本　710×1000　1/16
印　　张　17
插　　页　2
字　　数　300千字
定　　价　45.00元

序

一

21世纪伊始，在建设高等教育强国，创建世界一流大学的时代号角声中，北京大学出台了《教师聘任和职务晋升制度改革方案》“征求意见稿”和“第二次征求意见稿”（2003年）。正所谓一石激起千层浪，赞赏声、质疑声、批评声交织成一片，热论的范畴远远突破了文本本身，也远非北京大学一所高校所能承载。时人感叹曰：为什么“一个大学的内部改革成了全社会的公共话题”（李楠语），从“一个校园事件发展为轰动海内外的公共事件”（许纪霖语），甚至“已经成了中国国际互联网学术论坛的第一大事”（徐建新语）？时过近十年，回过头去品味那一场改革似乎能够发现更多值得思考的问题。

应该说，“创建一流大学的关键是人才，建设一支优秀的教师队伍的关键是科学合理的人事制度”，而“人事制度的改革涉及多个方面，教师聘任和职务的晋升制度是其中最核心的”，这一改革的思维逻辑在理论上讲大体是不错的，之所以得不到理解、认同或者引起人们批评，其焦点在于方案的表层化、效率化与简单化。改革方案并未真正触及中国高等教育发展的深层问题，准确地说并未深刻理解、把握“教育—大学教育—中国大学教育”的内在灵魂。循着《方案》的思维逻辑可以做这样的反方向推理，教师的聘任与晋升制度应由谁来制定？制度的科学性如何考量？方案背后的理念是什么？……当明晰了这一系列问题以后，隐藏在方案条文背后的以利益分配和市场竞争为指向的“经济学”思维显露无遗。《方案》的矛头主要对准的是大学中最有活力、也是大学发展命脉所系的青年教师群体，而这一群体在整个大学组织中的实际状况是，工作任务重、压力大；收入低、待遇差；没有话语权，更没有决策权；等等。以这样一个处于弱势地位的群体作为改革的突破口，有人认为是“柿子专捡软的捏”，“将北大教授以外的全体教师推入市场竞争的绞肉机”，“治错了地方，没治到根子上”，也有人更为尖锐地指出这一改革方案“目中无人”、“反人道”、“缺乏人性关怀”。透过广泛而热烈的讨论，融激情与冷静于一身的思考，人们关于大学改革的重要性与迫切性的认识得到进一步提升，如何改革以及改革的重点也在互相激荡的各种观点中渐渐达成共识。在中国大学制度改革的问题上，最重要的是大学理念的沉淀。

我们经常思考“教育应该做什么？”“大学应该怎么做？”我们也习以为常地以我们认为先进的西方的思维、西方的话语、西方的模式为参照。其实，关于“教育是什么”“大学是什么”的认识与理解比“应该做什么”的思考更有意义。大学不仅要为它“做什么”负责，而且更要为它“是什么”负责。大学“是什么”并非仅由社会需要所决定，它还受到不同于其他社会组织的大学本身特性的规约。教师是大学教育的主体力量，我们憧憬着世界一流大学的美好前景，计算着世界一流大学的各项指标体系，筹划着这段路程要用多少时间，但却不甚明了大学教师乃至中国大学教师是怎样的一个群体。改革方案很大程度上建立在对教师误解的基础之上，忽视了教师主体性、真实性的存在。从教师出发，才能解决关于教师的问题。所谓从教师出发，就是要从教师的矛盾和困惑出发。这不是一个认识的问题，不是出于求知，而是一个疑难，是“一个难题，是人遇到困难窘境的问题”。一个认识上的问题属于理智的活动，它要求解答；而一个疑难则是生存的活动，它要求解决。疑难起源于处境，正视大学教师的处境、解决教师的疑难，致力于教师精神世界的丰富提升，是大学教师制度的出发点和归宿。只有从教师的现实需求出发，才能最大程度地调动教师的积极性，发挥教师的主体性、创造性。大凡教育和学术蓬勃发展的国家，其卓有成效的大学体制和学术制度并不是靠严密的规章和刻板的条文，而是有其内在的动力，这种动力来自于能够将学术和教育职业提升为“天职”的伦理或“精神”。

进入21世纪的第二个十年，中国教育改革开始向纵深推进，改革的力度不断加大，改革的现实针对性日益突出，自上而下与自下而上的改革思路相互辉映、相得益彰。作为新时期中国教育改革的纲领性文件《国家中长期教育改革与发展规划纲要》的出台，标志着中国高等教育改革步入了一个新的历史阶段。《纲要》基于对改革开放以来高等教育改革与发展的全面检视与深刻反思，确立了高等教育发展的鲜明主题和整体思路，中国大学即将面对一系列新的挑战：由外力驱动转向创新、内在驱动；由被动适应社会转向主动服务社会；从规模扩张为特征的外延式发展转向质量提升为核心的内涵式发展；从关注硬指标的显性增长转向致力于软实力的内在提升；发展的具体路径从重学科转向重育人、从重科研转向重教学。上述这些发展趋向都极其鲜明地凸显出教育的主体力量即教师发展与提高的重要性与迫切性。人才的培养离不开教师，教学质量的提高关键就在于教师。要真正实现上述大学教育发展的一系列变革，教师制度的改革与创新是最根本的环节。而大学教师制度改革如果依然囿于数量化、功利化、强制化的思维框架之下，如果制度的制定不能有力地激发教师内在的动力与潜能，不能发挥教师的主动性与创造力，不能实现大学组织发展与大学教师发展的双赢，新时期的中国大学教育改革就难以避免沦为空文和口号的结局。

二

基于对以上诸多问题的深入思考，或者也正因为自身作为高校教师，对其身份、经历的切实体察，吴艳茹选择了“制度规约下的大学教师职业生涯”作为她的博士论文选题。当初，已为副教授的她直言攻读博士研究生的动因在于提高自身的研究水平，不为名利所诱，不惧科研所累，不忧时间、经费等条件所限，她沉潜下来，放平心态，畅游于知识的海洋。在她将自己的观察、理论学习、理性思考相互融合建构的过程中，她直面内心深处的困惑、纠结与矛盾，放开视野探察影响教师发展的制度规约以及诸多交织在一起的因素，她敏锐并深刻地感受到，当今时代，作为大学基本组织要素的教师与大学组织之间关系的微妙而又深刻的变化。

现实中，大学教师已然是大学组织内部颇具草根性的一个群体，他们处于组织系统的底层，在很多情况下身处“无权、无语、无力”的状态。然而，他们却又是大学诸多功能、职责的实际执行者，人类社会理想的描绘者，社会责任、使命的鼓吹者和担当者……一方面，大学教师被赋予了愈来愈多的使命与责任，面对的职业要求更高、竞争性更强、精神挑战更大；另一方面，他们被不断强化的行政科层权力所压制，其学术自由的范围日渐缩小，独立性日渐弱化。学术层面的精神贵族与职业层面的被雇佣者两种角色的巨大反差，教员、学者、组织中的人等多重角色集于一身的现实冲突成为作者选题的直接诱因。与其说这一选题是她穷搜冥索、苦思力探的结果，倒不如说是她集多年在大学生活、工作、学习的经历与体验而“悟”出来的。一项好的选题自然需要有重大价值和意义，但这往往还不够。那些远离或难以触动自我心灵的题目，只是基于短时的、功利的现实需要而进行浅表性接触的“研究”，无法使心灵的疆域得到拓展。中国古训有“纸上得来终觉浅，绝知此事要躬行”；“纸上得来终觉浅，心中悟出才知深”，前者强调的是活动、践行对于知识领会与掌握的意义；后者强调的是“悟”，即个体经验的激活在理解、吸收、建构和掌握知识过程中的意义。这样的选题不仅有意义，更有魅力！

大学教师的职业生涯道路是多样和复杂的，关于它的研究业已形成多种理论以及研究的视角和方法。因此，如何将这一研究推向深入，是本书面临的重要挑战。社会学家吉登斯的结构化理论、新制度经济学的制度变迁与分析理论以及职业生涯的阶段理论，为本书提供了丰富的理论养料。理论的启迪，使作者对繁杂的大学教师职业生涯与大学组织之间关联的认识不断清晰、明朗化，逐渐聚焦于现实的、强有力的制度因素，以能动性与社会结构的关系为分析视角，构建出大学教师制度与大学教师职业生涯关系的理论框架，为该书的突破与创新找到了可行的路径。更重要的是，这种对于关系的探索恰切地反映了大学教师职业生涯“问题”的深刻性所在。大学教师职业的特点归根到底首先在于它的“精神性”，也可称为“神圣性”。诚如雅斯贝尔斯所言：大学生活是“永无止境的精神追求”。这种精神性既是“为学术而学术”的“板凳需坐十年冷”的超然精神，也是向内挖潜、由内向外迸发出的主体力量，这是大学发展源远流长的“自治”、“自由”的核心旨趣。然而，引人深思、令人痛惜的是这一“精神性”的存在却正在遭受扼杀、扭曲。大学被社会剧烈变革裹挟着一路挣扎地发展到今天，从“象牙塔”彻底参与到社会之中，与社会权力结构共谋，被无孔不入的市场原则所浸染。压得教师喘不过气来的量化考核标准和绩效问责，为争夺诱人的、有限的资源而不断爆出的大学丑闻……逐步动摇或淹没了教师职业的理想追求，也掏空了大学教师职业的精髓。随着大学与现实环境之间的相互作用，内在的价值观与外在的制度都摆脱了传统的固定性与既定性，利奥塔曾意味深长地指出，“暂时的合约取代了永恒的制度”——无论政治、文化、经济、知识界还是社会事务甚至最亲密的私人关系，都是如此。[①]此时，我们必

① [英]安东尼·史密斯、弗兰克·韦伯斯特：《后现代大学来临》，侯定凯、赵叶珠译，北京大学出版社2010年版，第74页。

须清醒地认识到价值观与制度重构，或者经常被重新建构的必要与重要。大学教师制度的改革不会终结，换一种角度说，大学教师职业生涯的发展道路必将面临着更大的压力与挑战。关于大学教师制度与职业生涯之间互动关系的研究，不仅是一个理论问题，更是一个现实问题。

基于此，本书以社会结构与能动性关系的分析视角，对西方大学教师制度的产生、发展展开历史长时段的分析，找寻教师制度与职业生涯之间丰富、复杂、动态的关系。作者回答了大学教师制度的产生“是教师群体行动的结果，是教师群体行动的预期结果与意外结果的合成物”，指出大学教师制度的变迁源于“社会精英与大学教师的共同行动”；进而，深入分析了二者之间的关系，“大学教师制度既为教师的职业生涯设置了边界和约束，同时也提供了职业生涯发展的方向和保障”，“教师的职业生涯决策与之相应的有意图行动，是大学教师制度制约性与使动性得以发挥的前提”，观点鲜明，结论允当。然后，作者又回到现实微观的环境中，整理分析中国大学教师制度与教师职业生涯的特殊性，并基于对院校个案的深入调查，揭示出问题所在。中国大学“在制度改革的推进方式上，强制性色彩浓郁；在制度改革的价值取向上，对效益目标的过度追求遮蔽了学术目标的本体意义；在制度改革的措施手段上，过度强调个人竞争和功利性激励；在制度改革的实现途径上，单纯依赖行政管制和等级控制的方式”。概言之，论文题目、视野虽大，但大而不空，不仅有条理清晰的骨架，更有丰富、翔实的血肉与思想见地，尤其是有比较强烈的现实感，对当代大学教育的改革与发展颇多启迪。

“弟子不必不如师，师不必贤于弟子”，在本书付梓出版之际，作为吴艳茹的导师，谨以此序表达我的祝贺和欣慰！

闫广芬

2013年1月25日

目 录

第一章　导论

第一节　问题的提出与研究意义

一定意义上讲，人是由工作来定义的，正是通过工作，人类的潜能和价值才得以充分展现。所谓“职业生涯”，其实就是“工作人生”，即一个人生命历程中与工作有关的经历。从20多岁入职到60多岁离职，人生最为精华的岁月是在这几十年的职业生涯中度过的，人生的大部分需求是在此期间获得满足的，人生成败的评定也往往是以此期间的成就来度量的。故而，谋求自身职业生涯的成功发展是现代人所共有的生存目标之一。

现代社会是组织化的社会，每个人的职业生涯都脱离不开组织。通过制度的设置，组织建立起对成员的规范和约束，以期达成组织发展目标；身处制度规约之下的组织成员，则在参与完成组织目标的同时，利用组织提供的机遇和设定的条件努力获取优势地位，追求自身的职业发展目标。可见，组织制度对于职业人的发展具有重要意义。伴随着现代大学组织由社会边缘向社会中心的不断趋近，大学教师身处的制度环境发生了深刻变革，大学教师职业生涯的发展目标及发展道路亦变得日益复杂。为揭示大学教师制度与大学教师职业生涯之间的关系，本书致力于解答如下几个问题：大学组织发展过程中建立的各种教师制度对于教师的职业生涯构成了怎样的规范和约束？大学教师制度的变迁使这种规约发生了哪些显著性变化？当代大学教师的职业生涯具有哪些新特点？这些特点与大学教师制度之间有何关系，对于制度的进一步变迁有何价值？

一　选题的缘由

上述问题的提出源于笔者对于三个相互关联的论题的兴趣。

（一）能动性与社会结构的关系

个人，作为具有主观能动性的行动者，在有目的有意识地参与社会生活的过程中，经常会感到某些结构性力量规限着自己的行为。置身于能动性活力与结构性制约之间的我们，时而因能动性的张扬而意气风发、踌躇满志，时而因结构性的桎梏而消沉低落、随波逐流。对于能动性与结构这对社会理论的核心范畴之间究竟是一种怎样的关系，不同学者作出了不同回答。在爱弥尔·涂尔干、塔尔科特·帕森斯和其他功能主义者的眼中，个人是社会“整体”中的“部分”，“部分”从属于“整体”；尽管个人具有一定的自主性，但具有宏观性和外在性的社会结构优先于个人；因此，社会结构决定个人行动，个人行动必须从社会结构中求得解释。而在马克斯·韦伯和符号互动论者看来，人与人之间的行动建造了一种秩序性安排，即社会结构；结构不能决定和塑造个人的行动，只能为人们的行动提供一种“向导”；在解释社会的构成及变迁时，必须到人的具体行为、动机和信念之中去寻求原因。显然，前一种见解有忽略个人自主性的嫌疑，对于个体在维持社会稳定和推动社会变迁中承担的角色缺乏合理的解释；后一种见解则未能恰当地理解社会对个人行动所起到的规范、约束作用，尽管社会是由众多个体联合构成，但其影响力在事实上已经超出了个体行动者的控制范围。既然上述“能动性—社会结构二元论”的看法难以成立，那么，二者之间究竟具有怎样的关系？具有创造性的人类，到底在多大程度上能够超越社会力量、积极主动地控制自己的生活状况？[①]对于不同社会组织及其中的不同成员，上述问题的答案或许不尽相同。基于此，本书将视线聚焦在大学这一特定的社会组织及其最重要的成员——大学教师之上。

（二）大学组织与大学教师的关系

人类社会是一个错综复杂的世界，始终存在着种种冲突和不稳定性。出于共同的利益目标，人们聚集在一起采取集体行动，利用集体的力量来解决共同面对的问题，组织由此得以建构。诞生于中世纪的大学组织就是以知识和学术为业的新兴知识分子，借助当时城市中盛行的行会组织方式而建立起来的社团。初创时期的大学即学者的行会，随着学者们的集中而出现，亦随着学者们的离去而消失，教师是大学的核心与灵魂，“大学教师就是大学本身”可谓当时的一种真实写照。

时间推移到当今时代，我们可以发现拥有古老精神传统与悠久历史渊源的大学组织，在经济高速发展的现代社会的召唤和推动下，业已步出“象牙之塔”。昔日以追求“高深学问”为其本质属性和基本使命的大学逐渐发展

① [英]安东尼·吉登斯：《社会学》，赵旭东等译，北京大学出版社2003年版，第630页。

成一个系统复杂、职能多样的社会“轴心机构”。除教学、科研、社会服务三大基本职能外，还要担负“国家的脑库”、“社会的良心”、“世俗的教会”、“精神的家园”等多种职责与角色。多样的职能和多重的角色使现代大学组织的内部系统和运行机制变得日益复杂，管理性力量由此不断壮大，在大学事务中占据日益重要的位置。此时，作为大学基本组成要素的教师，他们与大学组织之间的关系发生了微妙的变化。在很大程度上，大学教师已经成为大学组织内部颇具草根性的一个群体，他们处于系统的底层，是大学诸多社会功能的实际执行者，一方面被社会赋予了愈来愈多的使命与责任，面对的职业要求更高、竞争性更强、精神挑战更大；另一方面被不断强化的行政科层权力所压制，其学术自由的范围日渐缩小，独立性日渐弱化。为深入认识大学组织与大学教师之间错综复杂的关系，本书将视线进一步聚焦于对教师行动具有最直接影响的外部结构——大学教师制度。以此为切入点，探查在大学组织的演进过程中，大学教师制度对于教师究竟发挥了怎样的作用？徘徊在学术层面的精神贵族与职业层面的被雇用者这两种反差甚大的角色之间，身处不断变动的组织环境的影响、制约之下的大学教师，又是如何谋求自己作为教员、学者、组织人等职业角色的良性发展的？

（三）中国大学人力资源管理与大学教师职业生涯发展的关系

20世纪90年代，中国高等教育开始由精英教育阶段向大众化阶段过渡，自此大学组织的发展问题受到了社会各界前所未有的瞩目。高等教育大众化发展带来的不仅仅是人数规模的扩大，实际上，这种变化对整个高教系统及其组织成员都造成了广泛而深刻的影响。究其原因，大众化的基本特征虽然在于量的高扩张性，但组织规模的扩大必然导致组织结构在纵向层级和横向职能上的分化；组织越分化、结构越精细，管理也就越规范化，越趋于通过建立健全各项制度来实现管理的规范化。从事学术职业的教师是大学组织存在和发展的基础，故而，围绕着大学教师的招募、甄选、培训、考核、晋升等方面展开的人力资源管理在大学组织运行中的地位和价值日益凸显出来。

近年来，关于如何开展有效的大学教师管理，如何促进大学组织的人力资源开发，教育主管部门出台了包括聘任制在内的诸多规章制度。这些制度大多建立在规范性研究的基础之上，即从组织层面出发，以宏观的、结构的、应然的视角，根据组织目标对大学教师的职业发展进行整体规划和设计。这种研究思路的内在逻辑及程序合理性是不言而喻的，但其成果对于具体存在着的组织及行动者的发展、变化却缺乏解释力，其本质合理性令人质疑。在现实中，组织的行政力量对组织成员行为方式的设定常常会与成员对自身应有的生活方式、发展期望之间产生冲突和矛盾，而日趋科层化、制度化的大学组织与拥有（或者说应当拥有）学术专业特权的大学教师之间的这种矛盾尤为显著。缺乏对大学教师这一特殊群体在职业生涯发展中的自主性的充分认识，缺乏对学术职业特点的深入理解，而想当然地设计职业生涯管理与人力资源开发的相关策略，其结果很可能是灾难性的。

社会的剧烈变动迫使大学组织在自身发展层面必须作出有效回应，教师人力资源的管理与开发是大学组织发展的必由之路，而如何使大学组织发展与大学教师发展协调一致，已经成为当代中国高等教育转型中亟待深入探讨的一个重要问题。在中国，30年的改革开放引发了高等教育系统的深刻变革，目前，中国大学教师的学术职业已经由计划经济时代的相对单纯转向市场经济时代的复杂多元。在此背景下，探寻大学教师制度与大学教师职业生涯之间的关系，既有助于在认识上超越结构与能动性的二元对立，亦有助于在实践中为大学教师制度的良性变迁和大学教师职业生涯的良性发展提供依据。

二　研究意义

（一）理论意义

关于社会结构与个人能动性之间的张力问题，是社会学界长久以来不断探讨的一个本体性问题。无论有意还是无意，人们通常在观念上会将宏观社会现象（社会结构、社会制度等）与微观社会现象（个人行动、意义建构等）进行二元划分，并在二者中择一。由此而形成了社会学界中社会决定论和方法论个人主义的争端。前者认为社会结构外在并超越于个人，具有权威性质；后者认为，所有的社会整体都是处于某种关系中的个人的集合体，各种社会事件都只是个人及其行为的后果。在这两个对立的派别之间还存在着“中间派”，如皮埃尔·布迪厄（Pierre Bourdieu）、安东尼·吉登斯（Anthony Giddens）、玛格丽特·阿切尔（Margaret Archer）、尤尔根·哈贝马斯（Jurgen Habermas）等，他们力图在社会性与个人性之间建立起适当的联系，以消解结构与能动性之间的二元对立。本书采取“中间派”的视角，力图探明大学组织中教师制度与教师职业生涯之间的互动关系，从中生成的理性认识既是对整合结构与能动性的理论努力的验证，也将对该研究路向的进一步深入有所裨益。

组织研究源于近代社会，其理论发展由零散到系统，走过了一个“短暂而光辉”的发展历程。关于大学组织的研究，主要是在20世纪50年代以后发展兴盛起来的。探讨的问题基本集中在大学组织的性质、历史、目标、使命、功能、结构、文化、管理理念、发展规律等规范性领域，研究视角多为宏观层面，缺少对组织成员的深入理解和剖析。组织由人组成，庞大而复杂的组织既是现代社会实现共同目标的基本保障，也是现代人谋求个人意图的主要场域。本书从组织社会学的微观视角出发，分析大学组织制度与大学教师之间的关系，对于大学组织研究由宏观步入微观、由静态转向动态，对于大学组织理论的深化具有一定的价值。

现有的教师职业生涯理论主要集中在职业生涯发展阶段、影响职业选择与发展的基本因素等方面。人们普遍认同，组织制度是影响教师职业生涯发展的重要因素之一，但对于组织制度如何影响教师、制度对于教师发展产生哪些影响、制度的变迁导致哪些后果等问题却缺乏系统分析；此外，对于教师作为专业人员的发展和作为组织成员的发展之间的关系及相互作用也缺乏深层次的探讨。本书将针对上述问题从理论与实证两个层面展开，有助于拓宽教师职业生涯发展研究的视阈。

（二）实践价值

市场经济背景下高等教育的大众化、市场化和国际化既为大学带来了发展契机，同时也给大学带来了前所未有的挑战和问题。以“学术寂寞”为重要特征的古典大学时代渐行渐远，现代大学已经身处于一个复杂多变、竞争激烈的社会环境当中。西方高等教育从精英化走向大众化的过程中或多或少都出现了质量下降的问题。中国目前同样面临着这样的境遇。近年来中国高等教育取得了史无前例的发展，但差强人意的教育质量与规模快速扩张相伴而来。采取何种措施调和矛盾，促进高等教育质量的提高显得至关重要。正如《2006中国教育蓝皮书》所指出的，高校扩招后教育质量水平下降的问题没有改善，“公众对于教育品质的质疑和不满仍在增加，高校的社会声誉和公信力仍在下降。”面对如此的危机，大学教师作为大学最重要的人力资源，他们的行为及表现对大学的生存与发展，起着关键性作用。就现阶段而言，加强对大学教师的人力资源管理，使每位教师能够发挥潜能、努力工作，是中国大学必须面对的现实问题。

为达到上述目的，许多大学的领导者纷纷从政策制度改革入手，比如通过实行岗位聘任制度、改革薪酬分配制度、改革绩效考核制度等手段，加强内部的教师管理；而一些高等教育研究者则以政治学、经济学、管理学等学科理论的新进展为基础，如学习型组织理论、激励理论等，提出了关于教师职业生涯规划与设计的种种方案和设想。这些政策手段和理性构想虽然具有积极意义，但由于缺乏对于现实状况的具体、深入的分析作为基础，其有效性令人怀疑。事实上，作为一种能够积极建构自身行为的主体，人类并非只会依照预定的社会规则和制度安排进行被动反应。身处组织背景中的大学教师就是在多方面影响因素的共同作用下，通过自己的认识和决策不断实现着自己的职业生涯发展。因此，探讨大学组织与大学教师的协调发展问题，需要从行动者层面出发，以微观的、实然的、过程的、分析性的姿态，对大学教师的职业生涯进行历时性描述，考察职业生涯历程中的制度影响机制；需要分析在具体的时间和环境条件下组织发展目标与个人发展目标的矛盾与冲突，以及相互协调的机制，进而为管理部门实施“有组织的教师职业生涯开发”提供现实的支撑。

本书立足于“成事”的教育理想，即以探寻如何才能将事情办好为根本目的，但将研究的焦点汇聚于揭示真实的复杂的社会现实和多变的社会行动机制之上。通过考察不同历史时期大学教师制度的发展变化、不同大学教师制度对于教师职业生涯的影响、教师在制度环境影响下的行动等动态环节，形成对大学教师制度与大学教师发展之间关系的现实认识，从而为管理者协调大学组织与教师个体的发展目标，改进现有的不合理的制度设计，实施有组织的教师职业生涯管理提供依据；为在大学教师职业生涯发展的不同阶段采取适当的激励措施、开展适当的专业发展活动，提供支持；同时也将为大学教师反思自身的职业生涯，合理地规划自身的职业发展提供思考与分析的框架。

第二节　大学教师制度与大学教师职业生涯研究综述

与本书探讨课题相关的研究成果可以概括为大学教师制度研究和大学教师职业生涯研究两个方面。

一　大学教师制度研究综述

（一）国外研究回顾

大学教师制度通常被视为一种学术制度，研究者大多侧重于以学术职业的视角来进行研究。通过厘清学术职业的特征、现状及发展变化，考察制度环境对于学术职业施加的影响。此外，直接针对聘任、激励等各项具体大学教师制度的研究也是该领域的重要组成部分。

1. 基于学术职业的视角探讨大学教师制度问题

在此类研究中，由各种基金组织资助的一系列跨国比较研究非常引人注目。1991—1993年，在卡耐基教学促进基金会的支持下，厄内斯特·波伊尔（Ernest L.Boyer）、菲利普·阿特巴赫（Philip G. Altbach）等人共同完成了一项涉及英国、美国、瑞典、巴西、澳大利亚、俄罗斯、韩国、中国香港等14个国家和地区的比较调查。这次规模宏大的跨国研究考察了各国规范和影响教授职位的体制环境、高等教育入学机会、专业行为、教师工作条件、学者的治理、高等教育和社会、学术生活的国际维度等7个主题，揭示了各国之间在学术职业承受日益严重的压力下所共同面临的问题及其差异，研究成果主要体现在《学术职业：国际视野》和《国际学术职业——十四个国家和地区概览》两部著作当中。此后，美国波士顿学院教授，比较高等教育学家菲利普·阿特巴赫成为该领域研究毋庸置疑的主角。在《比较高等教育：知识、大学与发展》一书中，阿特巴赫提出大学教师职业在全世界范围内面临着严峻挑战，新的雇用制度和晋升制度使传统的教师职位观念受到冲击，教师的任命方式、学术自由的保障制度都发生了重大改变，教师的职业安全受到威胁。在《变革中的学术职业——比较的视角》一书中，阿特巴赫及其合作者以德国、英国、法国、荷兰、意大利、西班牙、瑞典和美国8个国家及地区为案例，分析了由于问责、大众化、管理控制、公共财政拨款恶化等因素的影响，大学教师在学术工作条件、聘任要求、薪酬等方面所面对的重大变化，以及不同国家所采取的不同应对举措。《失落的精神家园——发展中与中等收入国家大学教授职业透视》，是阿特巴赫对包括中国在内的14个发展中和中等收入国家学术职业面临的困境与危机所作的分析，并提出了为学术人员提供稳定的职业保障、足够的职业训练、参与学校管理的权利等应对策略。

21世纪初，以美、德、荷兰、英、法为主要发起国，在“变革中的学术职业”这一研究主题下，启动了第二次学术职业国际调查研究项目，中国内地也参与其中。此次研究采取了学术系统、高等院校、学科领域、角色作用、个人特征五个维度，以考察在新的社会背景和高等教育发展趋势之下学术职业面对的新问题，参与的国家和地区增加到21个。这些针对学术职业的跨国研究揭示了当代学术职业的变化与危机，为深入探究大学教师制度的发展及变革提供了广阔的宏观背景和丰富的事实材料。

波伊尔的《学术水平反思——教授工作的重点领域》是从学术职业角度审视大学教师制度的一项重要理论研究成果。通过考察美国高等教育中学术活动的发展历程，波伊尔指出高等教育的使命越来越扩大，但教师奖励制度和评价制度却变得越来越窄，用来衡量学术人员名望的标准变得越来越窄；必须超越“教学与科研”的传统讨论框架，给予学术水平更广阔、更丰富的解释。“我们为促进教育所作出的努力能实现到何种程度，很大程度上取决于确定学术水平内涵的方式，取决于学术水平受到奖励的方式”。[①]波伊尔将学术水平分为发现、综合、运用、教学四个方面，强调高等教育需要对具有不同特长的学者予以支持和奖励；只有教师的特长得到肯定，其学术水平的潜力才能全面实现。在1989年卡内基教学促进基金会的全国教师情况调查数据的基础上，波伊尔对大学教师的职业发展状况进行了分析，发现以研究和出版物作为衡量教师成功与否的唯一标尺，常常会把教师的热情引入泯灭或停滞的状态。为克服这种情况，需要扩展奖励制度，为教师创造灵活多样的职业道路。

以捍卫大学传统思想著称的芝加哥大学教授爱德华·希尔斯（Edward Shils），从多个角度对于大学教师制度进行过理性思考和深入分析。在“社会科学研究与教学自由的局限”一文中，希尔斯探讨了大学出于道德、宗教、政治、经济、权威人士的偏好等方面的考虑而设置的各种禁忌，并对各种类型的惩戒方法以及提出、实施惩戒的机构进行了分析。在“学术聘任的标准”一文中，希尔斯通过讨论日内瓦大学聘任一位平庸教师为教授的“齐格勒事件”，批评大学在学术聘任中存在的不负责任、漠不关心、任人唯亲，以及为有利于聘用政治上激进的应聘者而搁置学术标准的倾向。希尔斯坚持认为，大学教师的聘任与晋升是大学学术方向和质量的一个决定性因素，对应聘者作出合理评价这一工作，需要相应的能力和小心翼翼的做事态度。在“学术自由与终身任用”一文中，希尔斯指出终身任用制具有两面性，它既给予学者一种安全感，使教师更有自信心和自尊心，但也会为不履行职责的懒散教师提供保护。对于是否应取消终身任用制度，希尔斯对于双方的观点进行了深入细致的分析，并从短期聘任所带来的工作量、评估对教

① [美]E.L.波伊尔：《学术水平反思——教授工作的重点领域》，载吕达，周满生《当代外国教育改革著名文献》美国卷·第三册，人民教育出版社2004年版，第7页。

师造成的紧张焦虑等方面论述了保留终身任用制度的意义。同时，希尔斯强调，终身任用制所提供的免受开除的保护的确能够在某种程度上保护学术自由，但不能保证教师不会遭到其他的惩罚，保护学术自由并非终身任用制的唯一理由。作为学术精英制度和同行评价的笃信者，希尔斯始终将洪堡式的研究型大学视为高等教育的黄金典范，他关于大学及学术职业的观点尽管带有明显的保守色彩，但在大学危机重重、传统大学精神消失殆尽的当代，颇有可资借鉴之处。

2．关于具体大学教师制度的研究

关于大学教师的招募、聘任、晋升、激励、评价等制度的研究，大量集中于微观领域，定量的数据分析是研究者们普遍采用的研究方法。例如：怀特曼和韦斯（Neal Whitman & Elaine Weiss）在《大学教师评价：晋升、保留和终身教职中清晰标准的运用》的研究报告中，对于大学教师评价的目标、范围、标准、程序等方面进行了详细的阐述。[①]莫瑟斯（Ingrid Moses）通过实证调查，探讨晋升制度对大学教师的教学和科研工作所产生的影响。特伊恩和布莱克勃恩（Flora F.Tien & Robert T.Blackburn）运用强化理论和选择功能理论对大学教师晋升与研究动机、研究绩效之间的关系进行实证研究。卢塞斯（Fred Luthans）通过对46个州立大学的教师晋升政策及各学院的具体晋升政策的研究，考察高校教师职务晋升中校级和院系之间的权力控制状况。戴维（Chandra Devi）采用问卷调查的方式了解对北美大学教师具有影响力的激励因素，发现职位权力和晋升机会、收入和荣誉、学术假期、科研经费、研究设备以及学术生产力等因素对于教师具有较强的激励作用。[②]

终身教职制度是大学教师制度中的一个重要组成部分，也是近年来颇受争议的一个热点。该领域的研究比较活跃，涉及的学科领域非常广泛。研究者的立场大体可归为三类：第一，批评终身教职的弊端，主张废除该制度，如：赛克斯（Charles J.Sykes）的《阴谋：教授与高等教育之死》；第二，论证终身教职的价值与合理性，坚决捍卫该制度，如：芬金（Matthew W.Finkin）的《有利于终身教职制度的理由》；第三，基于终身教职的实际问题，提出改革该制度的策略，如：蒂尔尼（William G.Tierney）在《终身教职死了，终身教职万岁》一文中，系统梳理了关于终身教职制度利与弊的观点，对于各种改革方案进行了评述。此外，较为重要的文献还有：梅兹格

① 叶芬梅：《当代中国高校教师职称制度改革研究》，中国社会科学出版社2009年版，第13页。

② Chandra Devi，“The Impact of Incentive Systems on Faculty Behavior”，*Change*，No.32，2000.

（Walter P.Metzger）的《美国终身教职：一篇历史学论文》对于西方大学终身教职制度的中世纪渊源、美国大学终身教职制度的历史演变进行了详尽分析，是该领域历史研究的经典文献；柴特（Richard P.Chait）主编的《终身教职问题》汇集了美国终身教职制度的研究成果，对该研究领域进行了全面详尽的阐释；德尼斯和西顿（Anthony W.Dnes & Jonathan S.Seaton）在《英国大学终身教职制度改革》中评述了关于终身教职制度的各种理论观点，对于英国的终身教职制度改革进行了实证研究等。

（二）国内研究回顾

1. 对国外大学教师制度的引介与比较研究

我国关于大学教师制度的研究起步较晚，20世纪八九十年代，只有很少的研究成果问世，其中绝大部分是关于国外大学教师制度的研究。在此类成果中出现较早的是关于国外高校教师聘任及晋升制度的研究，如：陶遵谦的《国外高等学校教师聘任及晋升制度》，介绍了前苏联、美国、英国、法国、联邦德国、日本等国家在20世纪80年代以前高校教师的聘任和晋升制度；陈树清在《美国高校教师的学衔、晋升制度》一文中，介绍了70年代美国高校教师的学衔设置、职称晋升和工资制度的状况及特点。

20世纪末，随着我国学术界的繁荣和高等教育研究的深入开展，对于国外大学教师制度的引介和比较研究日益丰富多样。重要的成果包括：陈永明在《国际师范教育改革比较研究》和《现代教师论》等著作中，对西方发达国家实行的大学教师任期制度进行了系统描述，将其归纳为美国式、德国式和日本式三种类型，并在分析比较的基础上总结各国的经验与教训；张万朋在《中外高校教师聘用制度的比较研究》一文中，将发达国家大学教师聘任制度的共同特点归纳为学校拥有较高的自主权、招聘公开、严格的聘任条件和考核程序、聘用与待遇及培养相结合等，进而提出我国高校教师聘任制存在着思维定式误区、实施过程中偏离目标、相应政策不配套等问题。

自21世纪初开始，关于终身教职制度的探讨逐渐增多，多数研究者的兴趣集中在美国大学终身教职制度的产生、发展、困境、改革趋势等方面。[①] 顾建民的著作《自由与责任——西方大学终身教职制度研究》，对于西方大

---

① 参见丁建民《美国大学永久聘用制度：一个争论不休的话题》，《全球教育展望》2001年第5期。姚利民、李芬：《美国大学的终身教职制和终身教职后评估及其启示》，《湖南大学学报》（社会科学版）2004年第1期。耿益群：《20世纪90年代以来美国大学终身教授制度研究综述》，《比较教育研究》2004年第7期。丁宁：《美国大学终身教职制度的改革走向》，《复旦教育论坛》2007年第3期。

学终身教职制度的历史传统、运行状况、改革动向进行了系统论述和分析，通过对英国、德国、美国大学终身教职制度的比较，作者探讨了终身教职制度存在的合法性，提出由刚性走向柔性、由单一走向多元是西方大学终身教职制度改革的共同特点。李子江的著作《学术自由在美国的变迁与发展》，采用历史研究的方法，从学术自由思想和学术自由制度两个维度考察19世纪末期以来美国学术自由发展演变的历史，在梳理美国学术自由思想发展的脉络、揭示美国学术自由制度化历程的基础上，对于美国不断产生学术自由问题的原因及学术自由保障机制的形成、特点等问题进行了深入分析。

除了聘任制度外，近年来关于高等教育发达国家教师制度其他方面的具体研究也层出不穷，包括对于教师薪酬制度的现状及改革动向的研究，教师培训制度研究，教师申诉制度研究等。此外，还有一些学者从教师管理的角度出发，对于发达国家的制度设计理念、结构特征、制度变迁等问题进行了深入探究。显然，这些研究成果对于开阔人们的视野和思路，对于此后中国大学教师制度改革及研究的发展作出了必要的铺垫。

2．以大学教师制度为分析对象的研究

自20世纪末开始，中国高等教育发生了重大变革，制度建设成为大学发展所面对的一个重中之重的问题。在此背景下，围绕着大学制度所展开的研究迅速增多，教师制度作为其中不可或缺的组成部分也受到了越来越多的关注。中国学者对于大学教师制度的研究多针对聘任、薪酬、激励、评价等具体制度而展开，将大学教师制度作为分析对象的专门研究很少，在此方面比较有代表性的成果有：胡建华等编著的《大学制度改革论》专章论述了大学教师制度改革的相关问题。通过探讨大学教师的角色定位、考察大学教师制度在我国的变迁历程，对于当前中国大学教师聘用制度改革进行了反思，并对建立中国化的终身教职制度的可能性进行了讨论。郭石明所著的《社会变革中的大学管理》，分析了大学组织的特殊性，提出大学是松散结合的组织，处于“有组织的无序状态”。“无序状态”并非是由于缺乏制度安排而出现的权利真空和失控所导致的，而是大学制度建设的合理化和必然性的结果。大学教师的工作性质和特点，也是松散结合和有组织的无序状态。教师工作具有自主性、创造性等特点，因此，制度设计时需要提供自主创新的工作环境、重视教师的成长和职业生涯发展、考虑教师的特长避免按统一标准考核教师等。林杰的《普通高校教师对高校现行制度安排满意度的分析》一文采取了实证的研究路径，将“高校现行制度安排”划分为教师学术自主权保障、教师聘任标准、教师晋升程序、教师评价制度、教学评价制度、培训和进修机会、科研管理方式、工资分配制度、参与校务决策的程度、教代会维护教师的权益等10个维度。基于对全国35所普通高校4890名专任教师的问卷调查，发现高校教师对于高校现行制度安排的满意度不高，高校内部现行制度还存在较大的改进空间。王应密的博士论文《中国大学学术职业制度变迁研究》，通过考察大学学术职业制度的演变历程及机制、中国学术职业制度的发展及特征，提出中国大学学术职业制度发展演变的危机并非来自于内外在制度的非均衡，而是来自于其在历史上长期存在的体制外的“宰制”与当代产生的体制内的“合谋”。危机的实质在于学术发展的内在逻辑、学术共同体、行政力量以及社会需求等影响力量在相互作用中所出现的“张力失衡”。

3．以大学教师聘任制度为分析对象的研究

在各项具体的大学教师制度中，聘任制度始终最受瞩目。此方面的主要成果可以大致归纳为历史研究、基于学术职业视角的研究、基于制度视角的研究等几个部分。在历史研究方面，邓小林的著作《民国时期国立大学教师聘任之研究》，在细致分析民国时期颁布的，与教师聘任相关的一系列法律、规章的基础上，对于中国大学教师聘任制度的形成、发展及聘任的各种具体安排进行了详尽的阐述，是该领域颇具参考价值的一项成果。此外，还有针对新中国成立后高校教师职称评聘制度历史沿革的一些研究①，研究者立足于不同时代，对于各个历史时期教师职务聘任的发展演变进行了梳理，并归纳出各阶段职称评聘制度的基本特征。

相对来说，从学术职业角度研究大学教师聘任制度的成果比较丰富，且较为深入。吴鹏的著作《学术职业与教师聘任》，在人力资源管理理论的基础上，提出大学教师兼具“学术人”与“社会人”双重角色；学术、市场、人文是大学教师聘任制有效评价的三个维度，聘任制度应追求在学术与政治、学术与市场之间保持必要的平衡，实现学术性与社会性的良性互动。郭丽君的著作《大学教师聘任制——基于学术职业视角的研究》，提出大学教师聘任制度受到效率机制和合法性机制的双重制约。在大学发展历程中，政

① 参见杨慧选《试论我国高校教师职称评聘的历史演变及发展态势》，《广西师院学报》（哲学社会科学版）1998年第3期。赵庆典：《我国高校教师职务制度50年回顾与展望》，《江苏高教》2000年第2期。田子俊：《中国高校教师职称评聘制度历史沿革》，《湖南科技学院学报》2006年第3期。叶芬梅：《建国60年高校教师职称制度变迁逻辑与制度反思》，《现代大学教育》2009年第6期。

府、市场、学术三者的关系深刻影响着教师任用制度的选择，决定着两种机制所能发挥的作用。正确处理流动与稳定、公平与效率、激励与约束、规范管理与灵活管理等四对关系，是当前聘任制改革顺利进行的基础和方向。刘献君等编著的《中国高校教师聘任制研究——基于学术职业管理的视角》，基于学术职业的视野，对高校教师聘任制改革的理论依据，发达国家教师聘任制的特点和改革动向，我国高校教师聘任制的历史、现状和问题，高校教师聘任制度的设计，以及聘任制改革中的法律问题等五个主题进行了分析和探讨，为该领域的研究提供了一个比较清晰的框架。

从制度的角度所开展的教师聘任制度研究虽然为数较多，但大部分是针对高等教育制度改革的应然的规范式思考，基于多学科视角的深入研究并不多见。在此方面主要的成果有：刘亚荣等的《我国高校教师岗位聘任制的制度解析》一文以人力资本产权特征为理论基础，对高校教师岗位设置中的定岗定编、聘任标准和组织、薪资激励三个环节进行了制度解析，指出了当前教师岗位聘任制中存在的弊端。李金奇在《高校教师职称评审制度的“博弈论”分析》一文中，以制度经济学的学科视角审视高校教师的职称评审制度，提出由于制度设计中缺乏整合各方面因素的最大效用以能达到理想的应然结果的机制，制度设计本身导致广大教师竞争对高级职称这一稀缺资源的拥有权，进而形成学术越轨、学术腐败等过度竞争。罗燕、叶赋桂的《中国大学制度变革：新制度主义社会学分析》一文，将2003年北大教师聘任和职务晋升制度改革作为案例，以新制度主义社会学的制度构建理论为分析框架，揭示了中国大学制度变革过程中所呈现出的利益冲突和制度困境。王慧的《高校教师职务聘任管理中的“蝴蝶效应”》一文，通过对高校教师职务聘任管理的混沌理论分析及对高校教师职务聘任制运行环境的剖析，提出混沌的环境变化可能带来很多连锁反应。叶芬梅所著的《当代中国高校教师职称制度改革研究》，从管理学、政治学、制度经济学等多学科视野中分析高校教师职称制度的内涵、结构、地位及功能；通过历史回顾，总结出中国高校教师职称制度变迁的基本特征，进而分析中国现行职称制度所存在的症结，并提出推进制度改革的具体路径。

4．针对其他具体大学教师制度的研究

国内学者关于大学教师薪酬、培训、评价、激励、申诉等其他具体制度的研究成果大多出现在2003年以后，研究所涉及的主题比较窄，基本上围绕着回顾历史、描述现状、分析存在的问题、提出改革对策等方面进行。相对而言，大学教师薪酬制度研究起步较早，梁玉霜在20世纪80年代就曾指出，中国高校教师工资制度没有很好体现高校教师工作职能的特殊性、教师工资等级间级差过小、缺乏保证教师工资正常晋升的制度、最佳年龄段教师工资报酬与其贡献不相适应等问题。90年代，国家在事业单位推行职务工资加津贴制度，国内各高校陆续展开校内津贴制度改革，学者们纷纷对于改革中显现出的问题、冲突、矛盾进行多角度的分析①。李志峰、李菁华认为，20世纪80年代以前，计划经济体制下的高校教师薪酬激励制度以平均分配为价值取向；80年代后期，市场经济体制形成了以效率为价值取向的高校教师薪酬激励制度；进入21世纪，知识经济时代的高校教师薪酬激励制度应以学术创新为价值取向。

在大学教师培训制度层面，学者们发现现行制度存在着培训体制与高等教育改革发展不相适应、培训资源配置不合理、供给不能满足需求、培训观念滞后、缺乏科学认识和理论指导等问题②。张德良在《从线性到域性：高校教师发展制度意义理解的新视角》一文中，提出中国高校教师发展经历了激进式、线性制度取向向渐进式、多线性制度取向的变迁过程。为适应教师自主发展和发展方式多元化的需要，教师发展制度必须实现从线性制度向域性制度的转变，寻求在建构式、境域性的制度环境中实现教师自主发展的目标。

在大学教师评价制度层面，有两篇博士论文对该领域进行了深入研究。高军的《我国大学教师学术评价制度研究》从学术量化评价、学术同行评议、学术奖励制度以及我国大学教师学术评价制度的异化四个方面进行了深入探讨，提出克服学术评价异化的基本原则。李金春的《我国大学教师评价制度：理念与行动》则是以诠释大学教师评价制度的涵义、考察中国大学教师评价制度的现状、探寻大学教师评价制度演进的内在逻辑为基础，对于制度设计的相关问题进行了系统分析。作者指出，要建立从制度占有走向制度共建的大学教师评价制度模式，让大学教师充分参与教师评价制度的制定，同时重视非文本性的大学教师评价制度。

在大学教师激励制度层面，人力资源管理是研究者普遍采取的视角。赵

① 参见乔锦忠《高校教师工资制度改革研究》，《教育与经济》2006年第4期。陈万明、冯承强：《高校教师薪酬制度改革理性评析与展望》，《复旦教育论坛》2006年第4期。王集权、焦伟：《高校教师薪酬制度的现状及改革措施》，《江苏高教》2007年第1期。

② 参见赵清艳《我国高校师资培训问题的探讨》，《北京理工大学学报》（社会科学版）2002年第4期。徐金明等：《我国高校教师培训改革发展的前瞻与对策》，《教师教育研究》2004年第4期。

蒙成认为，为了激励教师必须改变高校科层制的组织结构和等级性浓厚的组织文化，使教师成为高校的主人，必须进一步增强科研、教学工作的内在吸引力，赋予教师比较充分的工作自主权。刘田东、程燕认为我国大学教师报酬激励制度的制定应以客观业绩计量为基础，辅之与主观计量相结合是解决大学教师报酬激励问题较为有效的模式。梁斐认为组织人本主义管理方式应是未来组织管理的一个优先目标，高校管理层应将组织人本管理的观念自始至终贯穿于对高校报酬机制健全、组织氛围营造、满足教师个体高层次精神需求等激励制度的设计中。

大学教师申诉制度的研究起步较晚，成果相对较少。除了针对不同国家或地区的制度比较外，绝大多数研究都是基于法学视角展开的，研究思路趋同。现有研究表明，受理部门不明确、处理决定的形式规定不完善、缺乏适用的程序规范、申诉与行政复议及行政诉讼的关系不清等，是中国高校当前存在的主要问题[①]。畅通教师申诉的途径，明确受理机构和受案范围；建立利益听证、合议、回避、说明理由、结果反馈、责任追究、结果执行监督等制度，对于完善中国高校教师申诉制度具有重要意义[②]。

二 大学教师职业生涯研究综述

与大学教师职业生涯相关的研究成果主要涉及职业生涯研究、学术职业研究、大学教师发展研究等领域。

（一）职业生涯研究综述

职业生涯，是一个涉及管理学、心理学、社会学、教育学、经济学、人生哲学等多学科的综合性研究领域。对此领域的研究起源于欧美国家工业化过程中人们择业求职的现实需要，最初是围绕着职业指导发展起来的。

1908年，美国波士顿大学教授弗兰克·帕森斯（Frank Parsons）创立地方职业局，首开职业指导活动先河。所谓职业指导，就是由专门的机构帮助择业者确定职业方向、选择职业、准备就业并谋求职业发展的咨询指导过程。在长期实践的基础上，帕森斯提出了职业选择与职业指导的经典理论——

---

① 参见尹晓敏《我国教师申诉制度研究》，《清华大学教育研究》2005年第1期。鱼霞：《教师申诉制度研究》，《教师教育研究》2005年第3期。姚继斋、陈小鸿：《我国教师申诉制度的内涵、缺陷及其完善》，《浙江工业大学学报》（社会科学版）2008年第2期。

② 参见程刚、俞建伟《高校内部教师申诉制度的研究与设计》，《教育研究》2009年第5期。孙德元、刘珍：《论我国高校教师申诉制度的完善》，《武汉大学学报》（哲学社会科学版）2010年第2期。蔡振京：《对完善我国高校教师申诉机制的若干思考》，《现代教育科学》2009年第3期。

“职业—人”匹配论，指出明智的职业选择应遵循自我认识、环境评估、匹配选择的三步范式而进行。20世纪上半叶，随着心理学的发展，心理测试技术被引入职业指导工作，此后职业指导的研究重点逐渐由最初的职业环境评估转向对求职者兴趣、智力、个性的测验，众多关于职业兴趣、职业偏好的量表编制出来，在帕森斯“三步范式”的基础上形成“特质—因素”理论，并成为此期的主流。入职匹配理论对职业指导的科学化作出了贡献。但此期研究存在三方面不足：第一，静态地看待职业，认为人的职业选择是一次完成的；第二，过于强调指导者的作用，将被指导者置于被动角色之上；第三，对心理学因素考虑较多，对经济、社会等因素考虑较少。①

20世纪50年代开始，社会学的方法和观点被引入到职业指导领域，相关的研究由局限于静态分析的“特质—因素”理论逐渐演变为动态的职业发展阶段理论。1951年，美国职业指导专家、职业生涯发展理论的先驱金兹伯格（E.Ginzberg）首先提出职业生涯是一种不可逆转、充满妥协的动态过程，包括幻想期、尝试期和现实期三个阶段。1953年，萨珀（D.E.Super）等人从生命周期角度考察职业的发展，提出了成长、探索、确立、维持、衰退的职业生涯发展五阶段理论。在此时期，传统的职业选择研究也有很大进展。1956年，安·罗（Anne Roe）在马斯洛的需求理论和个性特征理论基础上，提出儿童时期的成长环境对于“预言”个体将来进入某一职业领域是有价值的。1959年，霍兰德（D.Holland）提出了关于职业选择的人格类型理论，将“特质—因素”理论从静态模型扩展为一种动态模型，并开发出两种重要的测量工具。20世纪60年代以后，社会学习理论的引入，使职业生涯研究获得大发展。1978年，美国麻省理工学院的施恩（Edger H.Schein）在《职业动力学》（中译本为《职业的有效管理》）一书中提出了职业锚等经典理论概念，系统分析了个人与组织在职业生涯发展不同阶段上的角色、任务和管理职能，以及相互配合的策略等，产生深远影响。

20世纪80年代以后，职业生涯研究的视阈逐步扩大，学者们开始采用一种生命全程和生活整体的观点，将职业生涯纳入到个人生涯之中，探讨工作与家庭的有机统一和平衡；职业辅导从以民间、社会为主，过渡到学校、政府乃至企业的全面参与，使职业生涯辅导成为组织管理的一项基本内容。此期，人力资源管理学者从组织角度探索职业生涯管理的基本原理、方法、策略的研究大量出现。1986年，德尔（C.B.Derr）在《管理新职业者——当代

① 徐笑君：《职业生涯规划与管理》，四川人民出版社2008年版，第35页。

工作者的多种职业生涯成功导向》一书中论述了职业生涯的多样化，将职业生涯定位为进取型、安全型、自由型、攀登型、平衡型五种类型，并对其特点及管理进行了分析。1987年，格林豪斯（J.H.Greenhouse）在《职业生涯管理》一书中提出职业生涯管理过程的基本理论体系。豪尔（D.T.Hall）提出，组织中职业生涯管理是一种准备、实施与追踪个人执行的职业生涯设计与组织职业生涯制度相匹配的持续过程；职业生涯管理不仅要考虑个人职业生涯发展各阶段所从事的主要工作，而且要分析描述个人在这些发展阶段的主要社会—情绪需要。格雷（J.W.Gilley）认为职业生涯管理是一种整合性人力资源活动，也就是以人力管理措施来配合个人职业生涯发展的过程。与此同时，社会学者也开始研究个人在特定的社会环境中如何择业的问题，如戈萨德（W.P.Gothard）的职业决策社会学模式，将影响职业选择的八个因素分为两个层次：其一，是社会—经济阶层因素、性别因素、种族因素、身体素质因素和智力因素；其二，是教育因素、职业知识和职业指导因素和就业可能性因素等。职业决策必须在个人因素和社会因素之间保持平衡。

总体而言，西方学者关于职业生涯研究的基本逻辑是：通过探索影响个体职业选择的因素、个体职业生涯发展所经历的阶段，早期目的在于寻找个体职业指导的依据和策略，后期目的在于为组织的职业管理和人力资源开发提供依据，进而寻求有效的职业生涯管理策略。我国的职业生涯研究始于20世纪90年代，无论从个人发展层面还是从组织人力资源管理层面，职业生涯研究在我国的发展还比较滞后，基本处于知识普及、理念推广的阶段，理论概括还不够全面系统，深入的学术研究成果还比较缺乏，有理论指导进而生成创新性理论的实践与研究罕见。

（二）学术职业研究综述

学术职业或学术专业（Academic Profession）的概念源于西方，与现代大学制度的建立相伴而生，这一概念虽然在高等教育研究领域得到广泛使用，但其含义并不明晰。早在19世纪，西方学者就已开始对学术职业进行研究和反思，但正式的、持续的、大规模的研究始于20世纪中期以后西方高等教育的大众化变革。

1．学术职业的发展历史和职业特性研究

1942年，美国学者威尔逊（Logan Wilson）的《学术人：对教授职业的社会学分析》一书，从学术等级、学术身份、学术过程和功能等方面对大学教师进行了社会学意义上的分析，对于学术职业研究具有开创意义；在《美国学者：过去和现在》中，威尔逊考察并分析了处于高等教育大众化背景之下的美国学术职业所面对的基本问题：学者的成长道路、学术职业的地位、学术职业的竞争和声誉等。卡普娄（Theodore Caplow）和麦吉（Reece J. McGee）在《学术市场》一书中，呈现了1952—1954年间美国9所大学文理院系教师空缺填补的调查结果，对于美国大学教师的流动、聘任、工作评估，以及这些过程中所显示出来的学术目标和价值进行了分析。米利特（John D. Millett）的《学术共同体：一篇关于组织的论文》区别了大学与公司在组织文化和组织结构方面的差别，探索了把科层制度和大学共议原则结合，从而把教师、学生、管理者、校友的力量组成一个和谐整体的可能性。作者认为，在学术组织中，冲突并不一定就是学术共同体的敌人。英国学者哈尔西（A.H.Halsey）和马丁·特罗（Martin A.Trow）在《英国学术界》中探讨了20世纪前70年英国学术职业的职业生涯道路和学术价值定向问题。伯顿·克拉克（Burton R. Clark）的《学术生活：小的世界，不同的世界》，将实证调查和理论解释相互结合，对于美国学术职业的基础和内在逻辑进行了深入分析。恩格尔（A.J.Engel）在其专著《从牧师到教师：19世纪牛津大学学术专业的兴起》中以19世纪的牛津大学为个案，详细分析了教学人员从神职身份向作为学术职业的教师身份转变的历史进程。托尼·比彻（Tony Becher）在《学术部落及其领地》一书中，探讨了学术职业的认识论特性和社会特性，以及学科组织、学术部落与外部环境之间的互动等问题。

2. 学术职业的危机及变革研究

20世纪上半叶，已经有学者批评高等教育过度职业化的倾向，并开始对学术职业所面对的问题进行反思。赫特钦斯（Robert M. Hutchins）在《美国高等教育》中指出，学者共同体服务民主社会的最好方式是让他们自由追求学术，而不必为物质与经济因素所左右、所干扰。为真理而追求真理和为生活工作而培养人这两个使命使大学目标设立陷入两难境地。大学职业教育的使命已经严重地损坏了大学作为独立思考中心这个更为深刻更为重要的使命。古德曼（Paul Goodman）在《学者共同体》中断言，学院和大学已经变得太大，太致力于职业训练，而不是致力为自由和公民责任而教育青年。建议高校应当极大地减少管理，把大学变成一系列从事广泛的自由探索的小型学者共同体。

20世纪70年代，随着知识生产方式中商业化倾向的不断加重，以及高等教育拨款政策和经费模式的变化，学术职业面临的生存压力日益强烈。

危机和变革成为大学教师研究的主题。博文（Howard R. Bowen）和舒斯特（Jack H. Schuster）的《美国教授：濒临危机的国家资源》，揭示了维持强大的教师队伍所需要的条件和资源之间的紧张关系。作者对20世纪80年代美国大学教师的总体状况进行考察，认为持续的高校财政拮据使学术职业的吸引力日益削弱，未来可能出现教师质量下降的危机。英国学者哈尔西（A .H. Halsey）在《学究式统治的下降：英国学术职业在20世纪》中详细描述了英国大学教师的学科构成、物质环境、地位、态度、价值倾向以及士气等，揭示了英国大学教师遭遇危机的事实。杰伊·拉宾格（J.A. Labinger）在《科学的战争与美国学术职业的未来》中指出，以知识本身为目的者和以知识应用为目的者之间产生了一种"科学战争"，他们关于学术职业功能定位上分别持有的传统知识生产观和新型的知识建设社会观之间存在着矛盾和冲突。学者将面临学科忠诚和市场忠诚两种不同价值观念的煎熬。莱文（Arthur Levine）在《学术职业如何变化》中，认为大学教师一方面企图控制和适应高等教育赞助者变化的态度和需求、学生不断变化的特征、不断变化的教师聘用环境以及不断推广的现代教学技术，另一方面为了应对私人部门竞争者不断上升的挑战，变革成为他们的必然选择。正如马丁·芬克尔斯坦所言，在当前经济和全球化趋势的影响下，学术职业的角色正在发生"一场静悄悄的革命"[①]。

此外，20世纪70年代以来，在克拉克、波伊尔、阿特巴赫等著名学者主持下完成的多项关于学术职业的跨国比较，使人们在了解现实的基础上获得了对于学术职业的宏观认识，对于全球化时代学术职业研究的深入开展具有重要价值。

3．国内学者关于学术职业的研究

21世纪之前，中国学界对于学术职业的研究非常薄弱，能够突破"教师管理"或"师资建设"思维框架的学理研究或实证调查鲜见。随着高等教育大众化时代的到来，中国学术职业队伍的规模迅速扩大。为确保高等教育质量，促进高等教育持续发展，大学教师研究变得至关重要。在不足十年的时间里，国内业已形成了以数所高校为中心的比较稳定的研究群体，大量成果随之涌现。陈伟的博士论文《西方学术职业的比较研究——德、英、美大学教师专业化运动》，选择了大学教师变革较早且最富代表性的英、德、美三个国家，从历史学、组织学、社会学三个角度，对三国大学教师专业化运

① Martin Finkelstein, "The Morphing of the American Academic Profession", *Liberal Education*, Vol.89, No.6, 2003.

动进行考察、比较和分析，进而在理性思考的基础上对于学术职业的本质内涵进行了解析，具有一定的开拓意义。宋旭红所著的《学术职业发展的内在逻辑》，通过研究学术职业的角色形成、组织基础、存在形态、运行方式及其相互关系，提出自主、自由、学术至上构成了学术职业发展内在逻辑的主体，高深知识、学科导向是学术职业发展内在逻辑的建基之石，大学合理的制度安排是学术职业发展内在逻辑的守护之神。李志峰所著的《学术职业与国际竞争力》以高深知识为学术职业研究的逻辑起点，通过分析学术职业国际竞争力的观测指标、影响学术职业国际竞争优势的主要因素，建构起学术职业国际竞争力的多维模型；在此基础上，对于中国学术职业在国际竞争背景中的现状进行了深入探讨。此外，国内关于学术职业的研究还涉及下述问题：国外学术职业发展状况，如赵叶珠的《学术职业性别差异的国际比较研究》、吴岩的《美国大学教师的学术职业化过程及其意义》；学术职业发展所面对的问题，如李春萍的《分工视角中的学术职业》、郭丽君的《学术职业的思考》；学术职业与大学教师发展关系，如别敦荣和陈艺波的《论学术职业阶梯与大学教师发展》、李志峰和龚春芬的《论大学教师发展与学术职业专业化》。此外，还有学术职业的定位、流动、结构变迁等。围绕上述问题所展开的分析和探讨对于理解当前中国学术职业的变革及发展很有价值。

（三）大学教师职业发展研究综述

关于大学教师发展的研究主要集中在教师职业发展阶段研究、教师职业发展影响因素研究、促进大学教师职业发展的策略研究等方面。

1. 教师职业发展阶段研究

教师职业发展阶段的理论研究始于20世纪60年代，侧重于探索教师职业发展实际经历的变化过程、不同发展阶段呈现的基本特征和面临的主要问题等。1969年，得克萨斯大学的富勒（F. Fuller）等人提出教师成长过程中的教师关注三阶段模式，后来发展为四阶段模式（教学前关注阶段、早期的生存关注阶段、关注教学情境阶段和关注学生阶段），开辟了教师专业发展研究中一个颇具特色的领域和研究框架。此后，费斯勒（Ralph Fessler）等人在个案研究、深入访谈和跟踪研究的基础上，提出包含八个阶段的教师职业生涯周期模型。他们认为教师的职业生涯发展不是直线式的，在个人环境和组织环境的影响下，教师的职业生涯周期呈现出动态、可变的特点。[①]斯特菲

① [美]费斯勒、克里斯坦森：《教师职业生涯周期——教师专业发展指导》，董丽敏等译，中国轻工业出版社2005年版，第27页。

（B.Steffy）在人文发展模式中提出“更新生涯阶段”，是对费斯勒生涯循环论的一个超越。休伯曼（M. Huberman）探索了教师职业生涯周期中各阶段发展的主题，并依据教师对各阶段主题解决程度的不同，归纳出教师职业周期的三条路线，展现了教师职业生涯发展的复杂性和多变性，更为真实地反映了教师的实际发展路径，突破了早期理论家线性和一维的观点的局限。①

上述理论主要以中小学教师为研究对象，但对于出现较晚的大学教师发展阶段研究产生很大影响。现有的大学教师发展阶段研究大多建立在上述理论基础之上，②如：鲍德温（Baldwin）根据职业生涯周期理论，将大学教师的职业生涯分为初级、中级和高级三个阶段，这三个阶段贯穿大学教师职业生涯发展和变革的始终。古勒（Gooler）从大学教师不同发展阶段的工作效率或成果方面论述每个阶段的特点，提出大学教师在生涯的初级阶段进步非常迅速，工作效率高，取得显著的成果；得到任期以后开始效率增长缓慢并逐渐进入一个无效率时期。纳菲尔凯姆（Knefelkam）将大学教师的职业生涯划分为（应用和产出）收获阶段、酝酿或休眠阶段、智力重生阶段。

2．教师职业发展影响因素研究

自20世纪60年代末开始，为寻找促进大学教师发展的有效策略，人们对于各种影响因素进行了广泛而深入的研究，取得了比较丰富的研究成果。

第一，对于教师职业发展影响因素的整体架构。费斯勒认为影响大学教师发展的因素众多，大致可以归为个人因素和组织环境因素两类。个人因素包括家庭生活、积极的临界事件、（个人或家庭）危机事件、个性特征、能力、兴趣、所处的生命阶段等，其中家庭及其个人自身发展因素的影响最为显著和深刻。环境因素包括社会环境和组织环境两部分，学校组织因素是对教师个人职业生涯发展影响最大的环境因素，包括学校规章制度、管理风格、公众信任、社会期望、专业组织、工会等。凯费瑞拉和齐恩（Caffarella & Zinn）认为，影响大学教师发展的因素可以划分为人际关系、制度结构、个人状况、智力与心理特征等4个领域。

第二，对于教师职业发展部分因素的深入分析。凯尔斯和布莱克伯恩（Cares & Blackburn）通过对7534名大学教师的问卷调查发现，对高等教育的信任、所在院系的民主程度、个体对工作环境的控制机会等是影响大学教

---

① 叶澜、白益民、王枬等：《教师角色与教师发展》，教育科学出版社2001年版，第248页。

② Kang Bai, “Criteria for assessment and evaluation of the outcomes of sabbatical leaves as a mechanism for faculty development”, Dissertation, University Of Alabama, 1999.

师职业生涯成功的重要因素。索斯纳里和尼尔（Sorcinelli & Near)在“大学教师工作与工作以外的生活之间的关系”中，探讨了大学教师个人生活和学术生涯之间的相互关系，认为教师的私人生活、家庭、公民生活是大学教师发展的重要影响因素。莱克（Reich）在“大学教师专业发展方案：以领导的视角”中阐述了领导者对大学教师发展的重要领导作用，列出教师发展方案中十种有效的领导行为。马特尼（Matney）在“影响大学教师创新教学实践的制度与学科因素”一文中指出，大学的制度文化影响教师自我学习和教学的创新。比驰（Beach）在“提高大学教学的策略：不同层次的组织对大学教师教学实践的影响”中提出，院系的教学风气影响本学院的教师教学方法、学习方式的选择，形成良好的学院教学文化有助于教师的教学专业发展。

第三，针对大学教师中特定群体的研究。此类研究大多指向于大学女教师、新手教师、职业生涯中期教师和兼职教师等群体的发展状况及影响因素。如：费德曼和特里（Feldman & Turnley）对105名兼职大学教师进行田野调查，发现兼职教师所处的职业生涯阶段对于其工作态度和行为具有影响，职业生涯后期的教师比职业生涯初期和中期的教师更积极。奥古斯特和沃特曼（August & Waltman）指出在高等教育朝着优质化与多样化方向发展的过程中，必须关注大学女教师的生存状态，特别是要了解影响女教师职业生涯满意的主要因素。通过对美国一所研究型大学的调查，他们发现环境条件、院系氛围和人口学特征是影响大学女教师职业生涯满意的重要因素。

3．促进大学教师发展的研究

大学教师发展是当前国内外教育改革与教育研究的热点和焦点。为适应不断变化的社会需求，早在20世纪60年代，西方国家就已开始了关于如何促进大学教师发展的理论及实践探索。

第一，大学教师发展的理论模型研究。大学教师发展的理论模型，是对大学教师发展的基本内涵、组成部分及相互关系的一种整体阐释。在各种大学教师职业发展模型中影响较大的主要有三种①：贝格斯特（William H. Bergquist）和菲利普斯（Steven R. Phillips）的理论模型认为，大学教师的职业发展是在个人发展(态度)、教学发展（过程）和组织发展（结构）三个层次上展开的，忽视任何一个层次上的发展变化，大学教师便很难获得职业上的成功；盖夫（Jerry Gaff ）的理论模型同样建立在结构、过程和态度三个层

① 林杰、李玲：《美国大学教师发展的三种理论模型》，《现代大学教育》2007年第1期。

次的发展上，所不同的是将“教学发展”更多地关注科目和课程的设计，并且认为三个部分统一存在于一个成熟的大学教师职业发展模型中，三个部分的任何一个都能独立地发展而不必考虑其他两个项目的发展进度；贝格斯特修正的理论模型，克服了以往理论模型将教学发展限定为过程层次，把组织发展局限于结构层次的缺点，强调大学教师职业发展的三个维度和三个组成部分的综合发展，强调任何大学教师职业发展都是在一定的制度环境中进行的，而且大学教师职业发展不仅局限于专业组织之中，还可以延伸到所在系统之外的领域。

第二，关于教师激励的研究。塞吉奥万尼和卡威尔（Sergiovanni & Carver）在马斯洛的需要层次理论和赫茨伯格的双因素理论基础上，提出教师职业生涯发展中的五个层次的需要：安全需要，包括工资、养老金、任用期、角色巩固；归属需要，包括接受、归属、友谊、学校成员资格、正式工作群体和非正式工作群体；自我尊重需要，包括自我尊重、被他人尊重、信心、认可；自主需要，包括控制、影响、参与、分享、权威；自我实现需要，包括充分发挥潜能、奉献、极度满足、成就、个人与专业的成功。他们将赫茨伯格的保健因素与马斯洛的较低层次需要、激励因素与较高层次需要联系在一起。强调建立一个重视较高层次激励因素的氛围，特别是专业自主需要和自我表现实现需要等高级需要，以形成有益于教师成长与专业发展的环境。

第三，围绕大学教师发展项目展开的研究。大学教师发展（Faculty development）广义上指发生在大学教师身上的总体变化，狭义上则是指为改进大学教师的教学或科研成效而设计的一些发展项目。美国是较早重视大学教师发展项目的国家。1961年，第一个教师与教学发展中心——密执安大学和密执安州立大学的教师与教学发展中心成立。到80年代中期，大约60%的美国学院和大学都确立了某种类型的教学改进项目。为了检查这些项目的实际作用、探索有效的促进教师发展的途径和手段，大学教师发展专家开展了大量的相关研究。如：凯利沃德（P. Kalivoda）等学者指出①，大学教师的活力是维系高校活力的关键所在，而大学教师的活力并非静态现象。随着职业生涯的行进，教师活力的表现会发生变化。一项成功的大学教师发展项目必

① P. Kalivoda，G. R. Sorrell and R. D. Simpson，“Nurturing Faculty Vitality by Matching Institutional Interventions with Career-Stage Needs”，*Innovative Higher Education*，Vol.18，No.4，1994.

须使制度性干预与不同职业生涯阶段的不同发展需要相一致。伊莱瑟和朝文（Eleser & Chauvin）认为提供资源和激励并不能充分影响教师的教学和学习过程，并使之发生系统持久的变化。有效的教师发展项目应该建立在了解教师的职业发展目标的基础之上，教师的职业目标是复杂多样的，教师应该拥有适当的机会表达自己关于职业目标的观点①。

4．国内大学教师发展研究综述

中国关于大学教师发展的研究集中在近十年里，是一个正日渐进入人们的视野但缺乏深入探索的新领域。现有的研究成果大体指向于：

第一，大学教师专业发展的内容及促进方式研究。关于大学教师应具备怎样的专业素质，中国学者大多采取两种不同的分析角度：其一，从大学的功能角度出发，围绕着教学、研究和社会服务三大任务，从职业道德、知识能力和身心素质等方面建构大学教师的专业素质结构；其二，从大众化、全球化、信息化、多元化等宏观背景下，提出大学教师的素质结构应当体现时代特点，具备创新精神和专业自我更新能力。关于大学教师专业发展促进方式的研究，其基本思路是在大学教师专业发展的观念指导下，如何给大学教师提供一定的环境和条件，以帮助他们在专业成长所必须经历的各阶段得以顺利的发展，如曲铁华和牛海彬的《高校教师专业发展途径解析》。

第二，大学教师职业生涯发展研究。该领域的研究内容主要集中在以下几个方面：（1）从组织角度出发，对如何开展有效的高校教师职业生涯管理与规划展开研究。此类研究在数量上占据绝对优势，强调组织文化、管理制度等因素对教师发展的作用，如李颖的《高校教师职业生涯发展与管理激励创新》、黄洁华和田甜的《大学教师职业生涯管理因素结构研究》。（2）从个体角度出发，考察组织文化或社会环境与教师个体之间的相互作用，如龚波的《试论大学组织文化与大学教师发展的共生机制》。（3）关于特定教师群体职业生涯发展特殊性的研究。此类研究主要指向于青年教师、女教师、公共课教师等，侧重探寻该教师群体职业生涯发展中面临的问题，如邢方敏和刘泳平的《高校教师职业生涯初期的心理问题探究》、康婷的《高校女教师职业生涯发展研究》。

第三，对于国外大学教师发展状况的考察。李玲在《美国大学教师发展的历史进程及其启示》一文中对于美国60—90年代大学教师发展的特点进行

① C. B. Eleser，S. W. Chauvin，“Professional Development How to’s：Strategies for Surveying Faculty Preferences”，*Innovative Higher Education*，Vol.22，No.3，1998.

了分阶段的介绍，进而从环境、考核、培训等方面对我国大学教师发展提出建议；罗丹、徐洁在《美国大学教师发展研究——以八所著名大学为例》中在分析美国八所著名大学教师教学发展举措的基础上，针对中国的现存问题提出见解；黄明东在《北美地区高校教师发展状况探析》一文中对加拿大和美国的高校教师职称晋升、培训、奖惩、工资待遇、教学和科研管理等问题进行了比较详细的介绍；徐延宇在《美国高校教师发展的特点与启示》一文中概述了美国高校教师发展的基本内容和特点，进而提出中国高校教师发展的建议；卢辉炬、严仲连在《美、日、中大学教师发展之比较》一文中，考察了三个国家在大学教师发展方面采取的具体模式，分析其差异并针对发现的问题进行了深入思考。

三　已有研究存在的问题

由前文可知，无论从制度角度还是从职业角度出发，针对大学教师所展开的研究都历时不长，但国内外学者已经开辟出一定的研究空间，积累了比较丰富的研究成果。笔者认为，该研究领域目前存在的主要问题是：

1．关于大学教师职业生涯研究的逻辑框架比较单薄，解释力不足。“大学教师职业生涯”属于一个明显的跨学科论域，仅从“教师”这一概念出发进行教育学视角下的研究显然难以形成深入认识，必须引入社会学、管理学、文化学等学科的相关理论进行多角度探讨。就现有的研究成果来看，基本上集中为三种思路：从谋求教师专业化的教师教育角度出发，基于教育学和心理学视角描述教师发展现状，寻找教师职业生涯发展的主要影响因素和阶段性特征；从知识社会学角度出发，对大学教师作为学术人、知识人所具有的职业特征及面对的角色冲突进行研究；从大学组织与社会发展需要出发，以教师管理为指向，进行应然的规范性研究。整体而言，建立在“专业人”或“学术人”假设之上的研究忽视了大学教师作为“组织人”的特征，忽视了当今时代制度化程度日益提高的大学组织与作为基本组织成员的大学教师在发展方面的关系与联系；而考虑到组织因素的研究又往往拘泥于实体化的古典主义组织观，或对组织的复杂性缺乏适当的尊重，或对教师的能动性和自由缺乏足够的认识。近年来，关于大学教师学术自由、大学组织及制度变革的研究很多，但鲜见将能动性与制度规约、自由与秩序结合起来的研究。事实上，现代大学已发展成为一个极其复杂的社会组织，“即使高等教育系统曾经比较简单，它也不会回到以前的样子了。我们如今所看到的是一个盘根错节、异乎寻常的体系”[①]，大学组织和大学教师制度的变迁在相当程度上形塑着大学教师的职业生涯，因此，对于大学教师职业生涯的研究不能脱离组织制度的视角。

2．对于大学教师制度与教师职业生涯之间的关系缺乏深入剖析，制度研究与职业生涯研究二分的倾向明显。大学教师制度与教师职业发展是紧密交织、难以分割的，但学者们的关注点却通常仅停留在其中的一个方面，或探讨教师制度的功能和演变，或探讨教师职业发展的状况及困境，很少有人对二者间的内在关联及相互作用进行深入分析。在前一种以制度为核心的研究中，教师往往是作为一个抽象、模糊的群体代名词而出现的，作为制度发挥其效力的受体，其个性与活力难觅踪影；在后一种以职业为核心的研究中，人的动机、需要受到了瞩目，制度则退而成为一种背景性因素，尽管学者们普遍认同制度对于教师职业发展具有重要的影响作用，但基本上都是点到即止，制度究竟对个体行动发挥了怎样的作用、其作用是否存在边界、身处制度规限中的个体其行动对于制度的变迁有何意义等问题鲜被问津。上述两种研究思路本身都是富有价值的，其研究成果对于揭示制度与职业生涯之间的关系也都具有基础性作用，但无论是基于“强制度弱行动”的立场，还是“强行动弱制度”的立场，都无法合理、有效地解释制度与职业生涯的关系问题。

3．就研究方法而言，对于大学教师职业生涯这一领域缺少历时性研究和实证性研究。现有研究大多是对现时的大学教师职业发展状况进行单一时间层面的研究，鲜见针对大学教师职业生涯所进行的历时性分析，导致研究成果呈现扁平、散点的特征，缺乏系统性和动态性。事实上，无论是制约大学教师发展的组织制度，还是大学教师所从事的学术职业的属性都处于不断变动之中，缺乏对大学教师职业生涯发展演变的历时性考察，仅凭静态的横断研究难以揭示其现实问题，亦难以把握其未来走向。尽管近年来国内针对大学教师职业生涯的研究数量在不断增加，但其中的大多数研究往往急于从思辨、规范的立场出发，提出促进大学教师职业发展的种种对策。由于缺少对大学教师职业生涯这一复杂事实的全面深入认识，导致研究成果有流于空泛之嫌，针对性不足。合理有效的对策需要建立在对研究对象的深入剖析、对现实状况的清晰把握之上，因此大量的实证研究成为该领域理论发展和现实

① [美]伯顿·克拉克：《高等教育系统——学术组织的跨国研究》，王承绪等译，杭州大学出版社1994年版，第313页。

变革的必须前提。目前，我国关于大学教师职业生涯的实证研究总量很少且研究思路趋同，研究者基本上都是从师资管理或师资培养的立场出发，借鉴西方特别是美国心理学、管理学的相关理论框架，探寻教师职业生涯发展中面对的实际问题、寻找教师管理的有效途径。趋同的研究思路难以揭示大学教师职业生涯中的深层次问题。

四 本研究的创新之处

1．研究视角的创新。本书力求超越“制度—职业生涯”二分的研究立场，摆脱仅从中观层面考察大学教师制度的发展与变革，或仅从微观层面考察大学教师职业生涯的构成与特征这两种研究思路的束缚，综合采取社会学、制度经济学、教育学、管理学等多学科的理论视角，探究大学教师制度与大学教师职业生涯两个领域之间的关系。具体来说，本书致力于揭示大学教师制度对于大学教师的职业生涯构成了怎样的规范和约束，这些规范和约束对教师的职业生涯发展有何意义；大学教师职业生涯在具体制度的规约下呈现出怎样的特征，产生了哪些非预期的后果；大学教师职业生涯的现实状态对于教师制度的变迁具有怎样的影响等问题。

2．研究内容的创新。本书综合运用理论分析、长时段的制度分析和现时性的实证调查等方法，对大学教师制度和大学教师职业生涯的关系进行了多方面剖析。首先，对大学教师制度和大学教师职业生涯的内涵、构成、相互之间的联系等基础性问题进行了深入的理性探讨，为该领域研究提供了一个比较稳定的理论框架；其次，对大学教师制度在中世纪、19世纪、20世纪三个重要历史时段的状况进行了系统梳理，使大学教师制度的整体脉络和变迁走向得以清晰呈现，同时也勾勒出大学教师制度与教师职业生涯之间关系的阶段性变化；最后，整体考察了中国大学教师制度及其规约下的教师职业生涯的历史演进，以院校研究的方式考察了当前大学教师制度变革对教师职业生涯的具体影响，从而在一定程度上实现了历史研究与现实研究、文献研究与调查研究、宏观研究与微观研究之间的融合、互补。

3．研究结论的创新。在理论上，本书提出大学教师制度并非外在于教师的某种客观结构，而是教师群体行为的预期结果与意外结果的合成物；大学教师制度兼具制约性和使动性，但其作用的发挥要以教师的职业生涯决策及行动为前提；大学教师制度的变迁是社会精英的行动和大学教师的行动共同促成的。在实践上，本书提出深化中国当前的大学教师制度改革的四个建议，即弱化强制性特征，采取渐进的变革路径；兼顾学术目标和效益目标，实现制度改革价值取向的多样化；超越传统人事管理观念的束缚，为人力资源管理及开发创造条件；探寻教师参与改革的有效途径，以平衡制度执行过程中行政权力的过度膨胀。

第三节　研究的基本思路

一　理论基础

（一）吉登斯的结构化理论（Structuration theory）

微观的个人行动与宏观的社会结构（制度）之间谁比较优先，是长期以来困扰社会学界的一个基本主题。尽管绝大多数学者都承认，没有个人就没有社会，个人亦不会完全脱离社会而独立存在，但在处理二者关系时，通常会直接或间接地堕入"个人行动—社会结构"二元论的谬误当中，而无法恰当地处理个人自主性和社会约束之间的关系。为了超越结构决定论和唯意志论之间的二元对立，对"'外在于'个人的宏观社会现象与'内在于'个人的微观社会现象究竟是如何发生相互关系的？"这一问题进行解答，安东尼·吉登斯提出了"结构二重性"（Duality of structure）的概念，即结构同时作为自身反复不断地组织起来的行为的中介与结果；社会系统的结构性特征并不外在于行动，而是反复不断地卷入行动的生产与再生产。①具体而言：

1. 人是有知识的行动者，社会实践有赖于行动者持续地将它们创造、再创造出来。行动者所拥有的、支援其行动的知识具有反身性和实践性。所谓反身性，即在进行一个行动时，行动者除了有他的动机和理由外，他还会反身地监视自己行动的进行情形、自己的表现和其他人的观感和反应，人人如是。所谓实践性，即这些知识反映着行动者的实际处境和旨趣等，因此，也是实用性的。

2. 社会系统并不具有实体性的"结构"。所谓社会结构，就是使社会系统中的时空"束集"（Binding）在一起的那些结构化特性，作为记忆痕迹具体体现在行动之中，导引着具有认知能力的行动者的行动，因此，社会结构并非完全外在于个人行动。结构由规则（Rules）和资源（Resources）构成。

① [英]安东尼·吉登斯：《社会的构成》，李康、李猛译，生活·读书·新知三联书店1998年版，第522页。

由于规则界定了在某种情境里怎样行动才是正确或适当的，既为行动者提供了意义，还具有规范和导向的作用，因此，了解行动所牵涉的规则是行动者的行动中不可缺少的部分。不过，行动者对常规的依赖并不仅仅源于社会结构的外在约束，还源于他在行动上和存有保障上的内在需要。行动者在无意识里会希望能够掌握自己生存环境内的一些常规，通过完成各种常规活动，行动者维持了一种本体安全感，这对于行动者自身身份的维护、生活导向的建立至为重要。

3. 行动者对发生在他周围的事物所具有的转化能力，即权力。权力离不开资源，但“权力本身不是一种资源，资源是权力得以实施的媒介”[①]。掌握了资源就拥有了权力。资源包括指向于物的配置性资源和指向于人的权威性资源。行动必然牵涉到行动者的资源，故行动是前设着权力（即转化能力）的。由于行动前设着权力，因此没有行动者是完全没有权力的，“个体有能力‘改变’既定事态或事件进程，这种能力正是行动的基础。如果一个人丧失了这种‘改变’能力，即实施某种权力的能力，那么他就不再成其为一个行动者”。[②]

4. 结构与行动的关系：结构是行动的媒介，同时也是行动的后果。作为行动的媒介，结构约束着行动，但也为行动提供了可能性，因此，结构同时具有制约性（Constraining）和使动性（Enabling）这两种表面上看似互相矛盾的特性。作为行动的后果，结构只有通过行动才能在时空里展现出来。由于行动者的认知能力始终是有限的，因此其行动总要面对一些“未认知的行动条件”，总会导致一些“未预料的后果”。而结构正是行动者在日常生活实践中产生的非意图的后果，这些非意图后果反过来又成为行动者未认知的行动条件。所以说，“人类的历史是由人的有意图的活动创造的，但它并不是某种合乎意图的筹划；它总是顽固地躲开人们将其置于自觉意识指引之下的努力”。[③]

吉登斯的结构化理论，为探索大学教师制度与大学教师职业生涯之间的关系提供了新的思考空间。在该理论的引导下，本书力求摆脱单纯从制度层面、职业层面，或个体发展层面分析大学教师问题的思维框架，尝试寻找大

---

① [英]安东尼·吉登斯：《社会的构成》，李康、李猛译，生活·读书·新知三联书店1998年版，第77页。

② 同上书，第76页。

③ 同上书，第91页。

学教师制度为大学教师职业生涯所设置的边界，寻找大学教师在制度规约中所拥有的“权力”，寻找大学教师制度变迁过程中出现的意外后果及对于制度再生产的重要意义。在某种意义上，可以说，本书就是在大学这一特定社会组织中对于吉登斯结构化理论的一次局部验证。

（二）新制度经济学（New institutional economics）

新制度经济学，是在对主流的新古典经济学、早期的古典经济学和古典制度理论的扬弃中发展出来的一个经济学分支。一般认为，1937年美国经济学家罗纳德·科斯（Ronald H. Coase）的文章《企业的性质》开启了新制度经济学之门，经过随后几十年的沉寂，自70年代开始得以繁荣发展。在道格拉斯·诺思（Douglass C. North）、奥利弗·威廉姆森（Oliver E. Williamson）等人的推动下，新制度经济学业已取得了令学界瞩目的成就，其中诸多成果对于本研究具有重要启示。

1. 关于人类行为的三个假定[①]。第一，人的行为具有双重动机，既追求财富最大化又追求非财富最大化（如利他主义、意识形态、自愿负担约束等）。人们往往在财富与非财富之间进行权衡，寻找均衡点。第二，人具有有限理性（Bounded rationality）。一方面，人处在复杂的、充满不确定性的环境当中，所获得的信息既不完全，且不对称；另一方面，人自身的认识能力是有限的，不可能做到无所不知。由于只能有限地获取和处理信息，因此人并不具有完全理性，无法准确地作出最优化的选择。第三，人具有机会主义倾向。所谓机会主义倾向，就是不甘于现状、肯冒险、寻找机遇、随机应变、投机取巧，以便为自己谋求更大利益的行为倾向。一定意义上讲，制度的产生，就是为了降低人们追求非财富价值所需付出的代价，为了克服人们普遍具有的有限理性和机会主义的弱点。

2. 关于正式制度与非正式制度的区分。新制度经济学认为制度是人类追求一定社会秩序的结果，人们力图通过这些制度为自己的生活构建一个稳定的空间。诺贝尔经济学奖获得者、美国新制度经济学家诺思将制度划分为正式制度和非正式制度。正式制度是人们有意识创造出来并正式确立的成文规则，具有强制性、间断性等特点；非正式制度则是人们在长期的社会交往中逐步形成并得到社会认可的一系列约束性规则，具有自发性、非强制性、广泛性和持续性等特点。正式制度的构建体现了人类充分运用自己的理性把握未来的努力，而非正式制度则是人类社会的原发性规则，二者之间存在着复

① 卢现祥：《西方新制度经济学》，中国发展出版社2003年版，第16—18页。

杂的互动。正式制度能够补充和强化非正式制度的有效性，同时，也可能修正或替代非正式制度。

3．制度变迁理论。制度变迁理论是新制度经济学的一个重要内容，其代表人物是诺思。该理论涉及制度变迁的原因、动力、过程、形式，以及制度移植、路径依赖等问题。“制度变迁决定了人类历史中的社会演化方式，因而是理解历史变迁的关键[①]。”新制度经济学家认为，制度变迁就是制度的替代、转换过程，可以分为诱致性制度变迁和强制性制度变迁两种基本类型。前者是自下而上的，受利益驱使，由个人或一群人自发倡导、组织和实行；后者是自上而下的，由国家或政府强制推行。制度变迁是对于制度非均衡的一种反应。所谓制度均衡是指制度的供给适应制度的需求，人们普遍满意于既定的制度，没有改变的意愿这样一种状态。制度非均衡则刚好相反，它是指制度供给不足，即人们所需要的制度不能适时被提供出来。制度变迁过程中存在着路径依赖的现象。所谓路径依赖（Path dependence），是指制度变迁的方向往往依存于原有的制度，从而使一种变迁方向会在变迁过程中不断强化。路径依赖现象往往被用来解释一些国家何以处于长期落后状况，其低劣的制度何以能长期保留，更有效的制度何以长期不能形成。产生路径依赖的原因在于过高的变轨成本，即从一条路径转变到另一条路径的成本，它包括设计成本、学习成本以及原有制度路径上既得利益集团的损失[②]。

新制度经济学在分析制度变迁时，往往采用需求—供给的分析方法，把制度变迁分为需求诱致型与供给主导型。制度非均衡可以持续相当长的时间而不发生制度创新，其原因可能在于有效的制度需求不足（因新制度能为人们带来的净收益小于原有的制度），也可能在于制度供给不足（推动创新者的个人净收益小于原有的制度）。只有形成了适当的制度需求和供给，制度创新才会出现，进而使制度由非均衡走向均衡。

4．制度分析方法。在政治学、社会学、经济学创始人的很多论著中，“制度”都被作为重要的研究领域，但此时的“制度”仅是研究对象而非手段。方法论意义上的制度分析，最初萌生于新制度经济学。科斯通过引入边际分析和交易成本概念，使得各种具体制度的起源、性质、演化和功能等的研究，可以建立在以个人为基础的比较精确的实证分析上，从而创立了可以

① [美]道格拉斯·诺思：《制度·制度变迁与经济绩效》，杭行译，格致出版社2008年版，序言第6页。

② 孙绪娜：《新制度经济学理论概述》，《资料通讯》2007年第7期。

经验实证的制度分析方法。诺思曾经说，“有了‘交易成本’这个发现，我们才找到了解释制度存在和制度变迁的方式”。[①]的确，如果制度分析仅仅停留在价值观的讨论上或一般性的规范分析上，那么人们就不可能对制度的性质及其演化做出深刻的理解。

由于学科性质、特点的不同，制度分析方法在不同学科领域内会有所“变异”，呈现出学科的个性化特征。但作为一种跨学科的研究方法，制度分析的方法论内核是共同的，即从一个整体的、相互联系的、辩证发展的及历史的视角确定制度的变迁及其与社会、政治、经济、历史文化等因素的互动作用。换言之，“不是把制度及其运行作为一个孤立的、抽象的、可以随心所欲操纵和设计的物件，而是将其视为经长期历史演进而形成的一种社会文化存在”。[②]

本书致力于探究处于变迁过程中的大学教师制度对于大学教师的职业生涯发生了怎样的影响，这一问题的解答必然要建立在对制度、对人性的理性认识基础之上。新制度经济学的上述理论观点使深入理解个体的行为特点、制度的复杂构成、制度的起源与变迁等问题成为可能，同时，制度分析理论提供了大学教师制度的分析框架，是考察大学教师制度的演进、理解具体大学的教师制度的主要理论工具。尽管本书将分析的重点放在成文规则之上，但正式制度与非正式制度之间的紧密关联，决定了在解释大学教师职业生涯时不可能忽略各种非正式制度的影响。中国传统上是一个伦理社会，缺乏契约传统，伦理文化因素在社会生活中起着十分重要的作用，渗透在社会生活的各个方面。以非正式制度的观点可以更加有力地解释中国大学教师职业生涯中显现的各种现象。

（三）职业生涯阶段理论

自从职业生涯问题进入人们的研究视野，其理论发展主要可以归纳为两条线索：其一，职业选择理论，侧重研究个体在选择及变动职业时如何进行职业生涯决策；其二，职业生涯阶段理论，侧重研究个体在职业生涯历程中经过的阶段性变化。相对而言，以强调动态发展为特征的职业生涯阶段理论出现较晚。20世纪50年代，在金兹伯格、萨珀等先驱者的启发和影响之下，人们逐渐接受了这样的观点：不仅儿童，成年人也在以一种可预期的方

---

① 章元、郭为根据现场录音整理节录：《什么是有效的经济制度——诺贝尔经济学奖获得者诺斯教授与经济学家张军博士的对话》（http://www.chnbloger.com/zhidu.htm）。

② 林义：《制度分析及其方法论意义》，《经济学家》2001年第4期。

式发展着，职业生涯会随着人生的发展阶段而依次展开。在随后的半个多世纪里，职业生涯阶段理论获得了很大的发展，各具特色的观点相继涌现，包括：格林豪斯的职业生涯发展阶段理论、利文森的职业发展阶段理论、道尔顿和汤普森的职业发展阶段模型、施恩的职业发展阶段理论等。60年代末开始，该理论在教师研究领域得到应用，富勒、费斯勒、休伯曼、鲍德温等学者所取得的进展，使人们对于教师职业生涯的认识得到深化。尽管学者们在职业生涯各阶段的时间跨度和具体特征方面存在种种分歧，但理论的基本立场都是一致的，即将个体的职业生涯视为一个动态的发展过程；职业生涯由一系列的发展阶段构成，在职业生涯的每一阶段都有其独特的发展使命和需要特殊关注的问题；处于生命的不同阶段，个人对职业的选择和发展的观点亦有所不同。

上述理论观点为本书提供了深入探索教师职业生涯的一个路径，使关于大学教师职业生涯的分析有所依托。笔者认为，把职业视为一系列的阶段发展对于个体和组织都是有价值的。尽管职业生涯的阶段性特点会随着时代和外部环境的变化而有所改变，但这些变化和偏离并不能否定职业生涯所具有的阶段性特征。只有在清晰掌握个人与组织在职业生涯发展不同阶段上的角色、任务和职能，以及相互配合的策略，才能指导个人更有效地管理自身的职业发展，组织也可以借此建立并实施更为合理的人力资源管理策略。

二　研究假设与研究方法

（一）研究假设

1.大学教师制度是影响大学教师职业生涯的一个重要因素，这种影响兼具制约性和使动性两种特性。一方面，大学教师制度为教师的职业生涯设置了边界和发展路径，对教师的职业发展施加强制性的约束和规范；另一方面，大学教师制度也为教师的发展提供了机遇和条件，减少了教师所面对的多种不确定性，使教师的职业生涯成为可能。

2. 大学教师制度对于教师职业生涯的作用并不意味着教师始终处于被动地位，相反，大学教师是教师制度的形塑者之一。制度是利益相关各方在长期博弈基础上达成的均衡，而大学教师群体作为利益相关的一方，为谋求自身利益的最大化（主要是谋求一种安全、自由、经济富足的职业生涯），始终在与其他利益相关方（如教会、地方政府、国家政府、公众、大学管理层等）进行协商和抗争。

3. 大学教师制度是经过长期历史演进而形成的一种社会文化存在。身处一定约束条件下的大学教师及其他利益相关方，通过理性选择使大学教师制度得到改变或创新。在制度变迁过程中，路径依赖与路径选择的并存，使不同国家、地区的大学教师职业生涯呈现出不同的样态。

4. “有组织的大学教师职业生涯管理”是当代大学实现组织与教师个人共同发展的必由之路。

（二）研究方法

根据研究目的和具体的研究条件，本书采取文献分析、制度分析和调查研究等研究方式对大学教师制度的演进、教师职业生涯发展状况、教师在制度规约下的选择等问题进行探究。具体而言：

1. 文献分析法。即通过对文献的查阅、整理、提炼和分析，从中认识某种现象或得出某种结论的研究方法。在本研究中，文献分析主要用于回顾和分析已有的国内外研究成果，收集和系统梳理与本研究相关的各种制度文件。

2. 制度分析法。第一，分析西方大学教师制度的整体演进状况，包括中世纪大学教师制度的创建、19世纪大学教师制度的变革、当代大学教师制度的变革等三个历史时期。鉴于研究力量有限，后两个时期重点考察英、德、美三个国家的情况。第二，分析中国大学教师制度的历史发展，包括清末民国时期大学教师制度的发端、新中国成立后至1986年的大学教师制度状况、1986年以来大学教师制度改革等三个部分，重点分析当代教师聘任制度改革所引发的多方变化。第三，选取国内一所综合性大学作为研究个案，分析其微观具体的教师制度的阶段性变化、基本特征及运行机制。

3. 问卷调查和深度访谈。采用问卷调查，主要了解本研究选择的国内某综合性大学教师职业生涯的基本状况、所经过的职业生涯发展阶段、内职业生涯与外职业生涯的相互关系等；采用深度访谈，主要了解身处不同历史时期的大学教师，在特定制度环境的规约下作出哪些重要的发展决策、怎样作出的决策以及决策对于职业生涯发展的实际影响。

三　研究框架

本书由六个部分构成（见图1–1）：

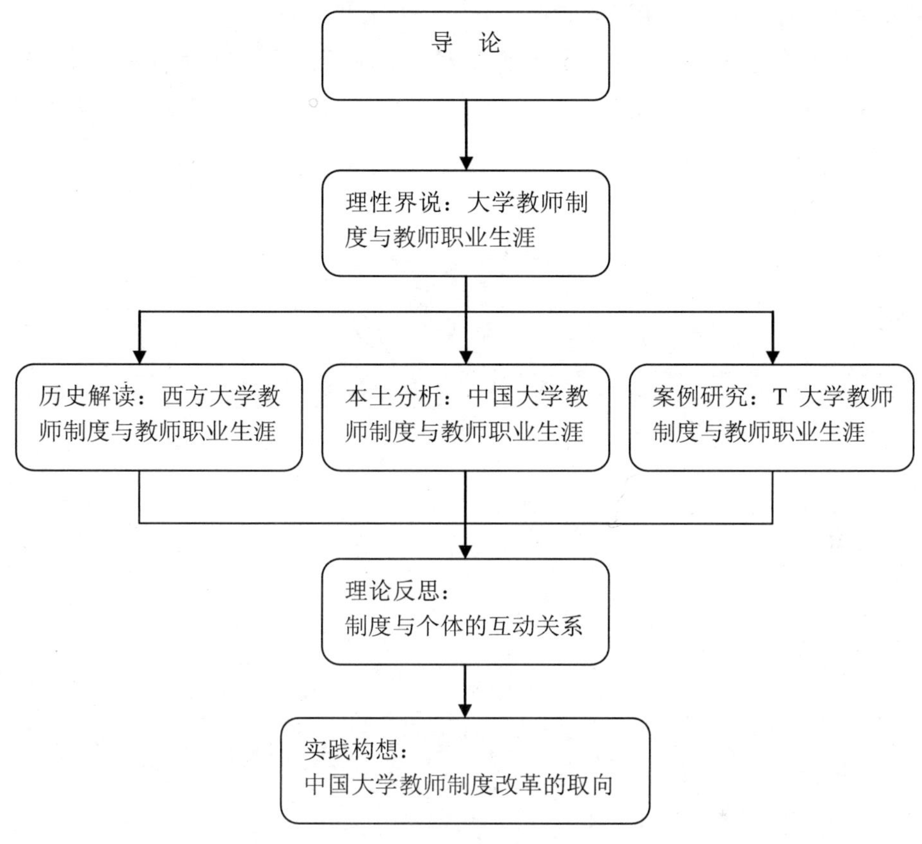

图1–1 论文结构示意图

1．导论部分。包括问题的缘起、研究意义、文献回顾、研究的基本思路、研究方法等。

2．理论分析部分。主要阐述大学教师制度、大学教师职业生涯的涵义、结构等基本问题，进而分析二者之间的关系。

3．历史分析部分。通过长时段的制度分析，考察西方大学教师制度的发端、演进，分析和比较各个时期不同国家的大学教师制度对于教师职业生涯所产生的影响。

4．本土分析部分。通过长时段的制度分析，考察中国大学教师制度的发端、演进，以及各个时期的大学教师制度对于教师职业生涯的影响，探寻中国本土的独特性和当代中国大学教师制度变革面对的现实问题。

5．个案分析部分。通过对当代中国某大学教师制度设置情况的考察、对该大学教师职业生涯状况的调查，分析二者之间的关系。

6．研究结论部分。对于结构与能动性的关系、大学教师制度与大学教师职业生涯的关系进行理论思考；对于中国大学实施“有组织的大学教师职业生涯开发”提出建议。

第二章　理性界说：大学教师制度与教师职业生涯的关系

卡尔·波普尔曾经说过："我们需要的与其说是好的人，还不如说是好的制度。……我们渴望得到好的统治者，但历史的经验向我们表明，我们不可能找到这样的人。正因为这样，设计使甚至坏的统治者也不会造成太大损害的制度是十分重要的"[①]。事实的确如此。为约束相互之间的交往行为而被人们创造出来的制度，是人类社会走向文明进步的一个显著标志。对于大学教师这个特定的职业群体而言，其职业生涯的现实状态和发展前景，在很大程度上都取决于规范和约束着他们的具体的大学教师制度。

第一节　大学教师制度

大学教师制度，顾名思义，就是关于大学教师这一职业群体的制度。显然，停留在这一常识性的理解层面，无法满足研究的需要。为了深入剖析此概念，本节将从其属概念——制度入手，通过澄清制度的涵义、构成、功能及来源，进而获得关于大学教师制度的较为全面的认识。

一　大学教师制度的涵义

（一）什么是制度?

关于"制度"的学术研究源于古希腊的历史学和政治学，19世纪社会学兴起后，也始终将制度作为研究的一个基本领域。但是，使制度研究受到广泛关注的却是经济学。20世纪初，凡勃伦（Theorstein B. Veblen）将"制度"概念引入经济学领域，与康芒斯（John R. Commons）、米歇尔（Wesley C. Mitchell）共同创立了制度经济学派，制度研究由此走入人们的视野。近百余

① [英]波普：《猜想与反驳》，傅季重等译，上海译文出版社1986年版，第491页。

年里，制度经济学、政治学、社会学、管理学等学科领域的诸多学者围绕着制度的涵义、构成、功能、变迁等问题展开了广泛而深入的研究。

制度一词的用法颇为复杂，既可用于宽泛的社会层面，也可用于具体的组织层面。在汉语中，“制”有节制、限制之意，“度”有尺度、标准之意。《辞海》中对“制度”的解释有二：第一，要求成员共同遵守的、按一定程序办事的规程或行动准则；第二，在一定历史条件下形成的政治、经济、文化等各方面的体系。在英语中，“制度”可以对应很多词汇，如system（体制、系统），convention（惯例、协定），constitution（章程、结构），order（规程、秩序），regime（政治制度）等。本研究所论及的是institution意义上的“制度”概念。尽管学者们为制度所下的具体定义不尽相同，但“制度即规则”已基本成为各个学科领域的通识。

制度经济学家康芒斯（1931）认为“制度是集体行动控制个人的一系列行为准则和标准”，即制度就是社会一定范围内每个人必须遵守的行为准则或规范。①

政治哲学家罗尔斯（1971）认为制度是“一种公开的规范体系，这一体系确定职务和地位及它们的权利、义务、权力、豁免等。这些规范指定某些行为类型为能允许的，另一些则为被禁止的，并在违反出现时，给出某些惩罚和保护措施”。②

社会学家韦伯（1921）的定义：制度应是任何一定圈子里的行为准则。③

经济学家舒尔茨（1968）的定义：制度是社会中个人遵守的一套行为规则，这些规则涉及社会、政治及经济行为。④

制度经济学家柯武刚和史漫飞（1998）的定义：制度是人类相互交往的规则。它抑制着可能出现的、机会主义的和怪癖的个人行为，使人们的行为更可预见并由此促进着劳动分工和财富创造。⑤

新制度经济学家诺思（1990）的定义：制度就是一个社会的博弈规则，或者更规范地说，它们是一些人为设计的、形塑人们互动关系的约束。⑥

---

① [美]康芒斯：《制度经济学》，于树生译，商务印书馆1997年版，第81页。

② [美]约翰·罗尔斯：《正义论》，何怀宏等译，中国社会科学出版社1988年版，第54页。

③ [德]马克斯·韦伯：《经济与社会》上卷，林荣远译，商务印书馆1997年版，第64页。

④ 马廷奇：《大学组织的变革与制度创新》，博士学位论文，华中科技大学，2004年，第10页。

⑤ [澳]柯武刚、[德]史漫飞：《制度经济学》，韩朝华译，商务印书馆2000年版，第35页。

⑥ [美]道格拉斯·C. 诺思：《制度、制度变迁与经济绩效》，杭行译，上海三联书店2008年版，第3页。

孙本文（1935）的定义：制度就是“社会公认的比较复杂而又系统的行为规则”。[①]

郑杭生（1987）的定义：社会制度指的是在特定的社会活动领域中围绕着一定目标形成的具有普遍意义的、比较稳定和正式的社会规范体系。[②]

邱泽奇（2001）的定义：制度是系统化的、具有价值偏向的、用来约束地位和角色以及群体和组织行为的规则。[③]

在借鉴上述观点的基础上，本书将“制度”界定为，通过一定社会控制机制实施的，约束个体行为、调节人与人之间关系的行为规则。这一定义隐含了制度的三方面内涵：第一，制度与人的动机和行为具有内在联系。“历史上的任何制度，都是人的利益及其选择的结果。”[④]人的任何社会活动都离不开制度，人总是在一定的制约条件下理性地追求效用最大化。第二，制度是一种“公共品”。所谓公共品，即人人消费这些物品或服务但不会有损其他任何人的消费。制度是公共规则，不是针对某一个人而制定的。第三，制度可以具有排他性。有些制度是根据少数服从多数的原则而制定的，对大多数人有益的制度可能对少数人不利。

认识制度，不能脱离组织。组织是人类社会的基本单元和基础，可以说，人类社会的发展历程就是一个组织化程度不断提高的过程。组织之所以存在并不断扩展，是因为它能够满足人们的需要、提高人们的社会活动效率，而这些功能的达成必须借助于制度的力量。任何一个组织都是围绕某个中心活动而构建起来的有机体，制度则是规范组织活动运行、对人们的行为起制衡作用的规则体系，换言之，“如果说制度是社会游戏的规则，组织就是社会玩游戏的角色”[⑤]。不同性质的组织，其规则是不同的，但无论何种性质的组织，无不是基于自愿的或强制性的规则和契约而形成的具有一定目标的行动团体。正是因为有了一定的制度安排或行为规范，才使分散的利益主体具有了明确的行动路径，也正是在组织不断地追求其目标的过程中，对构成制度框架的规则进行边际调整，才有了制度的变迁。由此可见，组织与制度密不可分，没有制度也就无所谓组织，没有组织则制度也就失去了依托，

① 孙本文：《社会学原理》，商务印书馆1935年版，第421页。

② 郑杭生：《社会学概论新论》，中国人民大学出版社1987年版，第253页。

③ 邱泽奇：《社会学是什么》，北京大学出版社2001年版，第245页。

④ 卢现祥：《西方新制度经济学》，中国发展出版社2003年版，第35页。

⑤ 同上书，第36页。

因此，分析制度不能脱离对其依托的组织的分析。当然，尽管组织和制度关系密切，但并不意味着可以相互替代。就本质而言，组织是一个人群，制度则是人们创造出来约束组织成员之间交流互动的一些规则，对于组织的分析不能代替对于制度的分析，反之亦然。

（二）大学组织与大学教师制度

大学是实施高等教育的社会组织。在日常生活语言中，大学泛指各种性质、各种层次、各种类型的高等学校，是高等学校的总称。但严格意义上的大学是指实施本科及本科以上学历教育的普通高等学校。①现代社会，随着高等教育概念外延的不断扩大，大学不再是实施高等教育的唯一机构，但始终是最主要的机构，大学制度也始终是高等教育制度中的核心部分。大学制度，是关于大学管理与运行的规则体系，是以大学的学术性本质为根据的、确定大学存在与发展的规则体系。②作为一个规则体系，大学制度既要协调大学与外部社会之间的关系，又要处理大学内部的权力和利益关系。根据大学制度所涉及内容的不同范围可以将其划分为宏观、微观两个层次。宏观层面的大学制度，也称外部制度，指一系列用于维持大学与外部关系的规范、法律规则和运行机制，包括大学的办学体制、投资体制和管理体制等。宏观的大学制度往往是社会政治和经济制度在大学制度上的缩影，体现出明显的时代特征和国家烙印，主要涉及政府、市场、社会与大学之间的关系。微观层面的大学制度，是指大学内部运行机制以及组织行为的规范体系③，如大学的学科制度、教学制度、研究制度、人事制度等。微观的大学制度更多地沉淀了大学的历史和传统，体现着大学自身的文化特性和主体逻辑，是维系一所大学正常运行并发挥其职能的制度保障。

综合上述可知，大学制度这一规则体系包涵的内容非常广泛，本研究中所言的大学教师制度属于微观层面大学制度的一个组成部分。所谓大学教师制度，就是用来约束大学教师的行为、调整教师之间关系的规则体系。这种公开的规则体系确定了大学教师职业生涯中职务、地位、权利、义务等各个方面。

① 《中华人民共和国高等教育法》第三章第二十五条规定，大学应当具有较强的教学、科学研究力量，较高的教学、科学研究水平和相应规模，能够实施本科及本科以上教育，且必须设有三个以上国家规定的学科门类的高等学校。

② 张俊宗：《现代大学制度：高等教育改革与发展的时代回应》，中国社会科学出版社2004年版，第46页。

③ 邬大光：《现代大学制度的根基》，《现代大学教育》2001年第1期。

二 大学教师制度的基本构成

（一）制度由何构成?

制度的核心是行为规则，由此出发，新制度经济学家诺思提出制度由正式规则、非正式规则及其实施机制三部分构成；即使在西方法制健全的发达国家，正式规则也只构成了限定人们行为选择的约束中的很小一部分，非正式规则普遍存在，在日常社会生活中发挥着明确而直接的约束效力。这种对制度构成的认识得到学界的普遍认同。

1. 非正式规则（Informal Constraints），也称非正式约束、非正式制度，指那些从未经过精心设计，但为社会共同认可的、不成文的规则。非正式制度是制度最早的表现形态，在法律出现以前，人们正是依靠价值信念、伦理道德、文化传统、风俗习惯、意识形态等非正式制度构建起了社会秩序。非正式制度由三部分构成[①]：（1）惯例。即常规，是对那些多次重复出现的、不涉及个体间冲突的社会问题的解决方案，一般体现了个体的共同利益。个体从自身经验中或从他人那里学到哪些惯例是有效的，并因为符合自己的利益而采纳它。惯例是自我监察的社会规则，不需要由特定的执行机构来确保人们遵守，往往会被人们自动地采纳。（2）道德准则。这类规则要求人们采取对社会有益但违背（或看似违背）个体自身利益的行为。道德准则通常只为部分人所遵守，对此类规则的遵从也不需要任何外部执行机构。（3）社会规范。这类规则为存在个体利益冲突的各种社会问题提供了解决方案。社会规范由外部力量保障其施行，如果个体没有如此行动将会受到来自外部的处罚。这种外部的执行机构通常是群体中的其他个体。一般说来，非正式制度通常缺乏强制性实施机制的保护，因而很容易成为制度变革的突破口，但这并不意味着非正式制度比较易变。非正式制度是从文化中衍生出来的，它们往往比正式制度更加根深蒂固、更加深入人心，在社会生活中发挥的作用更加深远，因此也更加不容易改变。[②]很多时候，正式制度能够在一夕之间发生根本性改变，但镶嵌在习俗、传统、日常规范之中的非正式制度却依然存在并延续下去。

---

① [美]C. 曼特扎维诺斯：《个人、制度与市场》，梁海音等译，长春出版社2009年版，第66页。

② 康永久：《教育制度的生成与变革——新制度教育学论纲》，教育科学出版社2003年版，第103页。

2．正式规则（Formal Constraints），也称正式约束、正式制度，是人们有意识地制定的一系列政策法规。正式制度是人类理性设计的产物，通常以显性的语言、符号等形式呈现出来，可以随时被人为地加以补充、修正乃至废除。正式制度的贯彻执行，需要依靠一定的强制性力量，在现代社会里，正式制度总是和国家权力、组织机构紧密相连。正式制度也可以划分为三个部分[①]：（1）政治规则，用于界定政治的科层结构，包括基本的决策结构、日常程序控制的外部特征等；（2）经济规则，用于界定产权，包括财产的使用、资源的让渡等；（3）契约，用于界定特定合约的具体条款。时至今日，大到一个国家的政治制度、法律制度，小到一个企业的工资制度、奖惩制度，正式制度几乎无处不在。尽管如诺思所言，正式制度只占整个社会约束的一小部分，人们生活的大部分空间仍然是由非正式制度来约束的，但应该看到，“社会的日益复杂化，必然会提高正式约束的报酬，同时，技术变迁通常能降低衡量成本，并鼓励人们使用精确的、标准化的度量方式”[②]，当代社会的发展趋势是，人们不断地反思已有制度存在的缺陷并加以修正，尽可能地把原来属于非正式制度的社会规范转化为正式的法律规范，使其在规范人们的行为方面具有更大的强制力，使人们在实际生活中有更为明确的规则可以遵循。正式制度与非正式制度之间只存在程度上的差异，并没有本质性差别。正式制度能够补充和强化非正式制度的有效性，也可能修正或替代非正式制度。

3．实施机制（Enforcement Characteristics），指正式制度和非正式制度在社会现实中得以实现的一种社会机制，或者说，是确保正式制度和非正式制度得以贯彻落实的一套监督、检查和惩戒制度。一般而言，有效的实施机制是确保任何契约付诸实施的基本前提，而考察一种实施机制是否有效主要看违约成本的高低。“强有力的实施机制将使违约成本变得很高，从而使违约行为变得不划算，即违约成本大于违约收益[③]。”

---

① [美]道格拉斯·C. 诺思：《制度、制度变迁与经济绩效》，杭行译，上海三联书店2008年版，第65页。

② 同上书，第64页。

③ 卢现祥：《西方新制度经济学》，中国发展出版社2003年版，第42页。

表2-1 制度的分类

制度类型	主要形式	制度执行的监察者
正式制度	政策法规	第三方：行政力量
非正式制度	惯例	自我监察
	道德准则	第一方：行动者个人
	社会规范	第三方：社会力量（群体中的个人）

制度是行为规则，但仅有规则还不能真正构成制度。一般而言，制度由四个要素构成[①]：第一，规则。规则是制度的内容，是一些基本的准则、标准、规定等。规则通过规定权利、义务、责任，或是赋予某种事实状态以意义而具有约束力。第二，对象。对象是制度的指向与范围，是制度所涉及的范围和领域。制度必定是某一范围或领域中的制度，不存在放之四海皆准的制度。第三，理念。理念是制度规则所体现出来的价值判断与目标定位，不同理念引导下的制度会体现出不同的性质。每一制度的具体安排都要受一定的制度理念的支配，可以说，制度就是一定价值理念的实体化和具体化。第四，载体。载体是制度的形式，有什么样的载体就有什么样的制度形式。制度的载体是具体的、可感知的，条文是制度载体的常见形式。由于载体不同，使得制度有了不同的形态。以法律为载体，制度就体现为法律；以习惯为载体，制度就体现为习俗。上述四个要素相互依存、相互联系，缺失任何一个，制度系统都是不完备的，会丧失其功能，进而失去存在的可能。规则使制度有了形式化的内容，对象的设定使制度有了一个明确的运行场所和作用范围，理念作为制度的灵魂渗透在一切规则之中，载体是将制度诸要素统一起来的结构。

（二）大学教师制度的基本构成

根据上述关于制度构成的分析，从大学教师制度的存在方式看，可以将其划分为由社会认可的非正式制度和由权力机构规定的正式制度两个部分。非正式的大学教师制度，就是社会发展历程中逐渐形成的，用来规范大学教师行为的各种不成文规定。正式的大学教师制度，则是权力机构以大学教师为管理对象而设计实施的一系列人事制度，因此也称大学教师人事制度、大学教师管理制度等。随着大学组织化、制度化程度的不断提高，很多原本通

① 辛鸣：《制度论——关于制度哲学的理论建构》，人民出版社2005年版，第11页。

过惯例、道德准则、社会规范等非正式方式对教师施加规限的领域，已逐渐建立起各种正式的教师制度，如半个世纪以前，考核在大学教师的职业生涯中几乎没什么影响力，大学也很少制定具有实质意义的考核制度，但现在越来越多的大学制定并实施了细致、严格的教师考核制度，以实现对更高效益的追求。

当然，非正式的大学教师制度作为一种制度性文化，仍然广泛地存在着。因为，首先，无论正式制度规定得多么详尽，都无法涵盖可能出现的所有问题；其次，即使正式制度已经被明确规定下来，不同教师对其的理解也不尽相同，而且在制度实施过程中还会出现种种偏差。无论在正式制度规限之内或之外的领域，都需要有非正式制度发挥其调节、导向等作用。尽管非正式的大学教师制度具有重要研究价值，但本书将主要的分析对象限定为正式的大学教师制度。因为，任何研究都只能是对现实的一定程度的简化，都是对现实中某些重要因素的深入分析，不可能包容所有的相关变量。不过，这并不意味着本书完全忽略非正式制度。在以正式的大学教师制度为分析主线的同时，将不可避免地涉及习俗、惯例等非正式的大学教师制度。

三　大学教师制度的功能

（一）制度为何存在？

对此问题的解答需要从社会秩序与人类行为这对关系入手。17世纪，英国哲学家霍布斯提出了“秩序何以可能”的问题，由此开启了关于社会秩序的长盛不衰的探索之路。所谓社会秩序（Social order），就是社会的有序状态或动态平衡，体现在社会过程的一致性、持续性和连贯性之中。一般而言，人们喜欢秩序，希望相互之间有着稳定的权利和义务，但与此同时，趋利避害是人类的本性，现实中的每个个体都在想方设法增加自己的效用。社会成员中普遍存在的这种自利动机必然会诱发人与人之间的种种问题和冲突，由此导致社会秩序的破坏，而社会的无序状态又势必有损于个体效用的增加。当人们认识到只有与其他人进行直接或间接合作才能增加自己的效用时，社会规则（即制度）就出现了。由此可见，制度是秩序的基础，制度存在的最基本理由就是提供解决社会问题和社会冲突的办法，使社会秩序维持稳定。诚如哲学家博登海默（E. Bodenheimer）所言，“制度规范的目的就在于反对和防止无序状态，亦即是反对和防止无结构的发展，因为这种发展会把社会变成一个连路都没有的大丛林”①。不过，制度存在的意义并不限于此。

现实生活中的问题和冲突是多种多样、不断变动的，人们为什么接受并执行已有的制度，而不是在面对具体问题和冲突时因事制宜地创造新的规则呢？这是由人类不完美的心智结构决定的。②首先，制度有助于减少个体的不确定性。人类处理信息的心智能力是有限的，有限理性意味着一个人在与他人互动时，不一定能准确了解自己或别人的利益，也不一定能准确了解什么行为最有利于自己或他人，最能满足自己或他人的需求。尽管很多人强烈地倾向于否认不确定性的存在，但事实上个体在行动时总是难以避免不确定性。而制度存在的重要价值，就在于它通过建立一个人们互动的稳定结构来减少不确定性。其次，制度有助于减轻个人的认知负荷。人类没有足够的能力来把握复杂现实中的每一个细节，而相对于人类有限的认识能力来说，环境又显得相当复杂，只有经过适当地简化才能把握。制度的存在使个体得以不必每次面对问题都重新作出决策，当个体能够把所面对的问题归入某一熟悉的类型时，他们会依循常规来采取行动。所以伊丽莎白·科尔森（E. Colson）指出，规则不能解决所有问题，它们只是简化了生活。以一名教师为例，学校何时开学，假期时间长短，工资如何发放等都属于依循常规即可的问题。这样一来，个体就可以不用关心那些社会制度能够解决的问题，而将精力集中到其他问题上。

综合上述可知，人类自利的动机与不完美的心智结构、环境的不确定性是制度产生的两个根本原因。制度不仅对于整体的社会秩序是不可或缺的，对于个体的行为同样具有重要意义。道格拉斯·诺思曾说过，“制度是人们发生相互关系的指南，定义和限制了个人的决策集合”③。正是在制度的规约下，瞬息万变、复杂多样的情境才变得较为稳定和相对简单化，具有有限理性的人们才得以遵循满意化原则制定个体的决策。

（二）大学教师制度的功能

基于上述关于制度存在价值的分析，可以将大学教师制度所具有的功能大体归纳为四个方面：

1. 导向的功能。大学教师制度为教师群体构建了一定的权利和义务体

---

① [美]E. 博登海默：《法理学：法律哲学与法律方法》，邓正来译，中国政法大学出版社1999年版，第403页。

② [美]C. 曼特扎维诺斯：《个人、制度与市场》，梁海音等译，长春出版社2009年版，第68页。

③ [日]青木昌彦：《比较制度分析》，周黎安译，上海远东出版社2001年版，第6页。

系，该体系确定了教师个人在群体中的地位和角色，并提供了符合其地位和角色的思想与行为模式。这种制度导向，对于大学组织具有重要意义，有助于维护大学组织的秩序，减少教师与组织之间的矛盾和冲突；对于教师个人同样具有重要意义，有助于降低教师职业环境中的不确定性，增强个人的安全感。

2．约束的功能。大学教师制度限定和控制着教师的行为。即便是身负探求真知与教书育人这两重崇高职责的大学教师，仍然不会失去其机会主义的人的本性。机会主义一方面表现为肯冒险、积极寻找增值机会，另一方面则通常会表现为损人利已。控制人的机会主义本性仅仅靠软性的道德自律是不够的，明确规定的大学教师制度则能够使教师的机会主义行为倾向在一定程度上得到约束。

3．促进合作的功能。大学教师制度能够为教师之间的合作搭建基本框架。制度的一项基本作用就是规范人们之间的相互关系，通过减少信息成本和不确定性为合作创造条件，保证合作的顺利进行。当代社会，大学管理者已经普遍认识到通过制度安排建立竞争机制的必要性和重要性，但却常常忽略了制度促进合作的功能。竞争虽然能够激发活力、提高效率，但不正当的、恶性的竞争却只能带来损失。在很多情况下，以协调为前提的合作比竞争更能带来效率。

4．提供激励的功能。大学教师制度可以通过对资源、机遇、权利等方面的配置，形成对教师行为的激励。明确的制度规则能够为教师个体通过努力获得相应收益提供有力的保障，从而多方面地调动教师的积极性。一定意义上讲，能够为教师提供一种持续的激励，促使教师不断努力、不断创新的制度就是最好的大学教师制度。

当然，大学教师制度并非仅仅具有上述正向功能。作为一种明确规定的规则体系，大学教师制度必然具有其相对的稳定性和一定的滞后性。如果制度不能随着时代发展而及时变迁，其刻板的导向和僵化的约束，狭隘的合作和失当的激励，只能妨碍教师个人和大学组织的发展。

四　大学教师制度的来源

（一）制度从何而来？

制度作为人的知识结构，是理性的先验建构，还是经验的后天建构？这是唯理主义与经验主义曾经长期交锋的一个焦点性问题。以笛卡尔为代表的唯理主义赞同前者，认为“人生来就具有智识和道德禀赋，这使人能够根据审慎的思考而型构文明”[①]，是独立而先在的人的理性发明了制度，天才人物的理性决定了制度环境的好坏；以休谟为代表的经验主义则赞同后者，认为制度的存在是人类社会经验的结果，是知识增长的结果，是适应性进化的结果，而不是天才人物的预成性安排。

弗里德里克·哈耶克对上述两种观点进行了系统的分析，并在否定唯理主义的基础上提出了其经验主义的制度认识论。首先，哈耶克批评唯理主义无视理性的限度，是一种“致命的自负”。他认为，如果将此思维逻辑应用在社会秩序问题上，必然会导致制度安排上的“计划主义”、“预成目的论”和政府排他性、垄断性的控制权，“这种权力不仅不容许任何可供选择方案的存在，而且还宣称自己拥有高于一切的智慧”[②]，这都是滥用理性的结果。继而，哈耶克从制度经验主义出发，指出社会秩序的存在与发展是人类社会经验的历史积构，是知识增长的结果，而不是智者的预成性安排，“历史上根本不存在那种全知全能的天才”。正是因为人类理性存在着限度，人与环境之间存在着不确定性，社会秩序的制度安排才具有了必要性和必然性。过去的制度安排，是“人类通过学习和模仿而传播延续下来的整个文化遗产”；现在的制度安排，则是“经由模仿成功有效的制度和习惯所做出的选择”[③]。总之，制度是经由不断的试错、日益积累而艰难获致的结果。

既然制度是人类经验的积累而非某种预先的安排，那么，在经验积累过程中，制度是自发产生的还是人为设计出来的？哈耶克在此接受了亚当·斯密的观点，认为制度是人们在“一只看不见的手”的牵引下，从有目的的行为中自发形成的无意识后果。其过程大致是这样的：在不断变化的环境中，个体感知到环境中出现了新问题，经过自己创造性的选择之后，他尝试使用某种新方案解决了这个问题。如果这个人所选择的新方案在其他人眼中也是新的，被其他人所模仿，并在社会群体中得到扩散，就构成了一个积累的过程，最终为该群体面对的具有共性的社会问题带来了解决方案，于是，一种社会制度就形成了。在此过程中，那些努力解决自己所面对的问题的个体并没有在头脑中形成完整的制度模式。

---

① [奥]哈耶克：《自由秩序原理》（上），邓正来译，生活·读书·新知三联书店1997年版，第68页。

② 同上书，第82页。

③ 杨俊一等主编：《制度哲学导论》，上海大学出版社2007年版，第57页。

（二）大学教师制度的来源

哈耶克的上述观点是富有价值的，引导着人们建立起关于制度自发性的认识。这种博弈进化论的学说对于大学教师制度的来源同样具有强大的解释力，但显然还不够完备，因为在现实中的确存在着这样的情况：少数精英人物基于一定的立场和目的而刻意设计出一定的制度，例如：洪堡、费希特等人为柏林大学所设计的讲座教授制度和编外讲师制度；美国大学教授协会为保障大学教师的职业安全和学术自由而设计的终身教职制度等。由此可见，大学教师制度的产生有两条路径：其一是自发生成，制度作为大学组织发展过程中自然演化的结果；其二是人为设计，制度作为立法者或管理者明确设计的结果。因此，既不能将大学教师制度单纯地归为内生变量，也不能单纯地归为外生变量。不过，无论一种大学教师制度源于何种路径，都必须使自己建立在一定社会长期形成的风俗习惯的基础之上。恰如陶孟和所言，“无论制度是自己生长，或由人力推行，都须根本于风尚”[①]，如果与人们长期形成的风俗习惯不相容，那么这种制度不是有名无实，就是将改变或失去其原有的精神。换言之，一种制度如果不是人们选择的均衡结果，将难以维系或者说很容易发生变迁。这也正可以解释为什么发展中国家进行制度移植，其效果常常不尽如人意。制度移植能否成功，很大程度上取决于制度输入国的环境以及对制度移植的认可度。

通过以上对制度来源的解读，我们发现处于大学教师制度规约之中的教师，并非深陷制度之网而丧失所有自主能力的“木偶”。用吉登斯的话来表述，就是“作为人，我们可以选择，而不是简单地对周围的事件做出反应。跨越‘结构’与‘行动’取向之间的鸿沟的方法是要认识到在日常活动过程中，我们能积极地作用于和反作用于社会结构”[②]。事实上，大学教师制度的历史演变过程，就是包括大学教师在内的各方利益者不断博弈、寻求均衡的过程。

第二节　大学教师职业生涯

20世纪以前，对大多数人而言，自发地继承父母所从事的工作是顺理成

① 陶孟和：《社会与教育》，福建教育出版社2008年版，第83页。

② [英]安东尼·吉登斯：《社会学》，赵旭东等译，北京大学出版社2003年版，第632页。

章的，一个人在其职业生涯中拥有的可选择余地非常小，几乎生来就基本注定。然而，在近百余年里，上述情形已不复存在。由现代大工业发展所引发的社会巨变使工作的性质日趋复杂多样，可供人们选择的职业越来越多，职业生涯中需要面对的问题也越来越多。大学教师，这个以学术为业的群体，其职业生涯包括哪些内容、具有哪些特点、受到哪些因素的制约，这些问题将在本节中得到解答。

一　职业生涯的涵义与构成

职业生涯（Career）研究，是社会科学的一个新兴领域。英语中Career一词含有多重意义，包括生涯、职业、事业、生计、前程等，至于如何翻译，目前尚未形成定论。本书采取其“职业生涯”之意。与career含义相近的词汇很多，如work、job、occupation、vocation、profession等，但其所指并不尽同。Work，是指制造某些对自己或他人有价值的东西的活动，既包括赚钱的活动，也包括那些非付费的、志愿性质的活动；Job，是指在一个特定的组织中，由一个或多个具有一些相似特征的人所从事的带薪职位；Occupation 和Vocation，是指一个人为获取主要生活来源而长期从事的稳定性工作，体现的是一种社会的分工，社会根据发展的需要预设各种行业，个人选择参与其中；Profession，即专门职业或专业性职业，是职业分类的结果，主要指一些知识含量较高的特殊职业，其基本特征就是需要较多的专业性知识。当一个拥有专业性知识的人把知识服务于社会并获得报酬时，他所从事的就是专业性职业。对于这些相关概念的澄清，有助于理解职业生涯的内涵。

（一）职业生涯的涵义

从纵向上看，职业生涯的定义大体经历了三个阶段的演变：第一阶段，20世纪50年代以前，职业生涯被理解为工作选择（Occupation choice），与职业（Vocation）一词等同混用；第二阶段，50年代至70年代初期，随着career一词使用频率的增加，该词中包容的发展含义逐步为人们发现和接受，职业生涯被理解为一个人一生中可能拥有的不同职业或职位。此时，学者们对于职业生涯的定义多从狭义的角度进行阐释，将职业生涯视为是一连串工作的顺序，强调对客观工作经历的描述，不包含个人在此过程中所受到的影响。第三阶段，70年代以后，学者们对职业生涯的定义逐渐拓展开来，career不仅被理解为职业、职位、工作经历的变化过程，还与个人发展统一起来，包含一个人的所有生活经验，即职业生涯代表着此历程带给人的种种影响。在上述发展历程中形成的比较具有代表性的定义有：

沙特尔（Shartle，1952） 职业生涯是指一个人工作生活中所经历的职业、工作、职位的关联顺序。

麦克法兰德（McFarland，1969） 生涯指一个人依据心中的长期目标所形成的一系列工作选择，以及相关的教育或训练活动，是有计划的职业发展历程，是终生经历的所有职位的整个历程。①

萨珀（D.E.Super，1976） 职业生涯是生活里各种事件的演进方向和历程，是统合人一生中的各种职业和生活角色，由此表现出个人独特的自我发展组型；它也是人自青春期以迄退休之后，一连串有酬或无酬职位的综合，甚至包括了副业、家庭和公民的角色。②

布莱德斯坦（B.J.Bledstein，1978） 职业生涯强调一种事先建构好的、有组织的专业行为总体模式，通过被认可的见习期之后，以绩效为基础，实现向上的流动和晋升，并获得相应荣誉。③

林幸台（台湾，1987） 职业生涯包括个人一生所从事的工作，以及其担任的职务、角色，同时也涉及其他非工作或职业的活动，即个人生活中衣食住行娱乐各方面的活动与经验。④

美国国家生涯发展协会：生涯是指个人通过从事工作所创造出的一个有目的的、延续一定时间的生活模式。⑤

基于上述认识，笔者认为：

广义上，Career可译为“生涯”，指个人生命发展的全程，包含人生中的所有角色。换言之，生涯是个人一生当中，社会、家庭、生活、工作、休闲、婚姻等不同层面上所有担任角色或职位的总和。

狭义上，Career可译为“职业生涯”，指与工作相关的整个人生历程。具体来说，就是一个人从首次参加工作开始，一生中所有的工作活动与工作经历按时间顺序串接组成的整个过程，特别是职业、职位的变迁及工作理想的实现过程。本研究采取狭义概念，探讨个体在职场中的发展历程。

---

① 黄天中主编：《生涯规划——理论与实践》，高等教育出版社2007年版，第5页。

② 邱美华、董华欣：《生涯发展与辅导》，（台北）心理出版社1997年版，第11页。

③ 陈伟：《西方大学教师专业化》，北京大学出版社2008年版，第274页。

④ 姚裕群、张再生主编：《职业生涯与管理》，湖南师范大学出版社2007年版，第21页。

⑤ [美]Reardon、Lenz、Sampson、Peterson：《职业生涯发展与规划》，侯志瑾、伍新春译，高等教育出版社2005年版，第7页。

（二）职业生涯的基本构成

20世纪末，美国学者格林豪斯在对各种职业生涯定义进行系统归纳的基础上指出，已有的定义都强调职业生涯是一个稳定的、长期的、可预测的和组织驱动的纵向移动系列。这些定义注意到了职业生涯的客观性和稳定性等特点，但忽略了主观性和可变性特征，使许多人的工作经历和对职业生涯的主观感受被排除在职业生涯研究领域之外，从而限制了职业生涯概念的概括力和解释力。[①]格林豪斯认为，职业生涯应包括两方面内容：第一，客观事件或情境，如工作职位、工作职责、工作活动、与工作相关的各种决策；第二，对与工作有关的事件的主观知觉，如工作志向、期望、价值观、各种需求，以及对特殊工作经历的感受。一个人的职业生涯包括一系列客观事件的变化以及主观知觉的变化。一个人既可以通过改变客观的环境（如改变工作），也可以通过改变对职业活动的主观感受（如改变价值追求），来管理自己的职业生涯。因此，与工作相关的个人活动及对这些活动作出的主观反应都是其职业生涯的组成部分。必须把二者结合起来，才能充分理解一个人的职业生涯。随着时间的推移，职业生涯是不断向前发展的，所有人都拥有自己的职业生涯。与格林豪斯的观点相近，美国学者埃德加·施恩也将职业生涯划分为客观与主观两个层面[②]。本文采用施恩的划分方式，将职业生涯分为内外两个部分。

1. 表示职业生涯客观特征的方面称为“外职业生涯”，包括从事一项职业的工作单位、工作地点、工作内容、工作任务、工作环境、工资待遇等因素的组合及其变化过程。外职业生涯的变化是可以观察到的，其构成因素通常是由别人认可或给予的，包括在职业生涯过程中所经历的各种职业角色（职位）及获取的物质财富的总和。

2. 表示职业生涯主观特性的方面称为“内职业生涯”，指从事一项职业时所具备的知识观念、心理、素质、能力、内心感受等因素的组合及其变化过程，主要涉及个人的价值观、态度、需要、气质、能力和发展趋向等。内职业生涯的构成因素包括在职业生涯发展中通过提升自身素质与职业技能而获取的个人综合能力，其获取必须通过个人的努力追求才能得以实现。

---

① [美]格林豪斯：《职业生涯管理》，王伟译，清华大学出版社2006年版，第9页。

② [美]施恩：《职业的有效管理》，仇海清译，生活·读书·新知三联书店1992年版，第1页。

（三）发展——职业生涯的核心追求

通过对职业生涯含义及构成的分析，可以发现职业生涯具有四个基本属性：第一，个体性。职业生涯是个体的行为经历，而非群体或组织的行为经历。对个人而言，职业生涯是独特的，在现实中，没有哪两个人能够拥有完全相同的职业生涯。但职业生涯与组织又有着密不可分的关系，一个人的从业经历中必然会伴随着个人在组织中地位的变化以及组织的变换等。第二，目的性。职业生涯不是自然运行或偶然发生的。由于职业生涯对于个人具有意义和价值，因此个人会根据自身的动机、抱负、价值观和相关的条件，进行规划、思考、选择和执行。第三，兼容性。职业生涯是个兼具主客观特性的概念。它既包括可以观察到的职位、工作经验和任务等客观因素的组合与变化，也包括员工价值、需要和情感等主观因素的组合与变化。[①]第四，时间性。职业生涯不是某种结果，而是一个过程，是个时间的概念，意指职业生涯期。职业生涯期始于最初工作之前的专门的职业学习和训练，终止于完全结束或退出职业工作。实际的职业生涯期在不同个体之间差别很大，有长有短。

笔者认为，上述四方面属性对于职业生涯的理性认识是不可或缺的，但并未揭示出职业生涯的深层内涵，事实上，发展性才是把握职业生涯的关键。发展（Development），在哲学意义上，是指事物由小到大、由简到繁、由低级到高级、由旧质到新质的运动变化过程，也就是事物内部矛盾不断产生、变化和解决的过程。在此，发展只是一个未作价值判断的中性词。但本书采用的是发展学中关于“发展”的带有价值判断的定义。所谓发展，意味着“良性”的成长与“可欲”的变化。换言之，发展是有意识的行动，是自觉努力的结果，含有“向更高形式不断进步”之义。身处一定职业生涯之中的职业人，之所以要对自身的职业活动进行规划、选择乃至执行，就是为了实现内在职业素质和外在职业状态的发展。因此，职业生涯是一个发展历程，是个体基于自身的内在生命意义和价值目标驱动，选择或决定进入某一行业，为谋求适应这一行业中的种种规范或要求，并扮演和学习该行业的工作角色，进行自主选择、自觉追求、理性感悟和适应性调整，由低层级逐渐升到高层级的发展历程。

就发展内容而言，职业生涯的发展包括内、外两个部分。内职业生涯发

① 张再生主编：《职业生涯管理》，管理经济出版社2002年版，第105—106页。

展指从事特定职业者所具备的从事该职业的知识、观念、心理等个人素质和综合能力的发展；外职业生涯发展指工作单位、内容、职务、工资待遇等外在客观条件的发展。[①]外职业生涯发展通常表现为两种形式：职务变动发展和非职务变动发展。其中，职务变动发展又可分为晋升和平行调动两种形式。晋升是成功的标志，平行调动虽然在职务级别上没有提高，但在职业生涯目标上可以得到发展，从而为未来的晋升做好准备。在个体职业生涯的发展过程中，内职业生涯的发展是外职业生涯发展的前提，内职业生涯发展带动外职业生涯的发展。如果内职业生涯匮乏，外职业生涯就会停滞或失败；当外职业生涯遭遇挫折时，内职业生涯往往需要进一步发展。一般而言，外职业生涯适当超前于内职业生涯时有动力（努力胜任），超前较多时有压力（力不从心），超前太多（不堪重负）；内职业生涯适当超前于外职业生涯时较为舒畅（游刃有余），超前较多时会烦躁（大材小用），超前太多会失落或谋求离职（怀才不遇）。[②]随着经济发展，组织结构趋于扁平化，员工向上晋升的空间和机会越来越小。因此，组织和个人都开始将注意力由外在的职位晋升更多地转向内在能力、价值、需要等内职业生涯内容的发展上。

二 学术职业的基本特征

学术职业与大学教师这两个概念并不等同，学术职业是大学教师所从事的职业，大学教师是从事学术职业的人群。学术职业研究关注的是职业问题，侧重探讨职业结构、职业地位、职业制度、职业文化等；大学教师研究关注的是人的问题，侧重探讨教师个体或群体（人）的角色、身份、地位、需要等。但二者之间显然存在着相当大的交叉领域，当我们把大学教师视为一个职业整体时，其研究对象就与学术职业研究一致起来。

（一）学术职业的涵义

广义上讲，一切从事学术活动，以学术作为物质意义上的职业的人，如大学教师、科研院所的研究人员、政府及其他社会团体的研究人员、企业的研究与开发人员等，都可称为学术职业人。但本书采用的是狭义范畴，特指大学教师这一职业群体，具体来说，只涉及大学中从事学术工作的教学和研究人员。在英语里，中小学教师和大学教师对应着两个完全不同的词汇：teacher和faculty，因为这两类教师在职业特点、社会职责、社会地位等方面

① 程社明等主编：《人生发展与职业生涯规划》，团结出版社2003年版，第86—87页。

② 徐笑君：《职业生涯规划与管理》，四川人民出版社2008年版，第13页。

都存在诸多差异。Faculty一词源于拉丁文facultas，字面意思是能力、天赋、权力或权威。随着时代的发展，该词的涵义得到扩展，意指心灵的权力或力量、学院或大学中学习或教学的分科、高校从事教学的人的团体、学术专业人员[①]。可见，faculty在起源上与人的内在心智是密切相关的，大学教师所从事的学术职业绝不仅是一种物质意义上的职业，其精神层面的内涵才是该职业本质属性之所在。

学术职业（Academic Profession），也称学术专业，是一种通过从事学术工作而获得报酬的社会职业。自古希腊经由中世纪直至现代社会，无数熟谙高深知识的学者投身于这一职业，在分享与传播知识的同时不断探求新知，然而长期以来关于该职业本身的研究却寥寥无几。直到进入20世纪，特别是70年代以后，伴随着西方高等教育大众化变革的深入推进，学术职业才受到学界的广泛关注。众多学者对于学术职业进行了不同角度的定义，如：美国教育学者伯顿·克拉克（Burdon R. Clark）认为，学术职业是一个学术部落和学术领地的集合。马丁·芬克尔斯坦（Martin Finkelstein）认为，学术职业是“拥有专业知识背景的、易受新知识生产影响的、随着学术劳动力市场波动的、遵循共同学术规则和学术伦理的自主性职业”。[②]欧内斯特·博耶（Ernest L. Boyer）认为，学术职业就是以专门和系统化知识的研究、教学、综合与应用为工作对象的特殊职业。瑞斯（R. E. Rice）认为，大学教师这一职业群体的主要精力和生活重心是教学和研究，他们出于知识自身的目的而去追求知识，并通过国内和国际专业协会来建立声誉，获得职业回报[③]。综上可见，无论对学术职业进行怎样的界定，都不可能忽略学术性与专业性这两个必不可少的特征。

（二）学术职业的核心特征

1. 学术性。学术性是学术职业区别于其他社会职业的基本属性。所谓学术，即有系统的、较专门的学问，“这些学问或者处于已知与未知之间的交接处，或者已知，但由于它们过于深奥神秘，常人的才智难以把握”[④]，通常我们将之笼统地称为高深知识。正如伯顿·克拉克所言，“在任何社会里，学术工作都是围绕着特殊的理智材料组织起来的。这种特殊的理智材料就是

① 叶赋桂：《高等学校教师：概念与特质》，《教育学报》2005年第5期。

② 别敦荣、陈艺波：《论学术职业阶梯与大学教师发展》，《高等工程教育研究》2006年第6期。

③ 周艳：《中国高校学术职业的结构性变迁及其影响》，《清华大学教育研究》2007年第4期。

④ [美]约翰·S. 布鲁贝克：《高等教育哲学》，王承绪等译，浙江教育出版社1998年版，第2页。

知识。……知识材料，尤其是高深的知识材料，是任何高等教育系统实质的核心”[①]。既然高深知识是学术职业赖以生存的基础，那么学术职业从业者所负有的职责和使命必然是紧密围绕着高深知识而展开的。博耶曾将学术划分为相互联系的四个部分：第一是发现的学术，即通过科学探究来发现新的知识，拓展人类的知识领域；第二是综合的学术，即把科学发现置于一个更大的背景，建立各个学科间的联系，促进更多的跨学科交流和对话，发挥几个不同的相邻学科的综合优势；第三是教学的学术，即传播知识，使知识保持连续性，使学术持续不断地得到交流；第四是应用知识的学术，即发挥知识的服务功能，使知识发现与知识运用有机地相互促进，使理论和实践都服务于社会并促进人类知识的发展。[②]博耶关于学术的上述划分为我们厘清了学术职业的基本工作内容，那就是围绕着高深知识所进行的探究、整合、传播和应用。

众所周知，当代社会赋予了学术职业三大使命：探求高深学问、传承文化、服务社会，每项使命的践行都脱离不开高深知识。因此，学术职业的从业者只有经过系统严格的学术训练，具备规范化和专门化的学术性学科知识，才能进入大学，拥有从业资格，而入职后他们将面对共同的工作内容——探究、整合、传播和应用知识。其中，探究知识又是学术职业中最具标志性的一个部分。需要指出的是，只应用高深知识而不承担其他保存与发展知识责任的从业人员，不属于学术职业人。按照美国社会学家塔尔科特·帕森斯（Talcott Parsons）的分类，专业性职业包括学术职业和应用性职业两个部分。应用性的专业性职业以应用高深知识为主要工作手段，而学术职业则需要创造新的高深知识、传授和综合高深知识。[③]有些职业例如医生、律师，他们运用高深知识为社会服务，但不致力于整合、传播知识与创造知识，这符合一般的专业性职业的要求，但与学术职业之间还存在差距。从严格意义上讲，有些高等院校的教师如美国社区学院和中国高等职业院校的教师，以传播和应用知识为主要的工作手段和目的，他们所从事的也不是学术职业。

学术职业作为职业分工体系的一个组成部分，当然会为从业者带来物质

---

① [美]伯顿·克拉克：《高等教育系统——学术组织的跨国研究》，王承绪等译，杭州大学出版社1994年版，第12页。

② [美]E. L. 波伊尔：《学术水平反思——教授工作的重点领域》，载吕达、周满生《当代外国教育改革著名文献》美国卷·第三册，人民教育出版社2004年版，第18—24页。

③ 刘思达：《职业自主性与国家干预——西方职业社会学述评》，《社会学研究》2006年第1期。

报酬，但获得报酬不是学术职业人从业的唯一目的。1919年，马克斯·韦伯在“以学术为志业”的著名演讲中指出，学术职业具有“双重属性”，即物质性和精神性，也就是物质回报和精神追求并存。一方面，作为一种物质意义上的专业化职业，学术职业具有与其他职业同样的实用性。学术是学者赖以生存的一种谋生手段，学者通过这一专业化活动获得维持生计所需的物质报酬，满足一个职业者作为社会成员的正当需求。另一方面，学术职业的价值不仅体现在学术活动之外，从业者在对学术活动的全身心投入中获得了个人精神的满足和价值的实现。基于对高深知识的虔诚和热爱，学者超越了狭隘的功利性，视学术为实现生命价值和意义的目标，把追求学术当作一种“天职”。学术职业的物质性是该职业的基本特征，而精神性则是其本质诉求。

2．专业性。如前文所言，专业性职业（Profession）是职业的一种特殊类型，其基本特征就是需要较多的专业性知识。学术职业是专业性职业的一种特殊类型，是社会分工进一步细化的产物，因此，学术职业具有一般专业性职业的各种特征。关于一种专业性职业应符合哪些标准，可谓众说纷纭，影响比较广泛的如布兰德斯（Brandeis）的观点。布兰德斯提出，全日制的正式职业，以深奥的知识、才能和技术为基础，为公众和社会提供无私的服务是构成“专业性职业”的最基本的三大属性①。其他，如利伯曼（M.Lieberman）关于专业性职业的八特征说②、莫尔（W. E. Moore）关于专业化程度的六个标准③等也颇具影响力。综合上述，笔者认为，可以从专门知识与文化、权威、自治、专业组织、利他主义等五个方面来考察学术职业的专业性特征④。

专业知识与文化。每个专业都有一套系统的、通用的知识体系，以及特

---

① [美]费斯勒、克里斯坦森：《教师职业生涯周期——教师专业发展指导》，董丽敏等译，中国轻工业出版社2005年版，译丛总序第2页。

② 利伯曼认为专业性职业应该具有八个特征，[1]范围明确，垄断地从事社会不可缺少的工作；[2]运用高度的理智性技术；[3]需要长期的专业训练；[4]从业者无论个人、还是集体都具有广泛的自律性；[5]在职业的自律性范围内，直接负有作出判断、采取行为的责任；[6]非营利、以服务为动机；[7]形成了综合性的自治组织；[8]拥有应用方式具体化了的伦理纲领。M. Lieberman，*Education as a Profession*，Prentiee—Hall，1956，p. 2-6.

③ 莫尔提出六条专业化程度的衡量标准：有别于业余的一种全职职业，从事该职业是收入的主要来源；在选择职业生涯方面具有强烈的动机和使命感，并终生致力于该专业；组成专业协会，保护专业自治，制定专业自主管理的规则与标准；通过漫长的教育、培训掌握了专门的知识和技能；具有超越个人私利的服务性质；比顾客自己更清楚什么对顾客有好处，在作出判断时高度自主。

④ 叶赋桂：《高等学校教师：概念与特质》，《教育学报》2005年第5期。

有的术语、行为和生活方式，即专业文化。学术职业的基础是高深知识，大学教师既是高深知识的传播者，也是高深知识的生产者和控制者，因此，具备所在学科和专业领域内的专业知识和教学研究能力是每个学术职业从业者的基本条件，而接受长期、系统、专门的学术训练则是进入学术职业领域的基本前提。通过这种严格的学术训练，未来的学术职业人将不仅掌握专业知识，而且会在相当大的程度上继承大学学术环境中蕴涵的行为习惯、价值标准等文化特征。

权威。权威是一种自愿的服从，不带有强制力量，体现了专业人员与顾客之间的关系，即顾客自愿依从专业人员的指令或建议。大学教师对于自己的服务对象学生具有显而易见的权威，这种学术职业的权威来自于高深知识。人们由于信赖高深知识的价值，于是把这种信赖转化为对高深知识的控制者和垄断者——学术职业人的一种自愿服从。学术职业的权威不是自上而下外界授权或任命的结果，而是来自于学术共同体的内部承认，只有学术共同体的成员才能认定学术职业人工作的价值。

自治。专业人员依靠自己的判断选择相关知识和技能处理问题，制定行业标准以管理本专业的事务，不受外行的评判和控制。学术职业自治的基础在于学术权力。大学中学术权力的形成，一方面来自于学术研究体制，如研究基金、出版评审、奖励机制等；另一方面来自于教育教学体制，如考试、审查制度等。自治使学术自由得到有效的保障，除了受理性方式产生的纯学术行规与权威的制约外，教师能够相对独立地、不受干预地进行学术活动。只有享有学术自由，大学教师才能完成传授和探索真理的社会使命。

专业组织。专业组织是专业成熟的重要标志之一。建立专业组织的目的在于奠定专业知识的基础，促进超越个人利益之上为公共服务的专业取向，强化专业人员的权威和自治。以大学为依托的学术职业在专业组织建设方面无疑是卓有成效的。自近代以来，各种专业学会的成立推动了学术职业的成熟与发展，对内在设定专业资格、制定专业标准、建立专业伦理和实践规范、形成专业文化等方面起着重要作用；对外则在保护从业者利益、强化专业权威、树立公共形象、引导和影响国家承认专业地位及法律规范等方面扮演着关键角色①。

利他主义。拥有专业知识但不把知识服务于社会的人，只是一个有知识的学者，只有把顾客利益、专业共同体利益和公共利益置于个人利益之上，

① 叶赋桂：《高等学校教师：概念与特质》，《教育学报》2005年第5期。

并运用专业知识为公共利益服务，他才称得上是专业人士。学术职业的专业文化和伦理规范要求从业者具有这样一种自我牺牲精神，致力于用知识造福人类。大学的存在和发展是以满足社会需要为前提的，学术职业同样是因社会的需要而存在和发展的。大学教师运用他们的知识和思想为社会培养人才，以批判的理性和对社会的敏感性来引导社会发展，这种关注公共利益、服务社会的特性是学术职业生命力之所在。

三　大学教师的职业生涯发展

作为大学组织中从事学术职业的特殊群体，大学教师的发展当然与学术职业的发展具有密切联系，但二者并不等同。学术职业是一种以学术性和专业性为基本特征的职业，而大学教师则是由人构成的一种角色群体。大学组织与学术职业的演变、发展是社会变迁的结果，人们采取何种方式适应上述变迁、促成自身的职业发展，则是理性权衡的结果。大学教师的职业生涯发展，是一种广泛意义上的大学教师发展，是教师在个人特质与外部环境的交互影响之下，在职业等级、职业角色、职业内容、职业能力等各个方面不断成长和进步的一个复杂历程。该历程既包括大学教师作为学术职业人在专业领域中的发展，也包括教师作为个人和作为组织成员等多重角色的发展，是教师个人发展、专业发展与组织发展的统一。

（一）大学教师职业生涯发展的基本内容

职业生涯发展的内容与从业者们潜在的各种职业生涯发展目标是一致的。基于对大学教师专业人与组织人双重身份的认识，借鉴美国学者施恩的内职业生涯与外职业生涯的分类方法，本书从这两个维度出发对大学教师职业生涯发展的内容进行了归纳（见表2-2）。

1．大学教师外职业生涯发展的内容。此部分内容主要涉及大学教师在职业生涯中的一些外在需求，这些需求的满足在很大程度上要依赖于外部组织，非教师个人所能控制。作为一名学术职业人，其外职业生涯发展的目标主要有两个，第一，沿着学术职业阶梯晋升（垂直发展）；第二，赢得学术共同体的认同（水平发展）。作为一名大学中的组织人，其外职业生涯发展也有两个主要目标，第一，福利待遇的提升（垂直发展）；第二，职业内容的扩展（水平发展）。

2．大学教师内职业生涯发展的内容。此部分内容主要涉及大学教师的个人素质和内在发展要求。内职业生涯发展其实质就是教师自己不断追求职业成熟的过程，也就是教师个人职业社会化的过程，是他们通过内化职业价值、获得职业手段、认同职业规范以及形成职业性格而不断成为大学教师的过程。作为一名学术职业人，其内在职业生涯发展主要体现为与专业相关的知识、能力、观念、心理素质等方面的成熟与提高。作为一名大学中的组织人，其内职业生涯发展主要体现为与组织相关的各种知识、能力、观念、心理素质的成熟与提高。

可以说，外职业生涯发展目标体现的是教师自身作为一个独立的个体对职业的期望，而内职业生涯发展目标体现的是社会对这个职业及其从业者的期望，它影响和制约着外职业生涯目标的实现。职业生涯发展的这两个组成部分之间存在着密切的关联，内职业生涯发展是外职业生涯发展的前提，带动着外职业生涯的发展；而外职业生涯发展则对内职业生涯发展具有一定的激励和促动作用。

表2-2　　大学教师职业生涯发展的内容框架

	内职业生涯发展	外职业生涯发展	
		垂直发展	水平发展
专业人	专业素质	学术职业阶梯	学术共同体认同
组织人	组织素质	福利待遇提升	职业内容扩展

上述六项基本内容（外职业生涯发展的四项内容和内职业生涯发展的两项内容）涵盖了大学教师职业生涯中主要的“欲为之事”。正是因为存在着这些“欲为之事”，才会引发教师职业生涯中的种种问题。每一位大学教师在其职业历程中都要面对多种职业生涯问题，但不同教师所遭遇的职业生涯问题并不完全相同。例如，管理与学术工作相互协调的问题，对于那些本人无意追求而所在组织也没有赋予其管理职责的教师根本不成其问题，但对于那些本人有此意向或所在组织有意赋予其管理职责的教师来说，就是必须直面的问题。此外，同一个职业生涯问题在不同教师身上产生的影响可能会有很大区别，例如：职称晋升问题，对于那些顺利得到晋升的教师来说不属于重大问题，但对于那些长期未能如愿晋升的教师来说就是非常严重的问题。

（二）大学教师职业生涯发展的阶段与周期

职业生涯发展是一个不断前进的动态过程，在这一过程中，个体的发展呈现出某种阶段性特征。近半个世纪以来，关于职业生涯发展阶段的模型不断涌现，虽然这些模型在细节上存在诸多差异，但它们有着共同的认识基础，即都认为职业生涯发展的各个阶段是有顺序的，每个阶段都要面对一定的使命或挑战；各个发展阶段都与人的生命周期存在关联，有一个大概的年龄段相对应。通过对多种职业生涯发展阶段模型的比较，笔者认为格林豪斯的五阶段模型具有较强的概括力和解释力①。以该模型为基础，结合大学教师职业的实际情况，可以将大学教师的职业生涯发展大体划分为职前准备期、职业选择期、职业生涯早期、职业生涯中期和职业生涯晚期五个阶段。（见表2-3）

表2-3　　大学教师职业生涯发展的五个阶段

	典型的年龄段	主要使命
1. 职前准备期	0—25岁	接受必要的教育，建立职业方面的自我形象
2. 职业选择期	22—25岁	选择大学教师职业，获得大学教师职位
3. 职业生涯早期（成长期）	22—35岁	适应大学组织和教师角色，提高能力，实现职业梦想
4. 职业生涯中期（稳定期）	35—50岁	评价和修正职业使命和梦想，为中年时期作出适当选择，保持或提高工作能力
5. 职业生涯晚期（消退期）	50岁—退休	保持工作能力，维持他人对自己的尊重，为退休或改换职业做准备

与其他诸多职业生涯发展阶段模型一样，上述职业生涯发展的五阶段模型勾勒出的是一条理想的、平滑的曲线（可将其称为“第一曲线”），它呈现了大学教师职业生涯发展一般的周期性特征：准备—起步—上升—高原—下降。然而，现实当中大学教师的职业生涯发展轨迹往往不是这样的平滑抛物线，而是由多个波峰与波谷构成的不规则曲线，美国学者莫里森（Y. Morrison）将其称为“第二曲线”②。个体在经营自己的职业生涯时，常常需要根据自己的实际情况和所处的外部环境进行合理的选择，以避免生涯跌入下滑期，因此从第一曲线跨入第二曲线。经过一段时间的发展，第二曲线就变成了第一曲线，将会面对新的下滑问题，于是又需要开创新的第二曲线（见图2-1）。如此循环往复，最初的由一条平滑抛物线构成的职业生涯发展周期就变成了波澜起伏的周期链。在向第二曲线转换的过程中，教师往往需要进行生涯选择，还需要冒一定风险，因为他可能不得不放弃即将到来的业

① [美]杰弗里·H. 格林豪斯等：《职业生涯管理》，王伟译，清华大学出版社2006年版，第99页。

② 程振响：《教师职业生涯规划与发展设计》，南京师范大学出版社2006年版，第29—31页。

绩高峰期。但合理的冒险与适当的放弃，是避免整体下滑、保持整体上升的必然要求。

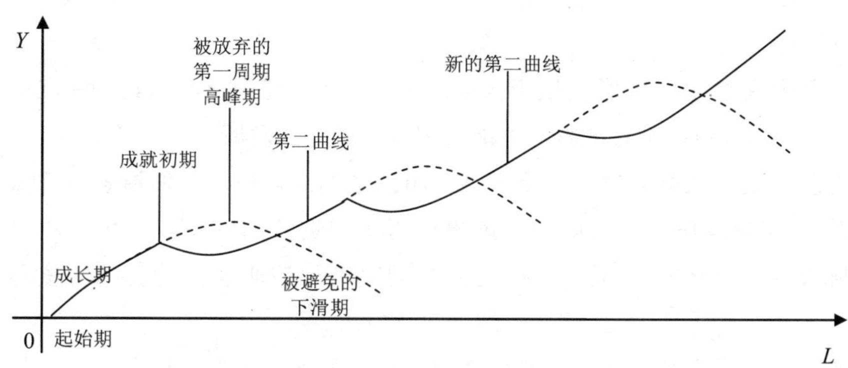

图2-1 职业生涯发展的第二曲线

（三）大学教师职业生涯发展的基本路径

基于各自不同的动机、价值观、才干，以及机遇和组织环境，每个职业人所走过的职业生涯发展之路不尽相同，大学教师也是一样。专业人与组织人的双重身份使每一位大学教师都有可能踏上下述基本发展路径中的任何一条。

1．直线式职业发展路径。即教师在自己的职业生涯中，始终将教学与科研作为职业生涯的核心内容，沿着学术职业阶梯向上攀升。在这一发展路径中，教师需要考虑的主要是如何提高教学与研究方面的能力和业绩。

2．双重式职业发展路径。即教师同时占有专业技术路径和组织管理路径这两个职业发展通道，使“当专家”和“当领导”两条道路相互交织、并存发展。在这一发展路径中，教师需要关注的不仅是自身专业水平的提高，而且必须关注组织的整体发展状况及组织中他人的状况。

3．交替式职业发展路径。即教师在专业技术路径和组织管理路径之间来回跨越、交替发展。一段时间致力于专业的发展，另一段时间则集中精力于组织管理，谋求管理角色的晋升与发展。

一名大学教师为何会选择这条职业发展路径而不是其他？对于该问题可以从诸多角度进行不同的解答，其中美国组织心理学家施恩的职业锚理论为我们提供了一个颇具新意和价值的分析视角。职业锚（Career Anchor，又译职业生涯系留点），是个体在职业生涯中逐步形成的以自身的才能、动机和价值观为基础的一种职业自我观。换言之，如果不得不作出选择，一个人最不愿意放弃的那套才能、动机和价值的组合，就是职业锚。基于对麻省理工学院斯隆商学院44名男性毕业生的纵向追踪研究，施恩提炼出了五种职业锚的基本类型①：

技术/职能能力型。此类人乐于从事以某种特殊技能为核心的具有一定挑战性的工作，追求自己擅长的技术才能或职业性能力的发挥。

管理能力型。此类人致力于追求某一组织中的高职位，他们沿着该组织的权力阶梯逐步攀升直至获得一个承担全面管理责任的职位。分析问题、应对人际关系、在不确定条件下作出困难的决策是该职业锚所要求的核心能力。

创业型。此类人最为关心的是创造出某种新的产品或新的服务，发明某种新东西，或创建起自己的事业。其整个职业生涯的核心在于某种创造性的努力。

安全或稳定型。此类人寻求组织中一个安稳的职位，该职位能够保障长期的就业、稳定的前途，以及体面的收入以充裕地供养家庭。

自主型。此类人向往的是享有独立性和自主权的职业，这些工作允许自己决定自己的时间、工作习惯和生活方式。

职业锚是个体与工作情境之间相互作用的产物，其形成需要经历一个搜索过程②。在与不同性质的工作和环境有了一段时间的“相互了解”之后，一个人才能对自己的能力、需要和价值观形成更加明晰的认识，由此而逐渐形成稳定的职业锚，但这种稳定是相对而言的，伴随着新的生活经验的加入，职业锚也可能会发生某种程度的变化。这种内含于个人的职业锚，对于职业生涯中的种种选择和决策具有驱动和制约的功能。

（四）影响大学教师职业生涯发展的主要因素

大学教师职业生涯的发展之路常常是复杂多变的。来自自身的、家庭的、组织的、社会环境的诸多影响因素，在职业生涯的各个阶段综合地发挥着作用。显然，支持性和鼓励性的影响有助于推动教师积极追求职业进步，而过多的冲突、压力和危机将阻碍教师职业生涯的顺利发展。鉴于影响大学教师职业生涯的可能因素太多，难以穷尽，此处只列举比较重要的几项，并

---

① [美]埃德加·沙因：《组织心理学》，马红宇、王斌译，中国人民大学出版社2009年版，第86—87页。

② [美]施恩：《职业的有效管理》，仇海清译，生活·读书·新知三联书店1992年版，第165页。

将它们划归到个人与环境两大类目之中。

1．个人因素

（1）教育背景。教育奠定了人的基本素质，一个人的受教育水平和专业背景在很大程度上决定了个体的职业能力、思维模式和职业态度。一般而言，受教育水平高的人，其职业生涯发展易于成功；即便职业生涯不尽如人意，他们在职业流动方面的动机、意识及能力也相对较强。

（2）需要与动机。人的需要是多种多样的。在不同的年龄阶段，人们基于自己的主客观条件，会形成不同的心理需要和职业发展动机。工资、福利、工作条件等物质需要与自尊、荣誉、自我实现等精神需要相互交融，共同推动着教师的职业生涯发展。

（3）个性与价值观。同样的工作对于不同个性的人有着不同的价值，关于职业中什么对自己最重要的认识将导致个体不同的职业态度和选择。个性是天赋性与可塑性的合成物，随着年龄增长和生活经验的积累会发生一定程度的变化，对于职业的价值和信仰同样也是动态变化的。

2．环境因素

（1）社会环境。这里所言的社会环境主要涉及国家的政治经济形势、管理体制、社会文化与习俗等大环境。政治制度和经济发展水平是教师职业生涯发展的根本保障，管理体制和社会文化等因素则从宏观上构成了大学教师职业生涯发展的基本推动力。

（2）家庭环境。事业和家庭是个体生活中最重要的两个部分，二者的相互协调是个体职业生涯顺利发展的重要前提。家庭对个体职业活动的支持与鼓励、干扰与阻滞，乃至夫妻关系、亲子关系、家庭中的突发变故、家庭角色期望等，都会对职业生涯的发展产生显著影响。

（3）大学组织环境。大学组织直接决定着教师职业生涯的具体际遇。学校的管理理念、规章制度、文化氛围等构成了大学教师职业生涯发展的现实环境，为教师的发展创建了条件和机遇，同时也设置了约束和规限。

显然，大学教师职业生涯中的任何发展都不是某种单一因素决定的，而每一种因素对于职业生涯发展所产生的影响也不是单一方向的。良好的个人条件、优越的外部环境，自然有利于个体职业的顺利发展，但也可能使人产生惰性、变得封闭、依赖、脆弱而没有大的作为；逆境和不利条件虽然为个体的职业发展设置了障碍，但却可能激发人的潜力、锻炼人的素质、磨炼人的毅力，反而使人有所作为。可见，在既有的环境条件与个体的能动性之间始终存在着一种不容忽视的张力，而大学教师职业生涯发展中的这种张力正是本研究的兴趣所在。

第三节 大学教师制度与教师职业生涯的关系

大学教师制度是大学组织以教师群体为对象制定的一系列人事管理制度，大学教师职业生涯是教师个体追求自身职业成长与进步的发展历程。此二者之间的关系，实质上体现的是组织与个人、组织发展与个人发展之间的关系。大学组织为有效达成自身的发展目标，必然要运用制度手段对其基本成员——教师进行控制与管理。因此，身处大学组织之中的教师个体，其职业生涯的每一方面发展都脱离不开教师制度的约束；但是，大学教师制度的规约并不能完全限定教师的职业生涯，在教师个体决策力量的作用下，教师制度所预设的目标并不总能如愿达成，其规约作用充满了权变。

一 大学教师制度：规约教师职业生涯的人事管理制度

有人群存在的地方，就有对人的管理。所谓管理（Management），就是设计和保持一种良好的环境，通过使人有效地工作，完成组织目标的过程[①]。组织的管理对象主要涉及事务、资源、人员三个方面，其中，关于人员的管理传统上称为人事管理（Personnel management）。概言之，凡是关系到工作人员本人、工作人员相互之间、工作人员与组织之间的事务，都是人事管理的内容。管理脱离不开制度。任何管理活动都是在一定的组织框架内，通过相应的规则和程序进行的，没有一定的制度安排则无法实现管理的职能。作为大学人事管理制度的一个重要组成部分，大学教师制度对于个体职业生涯的影响最直接、最全面、最深刻。

（一）大学教师制度的基本内容

组织中的人事管理制度广泛涉及多个方面，其中对组织成员的录用、任免、考核、奖惩、培训、调配与晋升、工资福利、退职退休、申诉等方面的规定构成了人事管理制度的基本内容。大学教师制度同样涉及上述各个领域，而每个领域都与教师的职业生涯及其发展息息相关。

① 张成福、党秀云主编：《公共管理学》，中国人民大学出版社2001年版，第186页。

1．教师任用制度。任用是全部人事管理的基石。当大学组织需要补充工作人员时，根据招录的条件和要求，采取一定办法择优录用。工作人员被录用以后，通常要有一定的试用期。正式任用后其工资福利待遇按有关规定办理，其地位、权利和义务得到相应的保护。在当代社会，对于专业人员通常有选任、委任、考任、聘任等四种任用制度可供选择。聘任是大学教师任用中最常采取的方式。聘任制（Engagement system），又称聘用合同制，是用人单位根据岗位要求和应聘者资格，以合同形式聘任工作人员的任用制度。

2．教师资格制度。教师资格，是国家或其他权威机构对专门从事教育教学工作人员的基本要求。教师资格制度包括资格认定条件、资格认定申请、资格认定程序和资格证书管理等具体内容。

3．教师职务制度。职务是职员所具有的头衔称谓，包括职权和职责两方面内容。教师职务制度是关于教师职务名称、任职条件和取得该职务的程序等方面的规定。

4．教师晋升制度。晋升指教师由较低层级职位上升到较高层级职位，属于人事管理中的经常性工作。晋升制度是关于教师职务或职级提升的规定，主要涉及晋升的条件、权限、程序等内容。

5．教师考核制度。考核，就是对教师的思想素质、业务素质和工作实绩等方面的考察与了解。考核的目的在于全面了解教师的优劣短长，考核结果作为续聘、解聘、职务变动和奖惩的依据。考核制度主要涉及考核的范围、内容、方式等方面。

6．教师奖惩制度。奖惩是激励先进、鞭策后进，调动教师积极性的重要措施。奖励制度是对劳动者在劳动过程中的优秀表现给予精神或物质鼓励的一种制度，包括记功、授予奖品或者奖金、升级、升职等形式；惩罚制度是对劳动者在劳动过程中的违纪、违法行为实行惩戒的一种制度，包括警告、记过、降级、降职、撤职等形式。

7．教师培训制度。培训，是提高教师综合素质和专业能力的重要措施。培训制度一般包括培训的目标、内容和方法等方面。

8．教师薪酬制度。薪酬制度包括工资、福利等多项内容。工资，是基于劳动关系，根据劳动者为用人单位提供的劳动数量和质量，按劳动合同的约定而支付给劳动者的货币报酬。工资制度主要涉及工资水平、工资形式、工资标准、工资晋升办法等项内容。福利，是职工在工资之外所获得的一种劳动报酬收益。福利制度既包括国家和社会举办的公共福利，如“三险一金”

（养老保险、医疗保险、失业保险、公积金）、病假、婚假等，也包括用人单位举办的集体福利，如住房补贴、带薪休假、教育资助、职业发展咨询、法律咨询等。

9．教师申诉制度。申诉，通常是指公民在自身权益受到侵害时，向有关国家机关申述理由，请求重新处理的权利救济性行为。教师申诉制度是保护教师权益的法律救济制度，主要涉及申诉的范围、条件、程序以及受理机构等内容。

上述制度虽然不能完全涵盖大学教师制度中的所有内容，但基本提炼出了大学教师制度中的主干性内容。其中，任用制度、资格制度和职务制度又是最重要、最基本的大学教师制度。以中国为例，此三项制度都是以法律的形式加以规定的。《中华人民共和国高等教育法》第48条规定，高等学校实行教师聘任制。教师经评定具备任职条件的，由高等学校按照教师职务的职责、条件和任期聘任。高等学校的教师的聘任，应当遵循双方平等自愿的原则，由高等学校校长与受聘教师签订聘任合同。第46条规定，高等学校实行教师资格制度。中国公民凡遵守宪法和法律，热爱教育事业，具有良好的思想品德，具备研究生或大学本科毕业学历，有相应的教育教学能力，经认定合格，可以取得高等学校教师资格。不具备研究生或大学本科毕业学历的公民，学有所长，通过国家教师资格考试，经认定合格，也可以取得高等学校教师资格。第47条规定，高等学校实行教师职务制度。高等学校教师职务根据学校所承担的教学、科学研究等任务的需要设置，教师职务设助教、讲师、副教授、教授。高等学校教师职务的具体任职条件由国务院规定。

本书关于大学教师职业生涯的基本内容主要涉及四大方面：

专业人角度——专业素质（内职业生涯）、职务晋升（外职业生涯）

组织人角度——组织素质（内职业生涯）、福利待遇（外职业生涯）

这四个方面与大学教师制度中的聘任制度、培训制度、晋升制度、激励制度、考核制度、薪酬制度密切相关，基于此，本书将重点考察此六项制度（见图2–2）。

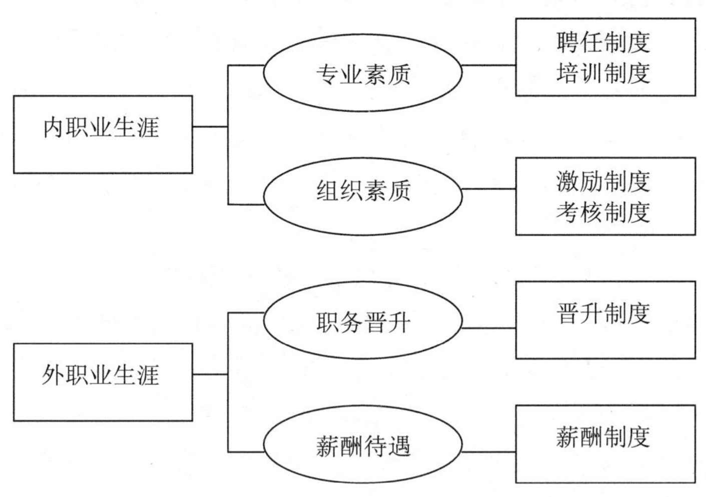

图2-2　教师职业生涯与教师制度

（二）大学教师制度对教师职业生涯的约束与规范

职业生涯的主体是个人，但在现代社会中，每个人都是“组织中的人”。从大学组织的角度看，教师的职业生涯发展不仅是他个人的事情，更是大学人力资源管理的一个基本组成部分。为谋求人与事之间的合理匹配而设计出来的人事管理制度直接限制、约束着教师的职业生涯，同时也为教师的职业生涯发展提供了预期和保障。

1. 大学教师制度限定了教师职业生涯的边界。确定界限是制度的最基本功能。通过一系列的规则，制度告诉人们能做什么、不能做什么，从而确定和限制了人们的选择集合，为人们的活动划定了边界和行动空间。大学教师制度就是通过对入职资格、任用方式、晋升阶梯、奖惩条件、考核要求等方面的规定，为大学教师的职业生涯及发展勾画了一个基本框架。在这个框架所限定的空间内谋求自身的发展，教师个体会受到鼓励，得到保护；试图越过制度规定的活动范围，就会受到社会的排斥、舆论的谴责和权威部门的惩罚。

对于大学组织而言，为教师的职业活动限定边界的重要意义之一在于形成秩序，避免混乱。秩序是人类社会生活有序进行的必要前提，是和谐、稳定和高效率的基础，但秩序不是自然而然就能形成的。制度之所以产生，正是因为它能够规范人们之间的相互关系，把阻碍合作的因素减到最低限度。大学教师制度对边界的划定使教师得以明晰自己在职业生涯各阶段中的权利和义务，从而在遵循规范的前提下追求自身的发展。显然，大学教师制度在限定边界以形成组织秩序的同时，也限定了教师个体发展的范围，这必然会在某种程度上抑制个体的积极性和主动性，进而对组织的进一步发展产生消极影响。因此，一种比较理想的大学教师制度应该在确定界限的时候，为教师的自主性留有合理的、充分的空间，使人的潜能和创造活力在制度规约下仍然能够得以焕发。

2. 大学教师制度为教师的职业生涯提供了预期和保障。大学组织为了生存需要谋求发展，作为组织成员的教师为了生存也要不断推动自身的职业生涯获得发展。而教师的职业生涯要想顺利发展，不能脱离人事管理制度的支持。这种支持体现在：第一，通过提供稳定性信息使教师形成职业生涯预期。获取充分的信息是采取合理行动的必要前提，但充分信息的获取往往需要人们付出相当高的成本，制度的存在则使这个难题在很大程度上得到解决。“制度是人有限知识的延伸，是克服有限知识局限的行为指南，是面向未来行为选择的确定性和预期回报的储存器”①，凡是制度都能为人们提供具有一定稳定性的信息。这些信息的存在大大降低了人们直接经验的学习时间和学习难度。借助大学教师制度所提供的信息，教师才能够简便快捷地对自己的职业生涯形成清晰的预期。第二，通过减少环境中的不确定性使教师职业生涯的风险性得以降低。人的职业生涯既包括工作单位、工作地点、工作内容、工作任务、工作环境、工资待遇等客观因素的组合及变化，也包括知识观念、心理、素质、能力、内心感受等主观因素的组合及变化。无论主观方面还是客观方面的职业生涯发展都受到复杂多变的外部环境的深刻影响，过度不确定的环境常常会消解教师的主观努力，令人困于无所适从，而大学教师制度的存在则有助于解决这一问题。通过界定教师所能享有的权利、所应履行的职责、所需受到的监督和所将经历的发展阶段，大学教师制度使环境中的不确定性得到控制，从而为教师营造了相对稳定的发展环境。

二　教师决策：影响教师职业生涯的个体力量

教师的职业生涯无法脱离一定组织制度的约束和规限，但这并不意味着教师在职业生涯发展中处于一种被动地位。事实上，发展总是自觉努力的结果。如前所述，职业生涯是一个个体性概念，身处组织之中的每个个体在遭

---

① 杨俊一等：《制度哲学导论》，上海大学出版社2007年版，第70页。

遇职业问题时，都需要权衡各种可能的选择，都需要分析不同选择的收益及代价和风险，进而作出有利于职业生涯发展的决策。可以说，职业生涯的发展就是个体在愿望与可能性之间、理想与现实之间连续进行的一系列妥协、权衡和选择的结果。同理，作为大学组织成员，大学教师的职业生涯发展也是在制度规约和自主选择的共同作用下达成的。

（一）大学教师——大学组织中的决策人

决策，通常被认为是领导者、管理层的职责和特权，但当代西方从事组织研究的学者颠覆了这一认识。可以说，组织研究的发展史就是越来越深入剖析组织内人类行为的可解释因素的历史。在这一发展历程中，对于组织中“人”的认识大体走过了三个发展阶段。

第一，科学管理学说的“经济人”假设。19世纪末，西方国家的科学技术获得了空前的发展，各种大型企业集团组织不断涌现，由于企业管理方式严重落后于技术革新的发展，如何提高企业劳动生产率的问题此时备受关注。在大量的试验探索和理论设想中，美国工程师泰罗提出的“科学管理学说”被公认为是古典管理理论的最典型代表。强调以最小投入为手段，以追求效率为目标的科学管理学说，建立在两个基本公设之上[①]：(1)“最佳方案”公设。对于组织而言，存在着唯一的最佳行动方案，通过科学的方法可以探寻和确定这种最佳方案。(2)“经济人”公设。组织中的个体是只重经济因素，只有经济动机，且屈从于经济刺激的人。由此可见，在科学管理学说的信仰者眼中，劳动个体的唯一追求就是使自己的经济收益达到理想的程度；要使该个体更好更快地完成任务，只需在一定限度内为其提供更多的报酬就可以了。这种机械论的观点使组织中的人被简单化为一只“手”，其动力就是获利的欲望。

第二，人际关系学说的“社会人”假设。20世纪20年代，资本主义经济危机不断发生，劳资矛盾日益激化，泰罗的科学管理理论难以应对工业化过程中遇到的具体问题及各种意外事件，其解释力受到广泛质疑。在此背景下，梅奥（Elton Mayo）以其领导的著名研究——霍桑实验为基础，建立起人际关系学说。在人际关系学说的支持者眼中，人的需要是丰富多样的，不仅有生理和经济上的需要，也有心理和社会上的需要；人在组织中的行为不仅受到规章制度和正式等级关系的限制，也受到社会群体的规则及其人际关

① 李友梅：《组织社会学及其决策分析》，上海大学出版社2001年版，第50页。

系的制约。由此可见，工作中的个体不仅是一只“手”，也是一颗“心”[①]。上述发现极大地丰富和发展了研究者对组织内人类行为的认识。人际关系学说使人们认识到个体的想法是非常复杂的，其动机不仅限于经济的，而且是包含了所有的心理需要，这无疑是个重大进步，但该学说并没有深刻质疑泰罗的“最佳解决方案”，事实上，它接受了该逻辑，只是在经济刺激的基础上简单地增加了感情刺激。

第三，决策分析理论的“决策人”假设。无论是泰罗的科学管理学说，还是梅奥的人际关系学说，其理论基础都是盎格鲁—萨克逊学派的组织观，概言之，就是将组织视作为实现特定目标而设计出来的工具实体；组织成员为同一目标所吸引，为组织作出自己的贡献并从中获取相应的回报；组织成员具有高度的同质性，其需求可以预知和操控；只要找到个体行动的动力要素，就可以对其行动进行预测和控制等。在这种单一、固化的组织视野里，组织成员变成了受利益驱使的行动单元，变成了制度规则的被动顺应者，其能动性、创造性和自由被人们普遍地忽视和遗忘了。上述古典主义组织观虽然在现实世界里广受信奉，然而发端于美国、成熟于法国的决策分析理论对之提出了强有力的挑战。借助克罗齐耶（M.Crozier）和费埃德伯格（E.Friedberg）等决策分析学者的眼睛，我们看到了一幅完全不同的组织图景：组织虽然构成了制约，但组织背景下的个体始终是一个处于某些结构中但不完全被动的个体；他们不但拥有一只“手”和一颗“心”，而且拥有一个“头”，即追求自由和计算代价的思想；为了在自身存在的环境中谋求生存及更好地生存，他们经常要以自主的方式，力图为实现自己的个人目标、为排除环境的制约而调整战略及行动方案，作出与己有利的选择和决定，即决策。这种奠基于“决策人”假设的组织理论，为深入探究大学教师制度与大学教师职业生涯的关系问题开辟出一个新的思考空间。

（二）教师个体决策的来源——理性选择与规则遵循

决策（Decision-making），即决定策略，该词作为组织研究的术语出现于20世纪30年代。决策并非某种即时的选择，而是一个过程，是发现问题和机遇，然后加以解决的过程，是对未来实践的方向、目标，以及为达到目标所采取的方法、途径、策略作出决断的过程[②]。可见，决策牵涉到作出某项选

① 李友梅：《组织社会学及其决策分析》，上海大学出版社2001年版，第57页。

② 孟繁华：《教育管理决策新论——教育组织决策的系统分析》，教育科学出版社2002年版，第6页。

择前和选择后所有的努力。那么，人们的决策是从何而来的？关于该问题存在着两种不同的观点[①]：

1．决策产生于理性选择

此观点以后果逻辑为基础，认为决策是由于个体为追求某些期望的结果进行有意的理性算计而产生的。理性一词在生活中已经被赋予了多种含义，提到“理性的”，有人可能会想到明智的、冷静的、成功的，但也有人会想到冷酷的、功利的、缺少人情味的等。本书中所指的“理性”与选择过程密切相关，其意义是单一而精确的，按照赫伯特·西蒙（Herbert A.Simon）的定义，理性就是根据评价行为结果的某些价值系统来选择偏好的行动方案[②]。强调决策源于理性选择的理论认为，决策是个体在根据对结果的偏好评估各备选方案的基础上产生的。决策行为取决于对当前行动所产生的未来结果的期望，追求后果逻辑性的选择程序就是理性的程序。作为决策者的个体都试图作出完全理性的决策，但由于理性本身是有限的，人们被有限的认知能力和不完全的信息所束缚，无法同时考虑面临的所有选择，故只能在有限理性的范围内行为。所以，尽管决策者有着美好的愿望，而且付出了巨大努力，但他们的行动却不是完全理性的，也无法总是在决策中实现效益最大化。

2．决策产生于规则遵循和身份实现

此观点以适当性逻辑为基础，认为决策是由于个体力图遵循规则、实现身份而产生的。为实现自己的身份，个体需要遵循一定的规则和程序，这些规则和程序要适合决策者认同自我身份的情境，而与决策者的偏好或对未来结果的期望等方面无关。在规则遵循理论的拥护者看来，任何背景下的决策都是由身份和适当性逻辑促成的。决策就是一个确立身份，并使规则与已识别的情境相符合的过程[③]。那么，身份（Status）是如何形成的？简单地说，身份既是个体构筑的，也是外界强加于个体之上的。在不同的文化背景里，人们对于身份的形成往往有着不同的理解，例如，美国文化中个体化观点居于主流，即认为身份是自愿选择的，身份形成是一项属于“自我”的创造性任务。在这个创造过程中，个体受到鼓励积极采取行动，观察自己的行为及内心的想法、情感和动机，从而获得自己的身份；中国文化中社会化观点则居于主流，即认为身份是个体采用或外界强加的，而不是选择或创造的。

① [美]詹姆斯 G. 马奇：《决策是如何产生的》，王元歌等译，机械工业出版社2007年版，第75页。

② [美]赫伯特 A. 西蒙：《管理行为》，詹正茂译，机械工业出版社2004年版，第75页。

③ [美]詹姆斯 G. 马奇：《决策是如何产生的》，王元歌等译，机械工业出版社2007年版，第42页。

在身份形成的过程中，个体的注意力集中于外部情境，而不是关注自身的意见、能力和判断。事实上，大多数相关研究都证实在身份形成的过程中，个体化过程与社会化过程是相互作用的，身份是在个体的自愿选择与群体的外部认可相互交织的复杂过程中形成的。

考察上述两种决策发生论，可以发现二者之间的确存在着诸多区别。相比较而言，理性选择理论由于和自主、独立、思考等含义密切相关，因此更容易受到关注和推崇；而规则遵循理论由于和依赖、顺从、不假思索等含义相关，因此更容易遭到忽略和贬低。从学科角度看，经济学、心理学和政治学的研究者往往倾向于支持理性选择理论，社会学和人类学的研究者则更倾向于规则遵循理论。不过，笔者认为，上述两种决策发生论并非水火不相容，事实上二者之间存在着明显的共性和联系，具体来说：

第一，两种观点揭示的都是理性的、合理的决策过程。基于后果逻辑的理性选择理论鼓励思考，强调个人对偏好和期望的判断；基于适当性逻辑的规则遵循理论同样鼓励思考，强调个人对情境、身份和规则的判断。因此，承认个体具有高层次的判断、推理能力是两种决策观的共同前提，在深思熟虑之后采取行动是两种决策观的共性特征。它们的根本区别仅仅在于，前者强调个体预期未来和形成有效偏好的能力，后者强调个体学习过去和形成有效身份的能力。

第二，两种观点之间是相互归属的关系。理性选择理论的支持者认为个体虽然受到规则的限制，但规则并非固有的而是内生的，是更高层次的理性过程所产生的结果，因此，理性选择是决策产生的根本；规则遵循理论的支持者认为理性也是一种规则，理性选择模型只是与决策者身份相联系的规则遵循的一种形式，换言之，规则遵循是基础，理性选择则是由规则遵循派生出来的。可见，两种理论都没有否认对方的观点，只是都将对方的观点视为己方观点的特殊情况。

综合上述，本书认为无论理性选择还是规则遵循，都不是决策产生的唯一合理解释，但都为决策研究提供了部分有效的分析框架。换言之，决策是在个体内部需要与外部规则限定的共同作用之下形成的。具体到大学教师的职业生涯决策，尽管大学教师是一个理性能力和自主愿望都普遍高于其他从业人员的特殊群体，但他们在决策时同样既要考虑自己的偏好和预期的结果，又要考虑当前的身份及与身份相适应的规则。教师在职业生涯中所作出的决策，既有个人的理性选择之功，又必然地受到外部规则的限定。

（三）大学教师的职业生涯决策

“职业生涯是马拉松，而不是百米冲刺——是一个过程，而不是一个事件”[①]，因此，职业生涯决策（Career decision-making），是个体职业生涯中反复经历的活动。一名教师入职后，各种与职业生涯发展相关的问题会接踵而至，为了很好地解决这些问题，列出相应的备选方案并在此基础上作出明智的决策是不可避免的。就实质而言，职业生涯决策是一个问题解决的活动，人们之所以要为自身的发展作出选择、制定决策就是因为遭遇到了职业生涯问题。那么，何谓职业生涯问题？美国学者罗伯特·瑞尔登（Robert Reardon）等人将其定义为，在现存之事（what exists）和我们欲为之事（what we want）之间的差距，换言之，就是现存的生涯状态与我们理想中希望的生涯状态之间的差距。显然，从事不同职业的个体面对的职业生涯问题也不尽相同。

作为自身职业生涯的决策者，我们当然希望自己的决策能够取得预期的某种确定的结果，然而，任何决策中总是存在着难以避免的不确定性。所谓不确定性，就是无法确切地估计当前行动的未来结果[②]。为什么说决策的不确定性是难以避免的呢？第一，任何职业生涯问题的解决通常都包含着多种选择，而不是只有唯一的正确选择，各种选择之间具有相互依存的关系，每种选择都会在一定程度上影响其他选择。第二，环境的模糊性、信息的不完全以及人的有限理性能力，使决策者无法全面、准确、清晰地了解每一种选择将带来的后果，针对一个职业生涯问题的决策，总会导致另外一些无法事先充分预料的新问题的产生。因此，没有一种决策可以保证问题的解决肯定是成功的和令人满意的[③]。这种不确定性的存在，解释了职业生涯决策为什么不可能是孤立的一次性活动，而总是循环往复地发生。

三 教师职业生涯：大学教师制度与教师个体决策相互作用的产物

大学教师的职业生涯是一个相当复杂的发展过程：在时间维度上，它既脱离不了学术职业历史变迁的影响，又受制于教师个体职业生涯周期的阶段性特征；在空间维度上，广阔的社会背景、具体的大学组织、现实的生活环境为教师的职业生涯创设了发展条件，同时也设置了诸多约束；在个人维度

① [美]Reardon、Lenz、Sampson、Peterson：《职业生涯发展与规划》，侯志瑾、伍新春译，高等教育出版社2005年版，第301页。

② [美]詹姆斯·马奇：《决策是如何产生的》，王元歌等译，机械工业出版社2007年版，第129页。

③ [美]Reardon、Lenz、Sampson、Peterson：《职业生涯发展与规划》，侯志瑾、伍新春译，高等教育出版社2005年版，第16—17页。

上，能力、个性、动机、价值观等方面的发展变化及相互作用，使教师的职业生涯呈现出鲜明的个性和差异……不过，复杂并不意味着无规律可循。为探明一个复杂对象中蕴涵的规律，基于不同立场的研究者往往会从不同的角度切入，进而构建起大相径庭的研究框架。本书的目的在于，考察组织层面的大学教师制度对于个体层面的教师职业生涯具有怎样的影响，因此，寻找教师制度与教师职业生涯之间的关联是研究的核心关注点。

通过前文的分析，我们发现，大学教师的职业生涯是大学组织发展与教师个体发展的一个交叉地带。从组织发展的角度看，大学组织通过设置教师制度对教师的职业生涯施加影响，以利于组织管理和达成组织的发展目标；这些制度既约束、控制着教师的发展，又为教师发展提供了不可或缺的条件。从个体发展的角度看，大学教师需要制度为自己提供职业发展的导向，需要制度来帮助自己减少不确定性，但教师并不总是按制度的规定行动。作为理性的人，教师将通过个人决策对自身的职业生涯施加影响，以谋求利益的最大化。当然，教师的决策仍要受到包括大学教师制度在内的各种规则与身份的限定。但是，规则和身份本身就存在着种种的模糊性，因此也不能完全限定教师的决策和相应的行动。总而言之，大学教师的职业生涯一方面受到制度规则的多方面约束，另一方面在个人决策的作用下具有多种权变的可能。这种权变可能导致教师的职业生涯状况与制度的意图相左，导致制度的低效，并成为制度变迁的潜在诱因。

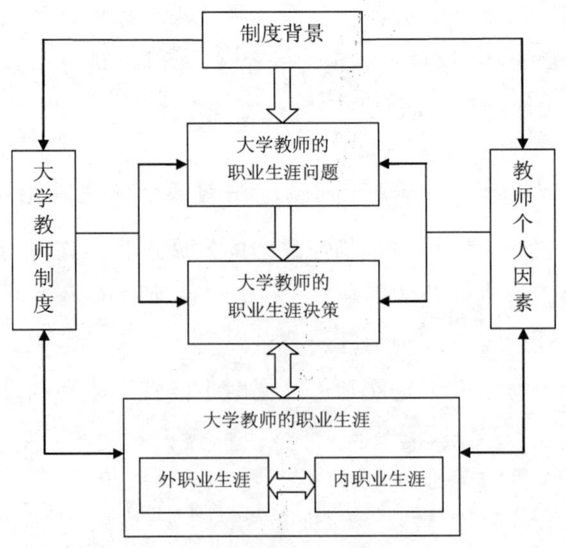

图2-3　大学教师职业生涯发展的基本框架

图2—3展现了制度规约下的大学教师职业生涯发展的基本过程。该过程由四个部分构成：大学教师的职业生涯问题、职业生涯决策、职业生涯发展结果，以及职业生涯影响因素。具体考察这四个部分的基本内容及相互关系，可以发现：

第一，大学教师在其职业生涯中会遇到各种问题，正是这些问题推动着教师职业生涯不断得以发展。职业生涯问题是多种影响因素共同作用的结果。任何研究框架都是对复杂现实的简化，在本书中，影响大学教师职业生涯发展的众多因素被简化为三个，即制度背景、大学教师制度和教师个人因素。制度背景主要强调其时间性，具体指处于一定时代中的大学组织与学术职业的整体状态，该因素对于大学教师制度和教师个人因素具有背景性影响；大学教师制度包括国家、具体学校两个层面的大学教师制度；教师个人因素包括个体所处的职业生涯阶段、职业生涯发展现状、个性与价值观、动机与需要以及家庭状况等。

第二，大学教师制度既是引发教师职业生涯问题的重要诱因，也是限定教师职业生涯决策的基本要素，还可能直接促成教师的职业生涯发展。具体来说，大学教师制度对教师职业生涯发展施加影响主要依靠两条路径：其一，通过促发教师的职业生涯问题、影响教师的职业生涯决策，对教师的内职业生涯发展和外职业生涯发展产生影响；其二，直接作用于教师的外职业生涯，进而对内职业生涯发展产生影响。

第三，作为组织中个人层面决策者的大学教师，为应对具体的职业生涯问题、实现自身的职业生涯发展，必须搜寻备选方案、制定发展决策。决策的过程受到制度规定和个人理性两种力量的共同影响。身处大学组织中的学术职业人——大学教师，既要接受来自过去及现实中的种种身份和规则的约束，又需要根据自身的偏好和期望开辟未来，以谋求自身职业生涯的良性发展。

第四，大学教师的职业生涯发展结果体现在外职业生涯发展和内职业生涯发展两大方面。外职业生涯发展结果主要包括教师在学术职称晋升、学术组织认可、管理职务晋升、工作内容扩展等方面所取得的进步；内职业生涯发展结果主要包括教师在专业素质（专业知识、专业能力、专业精神）和组织素质（组织认识、合作能力、组织忠诚）两方面所取得的进步。二者之间会相互作用，彼此影响。无论哪一方面取得了进步都将打破教师职业生涯的现存状态，使教师个人因素发生某种变化，而这种变化很可能成为引发新一轮职业生涯问题和决策的重要诱因。同时，大学教师职业生涯的现实状况也构成了大学教师制度变迁的一个基本前提。

第三章　历史解读：演进中的西方大学教师制度与教师职业生涯

制度分析在本质上是比较性的，只有在历史的比较中才能理解特定制度安排的生成、演化及影响。现代大学教师制度是漫长的历史演进的结果。自中世纪大学发端，到19世纪大学的现代化转向，再到当代大学的大众化发展，教师制度变革始终与大学组织的演进紧紧相随。经过相关利益各方的长期博弈，大学教师制度逐渐成形、丰富、完善，而身处制度规约之中的大学教师，其学术职业生涯也由此而不断发生改变。可以说，大学在社会浪潮中的每一次转向都直接牵动着学术职业人的志向追求、生存状态及发展轨迹。

第一节　中世纪大学教师制度的建立及对教师职业生涯的影响

早在古希腊罗马时代，以知识的生产与传播为业的学术人就已经普遍存在了，但直到中世纪，学者们才逐渐形成自己的社团。他们借助当时城市中盛行的行会方式建立起一种新型组织——大学，从此学术人得到了一个维系生存、安身立命的家园。英国诗人约翰·曼斯菲尔德（John Masefield）曾热情地咏叹："世间再无堪与大学相媲美的事物。在国破家亡、价值沦丧之时，在大坝坍塌、洪水肆虐之时，在前途暗淡、了无依赖之时，不论何地，只要有大学存在，它就巍然屹立，光芒四射。只要有大学存在，人的自由思想、全面公正探索的冲动仍能将智慧注入人们的行为之中。"[①]的确，如果没有大学提供的栖身之所和制度保障，没有大学创设的学术设施和工作条件，那些以学术为志业的学者们几乎都无法避免举步维艰、一筹莫展的困境。

---

① [美]罗伯特·伯恩鲍姆：《大学运行模式——大学组织与领导的控制系统》，别敦荣主译，中国海洋大学出版社2003年版，中译版序第6页。

一 学术生活走向制度化的原因

作为制度化的学者团体，中世纪大学这种组织形式的产生并非有意设计的结果，而是在一系列偶然事件的累积之下自然而然地形成的。中世纪（Middle Ages），意为“中间的时代”，14世纪意大利史学家彼得拉克（Francesco Petrarca）最早使用此概念，指称5—14世纪处于古典文化和文艺复兴两个文化高峰之间的低谷时期。人们通常将中世纪视为一个“黑暗时代”，中世纪似乎是野蛮、蒙昧、衰败的代名词。但事实上，中世纪的欧洲社会一直发生着持续的变化，特别是在被称为“中世纪的精华”的11—13世纪，复兴中的欧洲已经表现出极大的创造力。在此时期，自治性城市的兴起与贸易的发展对于人才提出了需求，社会需要大量受过专门训练的管理者、律师、医生、牧师、教师；十字军东征使穆斯林世界的知识宝藏得以引入欧洲，极大地拓展了人们的认识，同时也促进了各阶层各行业人员在整个欧洲范围内的自由流动；隶属于托钵僧组织、拥有神职身份的学者日益增多，逐渐取代了修道院在教育教学方面的位置；人口的增长、商业的发展和城市的出现瓦解了封建社会的结构，脱离固定社会结构、期望接受教育的人数不断增加，由于没有国界的障碍而得以成群结队地在各地游历，并聚集在拥有声望显赫学者的城市。在诸多条件齐备的情况下，“中世纪大学的兴起是中世纪复兴不可避免的结果”①。

拉丁文中“大学”（Universitas）的含义是“行会”，即一群学者或学生所构成的社团。在中世纪城市中广泛存在着各个行业的社团组织，社团的存在具有非常重要的现实意义。它使同操一门职业的劳动者之间建立起密切的联系，而“只有联合起来，形成持久的社团，强大到足以要求得到尊重的地步，他们才能成功确保自己得到存在下去的合法权利”②。来自欧洲各地的教师和学生汇集于某些城市，往往受到当地政府的权威控制（如征税、服役等）和市民的排斥（如高房租、法律纠纷等）。“在中世纪时，一个人住在外国是要自己承担风险的。他没有对其冒险进入的国家提出任何要求的权利，而他最能保障安全的机会，则是与在该国的同胞联合起来。”③为保障

① [美]S. E. 佛罗斯特：《西方教育的历史和哲学基础》，吴元训等译，华夏出版社1987年版，第158页。

② [法]涂尔干：《教育思想的演进》，李康译，上海人民出版社2006年版，第90页。

③ 高桂娟：《现代大学制度演进的文化逻辑》，中国海洋大学出版社2007年版，第30页。

自身的权利，寻求法律保护，教师和学生纷纷仿照当时城市中手艺人行会的方式组成合作性团体，大学由此而产生。可见，中世纪城市中的教师群体与其他商业、手工业人员的社会地位是相仿的，就像木匠和铁匠拥有自己行业的专长一样，教师的专长是教授“自由艺术”；教师将自己组织成社团的目的，与其他手艺师傅的社团没有不同，都是为了确保自身存在下去的权利而选择了联合抗争的形式。需要注意的是，社团为成员所提供的权利带有垄断的特征，即未进入社团的人将不能拥有这些权利；对于已加入的成员，社团会设定各种义务来予以约束，如果成员没有履行义务，将受到惩罚或剥夺其特权。从实质上讲，中世纪社团，就是一些享有特权同时又受制于严格纪律约束的群体。中世纪大学亦然，其产生一方面为教师提供了保护，同时也使教师们的学术生活开始被纳入到制度规限的范畴当中。

为谋求独立自主和生存发展，中世纪大学与教会、世俗势力进行了长久抗争，并最终因得到罗马教廷的支持而获得了众多特权，如：1340年，法国国王菲利普四世向巴黎大学颁布的特许状规定：“任何俗人，不论他们地位如何，也不论他们有多大声望，不论他们是平民，是高级长官或执行官，对前述教师和学生不得进行打搅干扰，或擅自用其他方法进行敲诈勒索，不论对他们人身、家庭或财产都是一样，不准以捐税、地方税、关税以及人头税或其他形式的苛捐杂税为借口，不论他们本人是上大学，或真诚地准备要上大学，或回自己的家，都一样对待。”①随着特权范围的日益扩大，大学的行会性质逐渐消失，从最初的由一小群人构成的“社团”发展成为拥有固定场所、固定学科、稳定教师队伍的，制度化的正式学术组织。在这一动荡的演进过程中，教师学术生活的制度化程度也不断加深。

二　中世纪大学教师的类型与职责

中世纪大学的教师大体可分为以下几种②：常任教师（Ordinary regent），拥有硕士或博士学位，持续、稳定地在大学中从事教学工作，对于大学的组织机构、课程教学、财务分配等重要问题具有控制权，是大学中颇具影响力的教师群体；非常任教师（Non-regent doctors），拥有硕士或博士学位，毕业后可能短期在大学中任教，当得到在教会或政府部门的任职机

① [美]E .P. 克伯雷：《外国教育史料》，任宝祥、任钟印译，华中师范大学出版社1991年版，第176页。

② 陈伟：《西方大学教师专业化》，北京大学出版社2008年版，第29–30页。

会时就转换职业，但往往会保持对教育的兴趣，不定期地返回大学偶尔进行教学；特命教师（Extraordinary teachers），主要是学士或为了教学实践的学生，属于临时性的教师，他们要酬谢前来听课的人，并请听者提出批评，以便改善、提高教学水平。

中世纪晚期，随着学院的发展壮大，又出现了一种新的教师类型——学院教师（College regent）。学院最初只是依靠捐赠为贫困学生提供膳食住宿的地方，通常比较简陋，附属于医院或寺院。根据涂尔干的考察，13世纪中叶以后才开始出现由基金捐助的规模较大、作为独立机构的学院。虽然此时的学院仍保持着相当程度的民主性质，但由于创建者已将管理权限授予了大学和教会，因此，学院的院长（Principal）不是选举出来的学生，而是经过正式授权的教师，听命于巴黎大学和一些宗教权威机构。院长的职责在于监督学生的学习和生活，他们和学生一起听课、读书、做练习，回答学生提出的问题，像私人导师一样为学生提供各种辅导。这些学院教师的职位比较稳定，但地位比常任教师要低。

随着学院人数的迅猛增长，在宿舍里补课、加课的情况也越来越多，就这样，原本由学生们追随着教师学习听课的传统被打破，教师们开始走进学院开展教学。此外，大学生普遍的放荡行为，也使得负责监管的教师群体势必要相应增加。中世纪大学生来自四面八方、有着各不相同的需要和愿望，他们生机勃勃同时又狂躁暴烈、桀骜不驯，大学成员所享有的豁免权更使得学生们无拘无束、放纵骄奢。他们“夹刀带棒地在巴黎的街道上巡行，大呼小叫，让平和的市民们不得安睡，还对撞上的无辜路人肆意侮辱，跑到教堂的圣餐台上掷骰子赌博”，甚至还会犯下闯入民宅、偷鸡摸狗、杀人越货等罪行。为结束这种无序状态，中世纪大学利用自己的权威推行强制性膳宿制，学院不再仅仅是宿舍，而且也是学校。以巴黎大学为例，学生在寄膳宿的学院里生活成为一项强制性的义务，所有教学均来自于学院内部。用涂尔干的话来说，就是学生们“彻底地、不可逃脱地被囚禁起来”，“世界的终点就是自己居所的围墙，他不再能够任意地穿越这道围墙”[①]。大学的上述变化使教师的性质也随之发生了改变，教师在学院里给学生授课，和学生一样住在学院里，并逐渐成为附属于学院的专门职员。

中世纪大学教师的首要职责是“读”书，即按课表规定就特定课本进行讲演。讲演一般在上午进行，一次为1.5—2小时，一位教师在一年里需要

① [法]爱弥儿·涂尔干：《教育思想的演进》，李康译，上海人民出版社2006年版，第128页。

做讲演130~150次。[①]在中世纪，人们相信，获取知识的关键不在于知晓某些具体的事情，而是在于“知晓某些权威性作者对这些事情都说了些什么”[②]。因此，教师讲学并不是以一种客观、独立的方式就学问本身进行讲授或发表言论，而是诵读和评注一本或为数不多的几本该学科的权威性著作。研读一门课程，被称作“读一部书”（legere librum）或“听一部书”（audire librum）。为了对权威性著作作出评注和解释，通常采用两种教学方法：第一，讲解（expositio），这里所说的讲解并非逐字逐句地对文本进行释义，而是通过拆解著作中展现的基本要素，揭示各要素之间的必然关联，条分缕析地追溯作者思想的逻辑演进。第二，究问（quaestiones），即从文本中抽取富于争议的命题，直接对这些问题进行考察和辩论。相比之下，前一种方法费时费力，后一种方法则充满活力和生气，逐渐成为大学生活中的惯例。在巴黎大学，教师们至少每周一次当着学生的面展开论辩。每年冬天，还要举行一场庄重的被称为“自由论辩表演”的论辩，推选出来的教师就自由七艺的问题进行论辩。无论讲解还是究问，二者对于权威著作的论证都借助于三段论的形式。提供逻辑训练是教学的最高目标，“逻辑在教育中的角色绝对是主导性的”[③]。在允许讲授的科目名单上，没有任何限制。如果一位教师想阐述某一部未被学院事先指定的著作，只需要问一问自己的主管机构即可。除教学外，中世纪大学的教师还要担负一定的管理、沟通职责。为了维护学者社群的利益，教师需要参与地方行政和宗教事务；为了保障大学组织的顺利运行，教师需要在大学内部的各种典礼、仪式、考试、集会等活动中发挥作用。

三 中世纪大学的教师制度

英国历史学家科班（A.B.Cobban）从中世纪大学的发展中曾作出这样的总结：“如果要使智力活动的契机不被消散，那么在取得学术成就之后，必须迅速作出制度上的反应。缺乏固定的组织，在开始时也许为自由探究提供机会，但是经久不息和有控制的发展只有通过制度上的构架才能得到。”[④]在中世纪大学诞生及发展过程中，关于专业设置、学院管理、考试评价等一

① 陈伟：《西方大学教师专业化》，北京大学出版社2008年版，第31页。

② [法]爱弥儿·涂尔干：《教育思想的演进》，李康译，上海人民出版社2006年版，第144页。

③ 同上书，第150页。

④ [美]伯顿·R. 克拉克：《高等教育系统——学术组织的跨国研究》，王承绪等译，杭州大学出版社1994年版，第4页。

系列制度规范逐步建立起来。制度化使大学组织更加富有凝聚力，为大学持续、稳定的发展提供了强有力的保障。就起源而言，大学是一群人的集合而不是一组讲授科目的集合，后者只是从前者中派生出来的。因此，对于人的制度安排，特别是对于教师的制度安排自然是中世纪大学制度的基本组成部分。

（一）大学教师任职资格制度

1. 制度的形成与发展

中世纪大学是教师、学生为学习和研究学问而自愿结合的共同体。为了抗拒外界的侵扰，社团往往会建立起层层的壁垒，由学者构成的教师社团也不例外。明确的教师资格制度在中世纪大学的内部已经孕育成形。任何人要请求加入，都必须接受某种测试、符合某些特定的条件。通向社团中心的壁垒是逐级建立的，因此测试往往不能一次性完成，必须经历一个又一个前后衔接的阶段，这构成了现代“学位”制度的雏形。最初，学位的意义只在于表明某人已经被接纳为教师社团的成员，具备执教资格。所有获得教学许可证、被教师社团所接受的人，都称为硕士。在少数学校里，文科教师称硕士，法学、医学、神学教师称博士，二者并无实质性区别。随着中世纪大学的发展，最终规定，较高级的教师称博士，较低级的教师称硕士。此时，学位在社会上已经得到了更加广泛的认可，很多学位获得者不再受限于从事教学，转而在教会、政府部门等其他领域寻求职业的成功发展。除硕士和博士学位之外，教师社团还招收处于学徒等级的、希望成为社团正式成员的年青人，这些人称为新手或学士。在很长时间里，学士只是一种称呼，直到13世纪才成为社会认可的学位。

取得学位的标准由教师社团制订。各个专业的修业年限不同，通常是4—8年。修习过程中需要完成多项任务，包括读一些指定的书、参加规定数目的讲演、出席规定数目的学术讨论等，准备申请教师证书的学生，还要讲授一定的课程。所有这些要求都达到后，才能在一位教师的推荐下向大学提出学位申请，并接受由几位学者主持的考试。在考试和学位获得的程序方面，各所大学都有自己的惯例，并随着时间的推移而有所变动。通常的程序是：学位候选人从主试者那里拿到试题——指定书中的几个段落，退出去自己作准备；在规定时间内，进入考场，在主试者面前尽其所能地、完全彻底地讨论这些段落；待解答完毕，主试者投票决定是否授予其学位。如果通过了，将为他举行“就职礼”（inceptio），即通过佩戴象征教职的徽章、授予相应的学位和服装、行亲吻礼、致以祝福等仪式，承认此人完成了入职学习，已经相对全面地掌握了特定学科的学术内容，并具备教学的相应能力，有资格成为教师社团的成员。学位的拥有者可以担任教师，并享有该身份所具备的一切特权，当然同时也必须遵守严格的纪律约束。如果没有通过，该候选人将继续学习以后再考，或者退出学校。由于学习过程比较漫长、考核过程比较严格、获得学位的费用也比较高昂，所以，真正能够坚持到参加考试并最终获得学位的人数并不多。

不过，仅得到教师社团的接纳还不足以获得教师资格。在举行就职礼之前，他还必须获得掌教教士授予的“执教权”（Licentia docendi）。中世纪大学处于教会的管辖之下，教会通常将大学的管理工作委托给一名教士，那些德行和才干都符合要求的人只有在得到掌教教士（或称主事）的授权后，才能举行就职礼。所以，执教权和就职礼是“两个必不可少的阶段，是立志从教者在真正成为一名从业教师之前，需要依次通过的两级学位”[①]。这两级学位分别由两个不同的权威机构——教会和教师社团——来授予。最初，教师社团作为一种新兴力量，比较弱小，教会主事掌握着核准执教权和开除教籍的权力。为摆脱受制于人的境地，教师们越来越紧密地结合起来，不遗余力地争取独立、削弱教会的控制。经过漫长的争斗，1212年，教皇颁布诏书，规定“任何候选人只要被一定数量的教师评定为有资格获此学位，主事有义务向他颁发执教权”[②]。1215年，主教库尔松制订的法典从法律上认可教师社团有权利为其内部事务的所有有关事项制定法律，有权利要求其成员宣誓遵守法团规章。就这样，大学逐步摆脱教会的掌控，另立自己的标准，以世俗权威治理教学，而学者则“从宗教世界中被解放出来，进入一个自由的、论争的、科学的世界”[③]。

2．制度的功能

（1）构建起较为稳定的学术规范，确保成员的质量并限制了竞争。教师任职资格制度的建立使大学作为知识储存、知识传播、知识创新的重要场所的地位得以巩固。在中世纪，一个人要想成为教师，首先要经过数年的系统学习和历练，在达到一定标准后才能经由教师推荐参加学位考试；进而，只

① [法]爱弥儿·涂尔干：《教育思想的演进》，李康译，上海人民出版社2006年版，第93页。

② 同上书，第95页。

③ [美]S. E. 佛罗斯特：《西方教育的历史和哲学基础》，吴元训等译，华夏出版社1987年版，第161页。

有按照规定通过各种测试取得学士、硕士等学位后，才能正式被教师社团接纳并获得教师资格。这些入职规范的建立，具有明显的筛选作用，在很大程度上保证了新教师的学识水平和教学能力。由于进入教师社团的过程并不容易，成为社团成员后又将得到有效的保护并享有诸多的特权，因此，教师一般都能自觉遵守社团的纪律，避免同行之间的竞争。

（2）增进教师职业的内部一致性，加强学者社群的凝聚力。为取得教师任职资格，候选人需要通过严格的测试，但事实上，考试通不过的情况比较罕见。与获取学位过程中所经历的典礼和仪式相比，考试的价值和影响力是次要的。仪式具有增进集体团结、熏陶道德意识的重要作用。庄严的典礼、肃穆的仪式，以及隆重授予的徽章、服饰、证书等，有力地唤起了教师们的职业认同感和群体认同感，意识上相对统一、身份上基本一致的学者社群因此而更加具有凝聚力。随着学者社群与学术规范的日益成熟，教会、政府、市场等各方力量对大学的兴趣也与日俱增，这种兴趣既体现为控制的不断加强，也体现在高度的信任和尊重上，借此大学及其成员才获得了独立司法权、民事权、税役豁免权等多项社会特权。

3. 存在的问题

大学教师任职资格制度的建立对知识传播与学术生活形成了垄断。在中世纪，经历一定的学徒期，获得教师授权方可开课，是由来已久的惯例，教师社团就是以此为核心组织起来的学者共同体。这种惯例在日益强大起来的教师社团的维护下得到了广泛的尊重，逐级演化成带有垄断特征的制度。该制度的建立使知识传播受到了控制，个体在一定程度上失去了自由讲学的权力。一个著名的案例是，12世纪伟大的逻辑学家、“巴黎人的骄傲”阿伯拉尔（Peter Abelard）为了能够教授神学，跟随当时一位著名神学教师学习，结果发现“他的声誉与其说靠他的才华或修养，还不如说靠他的这把年纪。……他的才华的火焰不是令四壁生辉，而是让屋子熏黑。那是棵枝叶茂密的大树，从远处看招人注意，走到跟前站住仔细一打量，枝头却没有结一个果实”[①]。于是，阿伯拉尔自行缩短了学徒期，在未得教师授权的情况下开始授课。这一行为被视为大逆不道，受到强烈的指责和排斥，后来甚至成为指控他的一条罪状。

尽管教师社团的垄断使教师的个人自由受到了限制，但相比之下，社团所提供的保护和特权对于中世纪教师个体而言，更具有吸引力，制度所带来

① [法]雅克·勒戈夫：《中世纪的知识分子》，张弘译，商务印书馆1996年版，第32—33页。

的收益大于制度所带来的不便。

（二）大学教师薪酬制度

中世纪大学的教师多数具有教士身份，而原则上教士应无偿从事教学活动，但生活在城市中，食宿、衣着样样都离不开钱，教师们必须自己设法解决生活费用。教师工资的支付来源主要有四种：学生、市政府、贵族、教会领地。如果选择由学生付给报酬，教师的身份就类似于商人或工匠，属于生产劳动者；如果选择由地方当局或封建王侯付给工资，教师的身份则类似于官员；如果选择依靠赞助者的捐款生活，教师就变成了某种类型的仆役；如果选择由教会授予领地，教师的身份就是一名专业化的教士。总之，生活来源的方式将决定大学教师这个新兴职业的社会经济地位。

1. 制度的形成与发展

最初，中世纪大学对于教师的收入并没有明确规定，教师的生活主要依赖于学生所付的学费。授课精彩的教师能吸引较多的学生，收入比较丰厚；学生稀少的教师就比较贫穷。对于教学收费，教师们提出了许多辩解理由，其中最主要的理由是，每一项工作都应该有报酬。1382年，帕多瓦大学的法学博士们曾这样公告于世："依照我们的观点，劳动者不从自己的劳动中获取报酬是不理智的。因此我们宣布，凡以学校名义接受一名学生参加自己的讲解答疑的博士，应该从这名学生那里得到三磅啤酒和四瓶葡萄酒，或一枚杜卡特金币，作为对他工作的认可。"①依靠学生付给的报酬为生对教师是有利的。一方面，这种选择最适应城市发展的惯例，教师出售自己的知识，就像手工工匠出售自己的产品，师生之间在本质上属于付费购买某种服务的关系；另一方面，教师可以不依赖地方当局、封建王侯、教会以及资助者等各方势力，保持自身的独立性。然而，学生们通常希望增长知识，但不想付钱。由于收入非常不稳定，很多人放弃了教学工作，导致教师数量不足。有些大学为此制定了"服务年限"制度，即作为一种义务，所有取得学位的毕业生必须承担一段时间（通常为2—3年）的教学工作，这样才能保证足够数量的师资。

13世纪，教师薪酬制度的出现，使教师逐渐摆脱了对学生学费的依赖。所谓教师薪酬制度，就是城市当局以公共资金资助大学，通过设置带薪职位（讲座）的方式向大学教师提供薪酬。据记载，西班牙巴伦西亚大学的创办者阿方索八世首创了教师职位津贴制度，向那些来自巴黎和博洛尼亚的教师

① [法]雅克·勒戈夫：《中世纪的知识分子》，张弘译，商务印书馆1996年版，第87页。

提供一定数额的薪俸。从根源上看，教师薪酬制度的产生，是社会对优质教师资源的激烈竞争的结果，是新建的弱小大学用来与强大的名牌大学进行对抗的手段。在此时期，人们对于大学及其教师所具价值的认识普遍提高，社会需要空前高涨，中世纪语法学家米诺·德·科勒曾告诉他的学生："大家如此渴望对知识的占有，比占有其他任何财富都更有价值；它把穷人从卑贱中提拔起来，它使一般平民成为贵族，并给他带来巨大的名声，它还使贵族成为优秀分子，胜过一般平民。"①大学的存在、发展是促进城市繁荣的有力手段。为了赢得竞争，城市和大学必须留住优秀学者，而用公共资金向教师提供相对稳定的薪俸显然是最有效的竞争手段。于是，"市政当局就像捕捉花蝴蝶那样追逐着大学以及知名学者的脚步，而薪俸的保障就象那吸引蝴蝶到处翻飞的花蜜"。②

14世纪以后，教师薪酬制度在欧洲各大学中普遍实行，并显现出几个新的趋势③：第一，薪酬契约的年限逐渐延长，最初的契约多为一年或数年，后来变成多年甚至终身契约。第二，享受薪酬的教师数量逐渐增加，最初只是向少数著名教授提供薪酬，后来受益范围不断扩大，几乎所有教师都能享受一定薪酬。第三，薪酬制度逐渐得到法律层面的支持，演变为一种公共制度，不存在被取消或被废除的危险。第四，薪酬数额及享受者人选的确定，由初期的大学与市政当局共同协商转变为市政当局掌管，其原因在于后者是资金的主要提供者。

2. 制度的功能

（1）教师的职业安全得到保障。薪酬制度实行之前，教师主要依靠学生交纳的学费为生，这种收费教学使教师拥有很大的自由度和独立性，但多变的市场需求使他们的收入波动不定；另外，教师的职位同样缺乏保障，特别是在那些由学生社团控制的大学里，教师基本处于附属地位，学生社团可以任意聘用或解雇一名教师。经过秘密选择的学生作为间谍，向学生负责人报告违反规定的教师的情况，上课迟到或延长、忽略了教学要点等行为都将处以罚款，教师生活在时刻面临罚款的噩梦般的气氛之中。④以城市公共财政为基础的薪酬制度的实施，改变了师生之间雇用与被雇佣的关系，教师的经济

① [法]雅克·勒戈夫：《中世纪的知识分子》，张弘译，商务印书馆1996年版，第112页。

② 张小杰：《中世纪大学的教师薪俸制》，《清华大学教育研究》2007年第4期。

③ 同上。

④ Alan B. Cobbn，*Universities in the Middle Ages*，Liverpool University Press，1990，p. 10.

来源变得稳定可靠。薪酬与职位、任期是紧密联系的，工资并不支付给教师个人而是支付给教师所据有的职位，只要教师不失去自己的职位，其职业生活就是有保障的。随着职位任期的不断延长，教师终于摆脱了动荡不安的生活方式，开始拥有长期的、可预见的职业前景。

（2）教师的职业地位得以提高。薪酬制度为教师提供了稳定的职位和有保障的收入，经济状况的改变显然有利于教师职业地位的提升。在12世纪，学校教师与其他城市手工业者一样被称为“师长”（Magister），这一称呼体现了教师以出售知识为生的劳动者的身份和地位。但是，到了14世纪，“师长”已经成为一个荣誉头衔，与“主人”（Dominus）一词被同等看待了。在一些城市中，教师被称为“高贵的人”和“头等市民”。大学中那些富有的高级成员的生活方式已经趋于贵族化，他们的住所越来越富丽堂皇，衣着越来越精致考究。长手套在中世纪是社会等级和权力的象征，博士学位申请人为参加考试需要向博士们赠送长手套成为大学的明文规定，而且相关的制度要求异常详细。波伦亚大学在1387年规章的一段文字中规定：“这些手套必须有一定的长度与宽度，以便盖住手臂的中段。它们必须用上等鹿皮制成，足够宽松，保证双手能轻快和舒适地套进去。所谓上等鹿皮货，是指一打手套里至少有一双要用23（里拉）可以买到。”①博士学位通过后的庆祝活动，也越来越多地加上了贵族趣味的内容，如芭蕾舞、戏剧演出、体育竞赛等。作为一个重要原因，经济力量使教师职业逐渐脱离了原来与手工工匠等劳动者相仿的社会地位，并在一定意义上向特权阶层靠拢。

3．存在的问题

（1）削弱了自由。教师薪酬制度的建立使大学对市政府的依赖程度增加，独立性大为削弱，大学教师官吏化。薪酬使教师的职业安全得到保障，但同时也腐蚀了过去教师们所拥有的那种独立精神，导致大学逐渐变成政治权力所控制的机构。获得带薪职位的教师将受到提供该职位的政治体制及各种服务规定的制约。只有顺应体制者才能享有这些职位，其身份变为国家官吏，难以保持自由追求知识的学者本色。该制度使提供公共资源的市政当局所拥有的对大学的公共管理权不断增大。大学的生存和发展需要经费上的保障，为获得这种保障，大学越来越依赖于市政当局。同时，政府方面负责大学事务的官员职位随之产生，其权力不断增大，大学的命运开始被这些官员所左右和控制。

① [法]雅克·勒戈夫：《中世纪的知识分子》，张弘译，商务印书馆1996年版，第111页。

（2）削弱了自治。教师薪酬制度的建立加剧了教师的内部分层，导致大学自治能力降低。中世纪大学诞生之时，“毫无根基，完全是由一群根本没有共同财产的人组成的。但这种贫困却给了大学以道德的力量，大大促进了它们的发展”，罢课和自行解散是大学手中最好的武器，教师们拥有的共同财产少得可怜，因此非常容易聚集起来，也非常容易解散开去。“贫困赋予这些群体以力量，让他们可以四处流动，增强了他们的抵抗能力。”①教师薪酬制度的实行，使教师群体在经济层面发生了明显的分化。不同学校、不同专业的教师在收入上有很大差距，据记载，在1500年的蒙比利埃大学，医学教师的报酬是100里尔，法学教师为50里尔，人文专业的教师则只有30里尔。②有些教师收入很高，生活舒适；有些教师则收入菲薄，生活艰难。这种分化削弱了早期教师社团所具有的凝聚力与合作性，大学变得容易为外部势力所影响。

四 中世纪大学教师制度与教师职业生涯的关系分析

从根源上讲，中世纪大学及其教师制度是学者群体寻求职业安全的产物。为了在缺乏保障的社会中生存下去，教师们必须联合起来，以集体的力量在基督教会、世俗王权、地方贵族等多元利益主体所构成的夹缝中谋求生存空间和发展机遇。组织化和制度化成为教师们的自然选择。在与各种外部势力进行抗争的过程中，为加强内部的凝聚力、凸显自身在人才培养方面所具有的不可替代的功能，新兴的大学组织逐渐建立起一系列的制度，用来规范教师的任职资格、薪酬分配、工作职责等。在这些制度性安排之下，大学教师的职业生活得到保障并趋于稳定，职业地位不断提高，职业生涯的前景也更加富有吸引力；另外，学术规范的建立、学术特权的争得也为学术职业的进一步发展奠定了传统和根基。

但是，随着组织化、制度化的逐渐加深，大学也在一定程度上失去了初建时所拥有的追求自由、独立、自治的本性。中世纪大学是在宗教世俗化运动中出现的，属于宗教组织。所有大学成员都被视为教士，受教会管辖，但他们始终试图在精神上、组织上脱离教会。为了争取学术自由和组织自治，大学成员经历了漫长的抗争，并成功地获得了从独立司法权、税役豁免权，

① [法]爱弥儿·涂尔干：《教育思想的演进》，李康译，上海人民出版社2006年版，第100页。

② Hastings Rashdall, *The Universities of Europe in the Middle Ages* (Vol I), Oxford at the Clarendon Press, 1987, p. 210.

到罢教迁移权、教师选拔权、学位授予权等诸多特权。这些特权一方面为教师的职业生涯发展提供了便利和机遇，另一方面也为寡头政治在大学中的建立铺平了道路。大学教师群体出现了分层，把持权力的上层人物贵族化、政治化倾向日益明显，他们从学生身上聚敛财富，在教会、王权、地方势力之间往来穿梭、纵横捭阖。“从此以后，知识又变成占有与财富，变成权力的工具，不复再是无私的追求。”①

中世纪的大学教师为追求职业安全与自由而自发地启动了组织化、制度化的进程，组织化、制度化使他们充满力量并为自己赢得了特权。为维持和扩大特权，制度化不断加深，在此过程中大学发生了异化，而异化的代价就是此后几百年里大学的沉寂和学术的颓废。尽管如此，学术生活制度化的序幕已经开启，时至今日，“学术生活已经发生了转型，但依然在中世纪为它挖就的沟渠里流动”②。

第二节 19世纪大学教师制度的变革及对教师职业生涯的影响

中世纪之后的数百年里，文艺复兴、宗教改革、思想启蒙等一次又一次威力强劲的运动使教会受到了致命打击，科学开始为世人所瞩目，世俗化成为时代的最强音。当历史进入19世纪，变革已经不可阻挡。许多陈旧的东西在此期间被打得粉碎，人类的创造精神孕育出诸多新生事物，现代大学就是其中之一。教会势力的不断削弱使大学面对重重危机。一方面，神权与王权之间的平衡被打破，大学的自治权失去了原有的保护，频频受到外部势力的侵扰；另一方面，以培养神职人员为基本职能的大学，在新的时代背景中，其存在价值受到置疑。为了生存，大学的职能开始转移，与世俗社会建立起越来越密切的联系；教师的属性随之发生了转变，从神职身份中摆脱出来并朝着专业化方向发展。不过，19世纪大学的变革并不是沿着单一方向进行的。随着民族国家的兴起，此时的大学已逐渐丧失了国际性特点，民族化、地域化日益明显。面对时代发展的新要求，西方各国基于各自不同的传统、理念和追求对大学进行了重塑，为大学赋予了不同的新意，也通过不同的制

① [法]雅克·勒戈夫：《中世纪的知识分子》，张弘译，商务印书馆1996年版，第112页。

② [法]爱弥儿·涂尔干：《教育思想的演进》，李康译，上海人民出版社2006年版，第174页。

度手段为大学教师设定了不同的职业生涯道路。其中，德、英、美三国的大学教师制度充分体现出中世纪大学传统裂变后学术职业的不同走向。

一　19世纪德国大学的教师制度

从中世纪直到18世纪初，西方大学普遍受到教会的控制和影响，学术生活带有浓厚的神圣化色彩。但在德国，上述情况略有不同。德国大学产生较晚，且不是由学者社团自发形成的，而是由封建领主或城市政权创建、资助和管理的。因此，世俗权威有权对大学进行种种干预，教师同样处于政权的绝对控制之中。自创建之日起，德国大学的宗教神圣化传统就不很厚重。这一先天优势促成了17、18世纪哈莱、哥廷根等新型大学的创建。在这些享有盛誉的大学里，现代科学与哲学精神得到了普遍推崇，学术自由成为大学中受到广泛认同的基本法则，从而有力地推动了德国大学教师的世俗化与近代化。随着19世纪初，承载着德意志民族复兴之厚望的柏林大学的建立，传统大学的旧框架被抛弃，近代大学的新框架由此而构筑起来。取消百科全书式授课、鼓励专门化的科学研究、强调研究与教学相统一、建立讲座制度和研讨班等一系列举措，既使大学教师的身份发生了改变，彻底去除了神职身份转而成为世俗化的专业人员，也使教师的职业属性发生了改变，从文艺复兴时期百科全书式的学者转而成为术有专攻的专家。学术职业的基本职责开始由知识传授向学术研究转移。德国大学教师的上述转变与大学教师制度的规范化是相辅相成的。

（一）制度规约下的德国大学教师职业生涯

德国大学教师大体可分为两类：教授（包括正教授和副教授）和初级学术人员（包括编外讲师、研究助理等）。教授是大学的核心力量，是由国家正式任命的公务员，其职务是终身的，不得随意解雇。作为讲座主持人的正教授拥有广泛的权力和责任，除教学和科研之外，还负责制定教育标准、授予学位和执教资格、聘任工作人员、推荐教授人选、参加院系和研究所的管理等。副教授则没有列席教授会议、参与投票表决的资格，也没有考试和管理的权力；初级学术人员属于流动的非正式教师，在教授的指导下从事教学和科研工作。

教授是德国大学教师职业生涯的最高阶段，为取得教授职位，需要经历漫长而艰辛的过程。一名有志于此的青年首先必须取得博士学位，然后应聘到大学中从事教学和科研的辅助工作，为争取大学执教资格（Habilitation）

做准备。大学执教资格是通向教授职位的必经之路。申请者为此需要准备一份具有独创性的、高于博士水平的“教授资格论文”，通常需要3—5年。论文提交并评审合格后，申请人还要进行两次公开的学术报告，以接受教授们的严格口试。获得大学执教资格者即成为编外讲师（Private dozent）。编外讲师可以在大学中开课，但不属于国家聘任的正式教师，没有国家提供的固定薪金，靠收取学生的听课费维持生计。在有机会成为教授之前，编外讲师往往需要经受几年甚至十几年的磨炼。德国大学的教授职位是根据专业需要而定额设置的，教授人选通过校外招聘而非校内成员升迁的方式产生。一般而言，只有在出现职位空缺时，才会进行招聘。教授会将根据教学能力和学术成就在各大学的编外讲师中进行挑选，通常会从申请者中确定3名候选人，按名次排列呈交给政府，同时附有各自的学术经历、学术成果、任职的有利因素等说明。政府部门有权驳回大学的人选建议，要求重新审定，亦有权批准候选人中的任何一位。可见，在教师聘任方面，大学教授会拥有初审权，政府则拥有最终任命权。政府审批后，受聘教授将与大学就薪金、助手数量、工作条件等问题进行谈判，这种谈判可以同时与几所大学进行，然后选择其中条件优厚的大学接受职位。一般情况下，编外讲师将晋升为副教授，获得政府给予的岗位及薪金，再工作数年方可聘为正教授。

总体而言，在大学教师制度的规范下，德国大学教师的职业生涯呈现出几个明显特征：第一，教授享有广泛的权利和优越的待遇。作为大学中的正式教师，教授是大学的管理者，通过教授会实行内部自治；他们在教学科研上享有充分的自主和自由，同时还拥有稳定的终身职位、丰厚的物质条件、令人尊敬的社会地位等。第二，晋升教授的过程极为艰难和漫长。取得博士学位、获得大学执教资格、承担编外讲师的职责是应聘教授的必备条件，每一个条件的达成都需要付出多年的努力。第三，教师必须在不同大学之间流动。教授会在招聘教授时，只面向校外。作为初级学术人员，要想升任教授就必须到其他大学寻找应聘机会。

（二）制度分析

德国大学之所以构建起这样的教师制度，显然与特定的时代背景和政府的全力支持是分不开的。1810年，为摆脱普法战争失败所带来的阴影，用精神上的力量来弥补它物质上的损失，国王威廉三世授权创建柏林大学。这所具有划时代意义的大学是学者与政府、学术与政治之间积极合作的产物，正是政府的全额拨款才使其获得了稳定且富足的办学基础。但是，推动德国大学教师制度创新的更为重要的因素，是洪堡、费希特、施莱尔马赫等新人文主义学者在重新诠释大学与国家关系的基础上所构建的新大学观[①]。在洪堡等人看来，国家是文化的体现，大学和国家共同服从于理性原则，彼此相互依存。大学是国家事业的一部分，以发展理性为目的，国家应为大学提供保护和支持，使理性按其自身的原则发展。大学和国家在根本利益上是一致的，大学自治和学术自由能够促进大学的繁荣，而繁荣的大学及发达的科学正是国家的利益所在。因此，一方面大学是国家的机构，由国家举办和管理，经费由国家提供，教授是政府任命的终身公务员；另一方面，大学是法人团体，应享有广泛的内部自治权，由教授负责管理。大学的生存条件是宁静与自由，鉴于大学所开展的研究活动的特殊性，政府不应对大学实施过多的非学术性干预，不能强行将大学的发展纳入国家的具体直接的利益轨道之中。上述观点在国家干预与大学自治之间建立了一种奇妙的平衡，为大学教师的学术自由提供了思想依据，同时也为大学教师制度的重构提供了坚实基础。

德国大学教师制度的核心追求在于，为实现大学的科学研究功能服务。洪堡认为，大学只有通过开展学术研究，通过在对世界真理的探索过程中才能培养出优秀人才。大学的职责就在于探究深邃博大之学术，实现科学的发展，并使之用于精神和道德的教育[②]。显然，教师是大学成功的关键，什么样的教师能够承担如此重任呢？德国学者鲍尔生（Friedrich Paulsen）曾对洪堡式大学教师的素质进行了精辟概括，他“必须掌握广博的科学知识并理解本领域的研究方法”、“必须拥有原创性才智，具有从独立视点观察事物并以一种原创性方式予以把握的能力”、“必须是一个完美的人，能在学生的心田植入伟大而又高贵的思想，最重要的是植入热爱真理、崇尚独立、谦逊端庄又清高自负的生活态度”。[③]由此出发，就不难理解德国大学教师制度的设计意图了。设置一条漫长而艰辛、严格而苛刻的教授晋升之路，是为了将那些在学术和道德层面出类拔萃的优质教师选拔出来；实行教授外聘，以便消除近亲繁殖，促进师资流动，避免学术僵化；对教授的种种权利保障，则是为了使他们能够以宁静、淡泊的心态，不受干扰地投身研究，从而达到对未

① 陈学飞：《美国、德国、法国、日本当代高等教育思想研究》，上海教育出版社1998年版，第145页。

② 王保星：《西方教育十二讲》，重庆出版社2008年版，第213—214页。

③ 顾建民：《自由与责任——西方大学终身教职制度研究》，浙江教育出版社2007年版，第52页。

知世界的认识。

在现实中，上述教师制度的确为德国大学带来了巨大的声誉和成就。特别是大学执教资格制度和编外讲师制度，对于积蓄学术后备力量、纯化学术生活、保证高质量的教授选聘具有重大价值。正如美国学者弗莱克斯纳（Abraham Flexner）所言，“编外讲师代表的是纯粹的学术型人才，其职业选择体现了一种理想主义的生活态度，一种对知识和理念的专一的兴趣。因此，编外讲师制度是一种以学术潜力为中心的幸运的制度”。[①]不过，这些制度也使德国大学教师分化成为两个对比鲜明、地位悬殊的阶层：一方面是生活优裕、大权在握的教授阶层，一方面是收入菲薄、生活缺乏保障、晋升前景渺茫的编外讲师阶层。由此引发了诸多的问题。

第一，教授阶层的极权主义与保守主义倾向。讲座教授凭借政府的授权和资助，在学科内部的教学与科研、研究所的财务分配和人员聘用等问题上均具有完全的决定权，这一制度安排迫使等级较低的教师不得不与讲座教授建立起长期的依附关系，接受他们近乎于剥削的驱使。缺少制衡的权力使讲座教授滋生出种种专业恶习，如排斥异己、拒绝建议、傲慢自负等。在面对变革的挑战时，教授们通常会以捍卫传统大学理念、坚守大学的本体价值为由对变革持反对态度，其中自然不乏高贵的意图，但维护已经获得的社会特权和优势地位，避免既得利益受损显然是一个重要的动因。与政府的联姻，使大学教授阶层在实现大学内部自治的同时，不可避免地显现出一定程度的官僚主义特征。

第二，青年学者的职业道路具有相当的风险性。没有固定收入和国家授予的正式教师身份的编外讲师，其未来的职业命运并不仅仅取决于自身的才能。马克斯·韦伯在为慕尼黑大学学生所作的“学术作为一种志业”的著名讲演中，曾将学术生涯比喻为“一场疯狂的冒险”。首先，能否同时兼备研究和教学这两种能力对大多数人来说就已经是个问题；其次更令人难以承受的是，“许多人尽管才气纵横，但因时运不济，而不能在这套选拔制度里，取得他们应得的职位”[②]。换言之，才能和机遇共同主宰着青年学者的职业前途。社会学家齐美尔（George Simmel）就是这样一个典型案例，他于1881年获得博士学位，4年后取得大学执教资格并以编外讲师身份在柏林大学授课；

---

① [美]亚伯拉罕·弗莱克斯纳：《现代大学论——美英德大学研究》，徐辉等译，浙江教育出版社2001年版，第314页。

② [德]韦伯：《学术与政治》，钱永祥等译，广西师范大学出版社2004年版，第158页。

尽管他在研究和教学方面成绩卓著，但由于非主流的学术观点、犹太家庭背景以及其他障碍，迟迟不能晋升教授。直到1915年，年已56岁的齐美尔在教授资格论文通过31年后，才终于在斯特拉斯堡大学出任教授。显然，取得教授职位前的困窘与取得教授职位后的显赫之间的巨大落差，将无法避免地诱使一些人趋炎附势、急功近利、弄虚作假。

学术之路如此严峻艰辛，为什么仍有众多学子义无反顾地投身其中？这与大学所享有的崇高声望密切相关。在19世纪，“德国大学洋溢着时代的新精神，这比任何其他因素都更有助于使大学在文化生活和社会生活中占有前所未有的重要地位。与此同时，法国在大革命中，大学已完全被废止；英国大学则暮气沉沉，早已被人们视为落于时代之后……与此相反，德国人对于大学却寄予厚望，不仅仰仗它们来解决科学和哲学方面的问题，而且对于民族兴旺的大事，也期待它们提供解决的方针和解决的动力”。[①]总而言之，以厚重的精神底蕴和富有新意的制度安排为特征的柏林大学的出现，标志着德国大学运动进入了新的阶段，更标志着高等教育现代化、学术职业专业化时代的来临。

二 19世纪英国大学的教师制度

英国大学历史悠久、发展缓慢，创建于中世纪的牛津和剑桥是19世纪以前英格兰仅有的两所大学。几百年里，牛桥（Oxbridge）既受到教会的庇护，也得到王室的支持，享有显赫的社会地位。无论是宗教改革还是产业革命，都没有从根本上改变其面向上层社会、培养宗教和政治精英的古典自由教育传统，中世纪大学时代形成的学院制度、导师制度和教师社团自治在这两所大学身上得到充分的延续。19世纪，在苏格兰大学传统指引下的新大学运动，使古典教育一统天下的局面被打破，现代教授制度和新的学术生活方式在英格兰逐步得以建立。不过，需要强调的是，新大学的创新和发展并没有动摇牛津、剑桥的优势地位。面对社会的剧变和新大学的挑战，这两所古老的大学也进行了一系列带有明显保守色彩的改革，改革后的牛桥仍然牢固地占据着英国学术等级的高端位置，其学者社群在地位和声誉上明显高于其他大学中的同行。相比之下，牛桥的教师制度更能代表英国的传统和特色。

（一）老大学教师制度的基本状况

学院院士制度。古老的牛津、剑桥大学在内部构成上可划分为两个部

① 夏之莲：《外国教育发展史料选粹》（上），北京师范大学出版社1999年版，第412－413页。

分：大学和学院。在大学方面，设有教授职位，这些职位依凭着主教、国王、贵族等出资设置的讲座而设立，主要负责公共课程，供学生在各学院法定课程之外进行选修。大学的资产较少，经费来自于各学院和政府拨款。在学院方面，设有院士职位（Fellow）。学院是高度独立和自治的组织，由院士及他们选举产生的院长共同治理。院士有权选举本学院院长和增选院士；学院所有重要事务都须经全体院士的多数投票才能决定；行政事务由院长和小型院士委员会负责。院士职位并不构成学术职业的一个等级，院士可以承担也可以完全不承担学术职责，但同样坐享学院的俸禄。由于学院是慈善捐赠的产物，因此，19世纪以前院士的选拔范围有严格限定，通常只限于与学院创建人有血统、地域或宗教联系的特定群体；此外，担任院士期间必须独身，并且需要担任神职。经过19世纪的世俗化变革，院士的独身限制和院士选拔在地域、毕业学校、身份等方面的诸多限制被取消，开放竞争机制得以建立。

导师制度。在学院中承担教学、学生辅导职责的院士，称为导师，包括本科生导师（Tutor）和研究生导师（Super visor）。导师全面负责学生在道德和理智方面的教育，协助安排学生的学习计划，指导学生的学业和品行，在学院生活中具有举足轻重的影响力。每个本科生自进入学院就被置于一位导师的指导之下，师生共同生活，亲密无间，通常每位导师负责指导6—12名学生。19世纪末增设的副教授职位（Reader），为导师开通了晋升的职业发展道路，使导师能够在教学的同时从事学术研究。学院的经费主要依靠捐赠和学费收入，具有深厚传统和突出特色的学院才能在选聘教师、争取捐赠、保证招生数量和质量等方面保持优势。

从中世纪直至19世纪，英国的大学教授和学院院士都是自治社团的成员，都享有其社团成员身份所带来的特权，非特殊原因都享有终身任职权，但大学教授的实际影响力远低于院士。大学虽然先于学院而存在，但学院在发展中逐步成为教学中心，在整个学校中占据绝对优势地位，大学反而成为学院的补充机构。19世纪中期，皇家委员会曾试图建立强大的教授体系以取代学院院士体系，但所提出的建议，如建立以教授为最高等级的学术职业等级阶梯，提高大学教授的经济地位，提高大学教授在权力结构中的地位等，几乎都没有被采纳，学院院士制度依然顽强地扎根在古老的大学当中。

（二）新大学的教师制度

单科教授制度。宗教改革之后，以功利主义为基础的苏格兰大学适应了产业革命的需要，将大学之门向社会各阶层敞开，建立起区别与“牛桥传统”的“苏格兰传统”。牛桥强调以学院为组织基础，通过以全科教学、人文道德熏陶为特征的导师制度培养未来的统治者和社会精英；苏格兰大学则面向广大的工商业中产阶级的需要，抛弃了面对少量学生全科教学的昂贵的导师制，创建起单科教授制度，即雇用专攻一门学科的专家型教授，面对大班进行单科教学。这种新的教师制度一方面使工资开销大为降低，满足了中下层民众对教学效率的更高要求；另一方面，也促进了知识的系科化发展。教授们重点研究某一学科，有利于研究的深化，苏格兰因此成长起一批成就卓著的教授，在诸多学科领域赢得国际性声誉。苏格兰大学模式对19世纪英格兰的新大学运动产生了深刻影响。随着1828年英格兰第一所新大学——伦敦大学学院的建立，一批由当地富商捐办的“城市大学”相继涌现，这些新大学是在社会发展对人才提出迫切需求的背景下诞生的，重视自然科学和专门知识，密切注意与地方经济和社会发展需要相结合。它们不约而同地放弃了传统的学院制度，转而采用单科教授制度，并按学科标准建立学部、系所等基层组织，提升大学教授和副教授的影响力。

教师的选聘与晋升制度。英国大学并非按单一模式发展，各类学校的大学教师制度也存在很大差异，但总体而言，19世纪英国大学教师的职业等级构成大致为：教授、副教授和高级讲师、讲师三个级别。教授职位数量很少，因此，选拔标准非常高，竞争激烈。在一些大学，副教授和高级讲师属于同一职级，副教授主要面向研究，高级讲师主要面向教学，分别体现了重视研究的现代趋势和重视教学的古典传统；在另一些大学，副教授和高级讲师属于不同职级，前者较后者高一等级。各级职位出现空缺时，一般应面向全国公开招聘，特别是处于职称等级两端的讲师职位和教授职位，高级讲师和副教授等中间职位则大多通过内部晋升完成。选聘教师的基本程序是：确定教师缺额，制定选拔标准；公开登报招聘；初选，确定候选人名单；面试，作教学讲演或学术报告；正式面谈，确定受聘人选。原则上说，应聘大学教师需要拥有博士学位，新大学的学历要求相对宽松，但一般也要硕士毕业。新教师入职后需要经历3—4年的试用期，英国大学的教师试用期具有人才选拔的功能，但更强调人才的培育。在此期间，将配备资深教师对新教师的教学和科研给予指导，促进其成长，体现了学者社团中师徒关系和同行互助的传统。①取得终身职位相对较为容易，试用期间如果工作表现令人满意，

① 顾建民：《自由与责任——西方大学终身教职制度研究》，浙江教育出版社2007年版，第125页。

试用结束后基本不需要重要的评估就可以获得讲师职位和终身任职权利。

新大学使现代教授制度得以在英国确立，然而，在英国学术专业等级体系中，新大学的教师始终处于不利地位。首先，职位少，薪金收入与牛桥相比过低；其次，就学术声誉而言，职位的吸引力较低。优秀教师通常难以抵制牛桥教师职位的吸引。

（三）制度基础

19世纪英国的大学教师制度呈现出旧与新并存、古典与现代交融的状态。随着大学世俗化的不断加深，大学成员一方面逐渐摆脱神职人员身份，向学术专业人员的现代化方向发展；另一方面，又牢牢占据业已取得的神圣化、贵族化的地位，坚守着自由自治的特权。在科学教育、专业教育成为时代潮流，德国现代大学模式广受推崇的情况下，英国的古老大学之所以采取上述教师制度，与其自由主义和保守主义的传统密不可分。

自由主义传统。英国人的自由主义传统源自与专制王权的长期抗争，经过近代人文主义思想的滋养，深深植根于社会各个阶层。在天赋自由和个人财产不受侵犯的理性认识基础上，英国大学享有充分自治权，政府无权干涉教育；在一切价值以个人为中心的精神指引下，英国大学形成了以人为出发点，而不是以社会需要为出发点的精英取向。自由主义传统为英国大学的学院制和导师制提供了生存土壤。在培养目标上，强调教育为社会上层服务，培养智慧、道德和身体和谐发展的有教养的绅士；在教育内容上，重视古典人文学科，忽视与普通职业相关的科学技术教育；在教学方式上面，强调尊重权威，以教师为中心，通过师生朝夕相处的导师制使学生具有优秀的行为方式和旨趣。

保守主义传统。保守主义也是英国在长期历史发展中形成的特质。所谓“保守”，就是倾向于接受熟悉的事物，对陌生或外来事物则持有怀疑的态度。在英国人看来，保守与进步并不冲突，如英国政治家西塞尔所言，“进步依靠守旧思想来使它成为明智、有效和切合实际的行动。如果没有守旧的思想，进步纵然不是有害的，至少也是徒劳的。……人们在整个进步过程中的一个首要的、虽然确实不是唯一的问题，就是如何以正确的比例来调和这两种倾向，既不至于过分大胆或轻率，也不至于过分慎重或迟缓”。①可见，英国的保守主义并非完全抗拒变革，而是强调在变革时有所保留，对存在已

① 钱乘旦、陈晓津：《在传统与变革之间——英国文化模式溯源》，浙江人民出版社1991年版，第175页。

久的事物保持敬畏。保守主义传统使英国大学将中世纪的教师制度得到长久的维持，当现有制度与现实发展发生强烈冲突时，也只是通过修修补补的方式予以调和，变革始终被限制在尽可能小的范围之内。

（四）制度功能及存在的问题

英国大学教师制度的目标在于维护学者群体的特权和自由教育的传统，对于教师而言，主要发挥了下述作用：

第一，保证教师的职业安全。在宗教改革运动和工业革命的推动下，英国的学术职业群体走上了世俗化的进程，但并未放弃曾为他们带来诸多特权和高贵社会地位的宗教生活方式。长久以来形成的慈善捐赠体系和政府慷慨的拨款，使学者社团凭借院士职位安享稳定的经济收入，而不必依赖收取学生学费来维持生计。此外，在职业发展的较早阶段就能够获得终身任职资格，同样为教师的职业安全提供了有效保障。

第二，为教师的行为自由、理智独立提供基础。与以集权为特征的欧洲大陆模式不同，英国的学院享有充分的自治权，“这些独立的社群警惕地守护着他们的自主地位，来自宗教、大学的外部干涉权力被降低到最小”[①]。教师既不是政府公务员，也不是大学的雇员。身份独立、不受外界权威干涉，使大学教师拥有了对于学者而言弥足珍贵的独立和自由权利，由此，英国的学术生活才具备了“简单、高贵、超脱”的特征，“人们愿意牺牲较高的薪水甚至较有权势的职位，以换取牛津和剑桥的舒适安逸、学术权利和生活理想”[②]。

第三，增进教师的组织忠诚。规模小、寄宿制、师生共同生活、人际关系密切的导师制度，有利于教师形成对于学院的认同感。建立在学院制度基础上的英国大学，基本上属于学者自我管理、内部集体决策、平等相处的学术共同体。对学院管理的广泛参与，使教师容易形成对学院的认同感和忠诚感。

存在的主要问题：

第一，缺乏监督机制，助长惰性，造就平庸。学院院士没有竞争压力，无须承担任何必要的责任。稳定的收入使他们衣食无忧，从依靠职业求生存的压力中解放出来，这自然有利于那些品格高尚、对学术具有无功利旨趣的

① A.B. Cobban, *The Medieval Universities: their development and organization*, Methuen & Co. Ltd., 1975. p. 129.

② [美]亚伯拉罕·弗莱克斯纳：《现代大学论——美英德大学研究》，徐辉等译，浙江教育出版社2001年版，第264页。

学者从事富有价值的工作，但同时会助长平庸和惰性，不思进取，甚至腐化堕落，使学院成为一些平庸者的温床。

第二，学术职务晋升困难，难以激发导师的积极性和创造力。学院内部没有建立可供导师实现学术晋升和专业发展的职业等级体系，大学中为导师增设的副教授职位数量又极为有限，无法满足导师们提升学术地位的需求。此外，教师还面临坚持学院的全科教学传统，还是通过专门化教学和专门化研究提升自身学术地位的矛盾。

第三，运行效率低下，学院式权力结构存在严重的官僚主义倾向。教师们共同管理学院，意味着在教学和学术工作之外，需要耗费大量时间就诸多事务进行讨论和协商。繁多的会议和冗长的发言使教师难以安心自身的教学和研究工作。

英国大学教师制度改革没有出现断裂或剧烈转向，古老大学按照旧有的惯性采取妥协式的、渐进的策略进行内部调整；新大学则顺应时代要求选择了新的发展目标和制度框架。

三 19世纪美国大学的教师制度

19世纪以前，美国仿照英国大学模式创办了多所学院，造就教士、教给青年学问和礼貌、培育民众的宗教信念是这些学院的基本任务。虽然美国学院在很大程度上是对英国学院的复制，但二者存在很多差异：第一，在管理体制上不是学者自治，而是通过建立一个由校外人士构成的监事会（即校董会）从外部实施控制；第二，学院规模小，贫穷简陋；第三，学院的目标定位不是培养精英和特权阶级，而是面向大众，培养良好的品德和性格。学院中的教师收入菲薄、生活困顿、社会地位低下，多为等待牧师空缺职位而临时承担教学工作的人，缺乏明确的职业标准和相对独立、自成体系的职业晋升道路。这种情况一直延续到19世纪中期。内战结束后，美国由农业国转型成为工业国，面对中产阶级的兴起，美国旧有的学院无法满足社会变革提出的新需求，对它们来说选择只有两个，“要么重新制订新方向，要么就被时代所淘汰！”[①]此时，德国大学卓有成效的制度创新已经为各国的高等教育改革树立了范本，务实的美国人经过反复权衡最终放弃了对英法等国的模

① [美]S. E. 佛罗斯特：《西方教育的历史和哲学基础》，吴元训等译，华夏出版社1987年版，第392页。

仿和学习，积极引进德国的大学模式和学术生活方式，但他们的作为并不限于移植和借鉴。一方面，美国大学接受了柏林大学研究与教学相统一的基本原则，广泛开展研究生教育，注重研究成为美国新型学术专业队伍的共同特征和集体目标；但另一方面，拒绝了德国的讲座制度，借鉴苏格兰大学的经验，创建起系科制度；引进市场机制，以应用性服务取代了纯理智倾向。种种新举措，使美国大学教师的职业生涯呈现出别样面貌。

（一）大学教师制度概况

教师的任职资格。美国大学教师的任职资格与学位制度紧密相连。19世纪下半叶，在一批具有先进办学理念的大学校长的积极推动下，美国式研究生教育得以创建。美国人将学士、硕士、博士这三种原本并无层次区分的称号与不同层次的教育一考试实践相结合，创造性地建构起序列化的学位授予体系。其中，博士学位的获得既是学者专业能力的象征、严格学术训练的保证，同时也成为进入学术职业阵营的重要前提。越来越多的大学将博士学位作为教授任职资格的基本要求。20世纪初，大学乃至学院都开始以教师中博士学位拥有者的比例来衡量学校的质量。研究生教育制度的建立和广泛开展，使学术职业实现了有效的自我繁殖，学术职业得以向社会所有阶层开放。

合同聘任制度——“试用期”和“非升即走”制度。早在18世纪，美国大学教师与学院之间就已经建立起了定期聘任的合同契约关系，聘任期限各校情况不一。比较典型的如，1716年，哈佛学院规定，新聘教师的任期不得超过3年，但可以续约。1760年，进一步规定，每位教师在某个职位上的任期最多不得超过8年，以防止人情关系导致反复续约的情况发生。该措施成为“试用期”制度的雏形。19世纪，教师年度聘任制度曾经得到普遍实行，即对所有教师实行一年一聘，在职教师只有通过考核才能得到续聘。虽然此制度得到州政府、校董事会和个别校长的赞同，但19世纪后半期，遭到绝大多数校长反对，只有很少学院采取严格的年度聘任。对于签订聘任合同后的教师，一些学校实行“非升即走”制度（up or out），即合同期满而不能晋升的教师将离校另谋出路；另一些学校则不限定试用期的时限，没有得到晋升的教师可以反复续约。在很长时间里，这两种方案并行。进入20世纪后，“非升即走”制度逐渐成为主流。

教师职称晋升制度。对于已经进入学术职业阵营的大学教师，他们将要面对的是一条等级分明的职业晋升道路。1891年，芝加哥大学率先确立了一个复杂但清晰的五层级学术职业阶梯[①]：第一层，包括fellow、reader、lecturer、docent、assistant由低到高五个等级，每年一聘；第二层，包括二年一聘的associate，三年一聘的instructor，四年一聘的assistant professor；之上的三个层次是永久性聘用的副教授（Associate professor）、教授（Professor）和首席教授（Head professor）。此举对于学术职业的成熟、促进教师的专业化发展具有积极意义。很快，学术职业晋升制度在美国各院校得到广泛推行，并逐步简化为讲师、教员、助理教授、副教授、教授五个层级。各级职称都有相应的学位要求，一般来说，助理教授及以上职称需要具有博士学位。教师职称晋升属于大学内部事务，没有全国统一的高校教师晋升政策，各院校根据自身发展需要自行制定，通常由学院或校长与教师评议会协商制订。美国大学教师与大学之间的关系是以市场契约为基础的，因此具有很强的开放性和流动性，"非升即走"就是一种典型的被动式流动；另外，教师主动流动的情况也非常普遍，优秀学者、有声望的教授、寻求发展机遇的青年教师都会基于学术声誉、工作条件、生活待遇、地理环境等各方面的考虑而主动选择流动。教师一旦离开所在学校并为其他学校所聘任，原有职称就不再具有效力，需要根据新的聘任合同重新认定其职称。

系科制度——大学教师的组织环境。19世纪末美国兴起的现代大学在基层建制上，既没有保留英国的学院制度，也没有采纳德国的讲座制度，而是借鉴苏格兰大学的经验，建立起以学科为基础的系科制度。学系（Department）是美国大学的基本单位，是担负本科生教学和研究生培养的实体，也是大学教师实行自治的基础性组织。学系组织具有双重性质：从学术角度看，它以特定学科为依托，按照"一人一票"的社团模式进行内部管理，任何成员都不能垄断所有的学术事务或行政事务；从行政角度看，它是院校机构的组成部分，作为一个科层单位需要接受来自大学或学院的层级节制。不过，一般而言，学系拥有较大的职权，可以自行聘任教师、设置课程、授予学位、开展学术活动等。

斯坦福大学教授梅休（L. B.Mayhew）曾指出，"系对美国高等教育所作出的重要贡献是无可置疑的。系是组织具有相同意向和兴趣的人共同工作的最简单的途径"。[②]的确，学系的民主气氛比较浓郁，论资排辈的传统观念则较为淡薄，有利于青年教师的成长。系主任是系科内部的学术人员与院校行

① 陈伟：《西方大学教师专业化》，北京大学出版社2008年版，第111页。

② 马骥雄：《战后美国教育研究》，江西教育出版社1991年版，第168页。

政人员之间沟通交流的中介点，具有学者和行政官员的双重身份，对全系的教学与科研负有主要责任。系主任由院校一级任命，但事先要与全系教师进行协商，该职务通常由系内的教授轮流担任。总之，由诸多教师共同组成、平等参与科研和管理的学系，是美国学者安排学术生活、开展学术工作的基层单位，为大学教师形成专业意识、增强专业能力、扩展学术权力提供了基础性的组织保障。

（二）制度基础

19世纪末20世纪初构建起的大学教师制度，是美国这个后起国家广泛学习、善于借鉴、勇于创新的结果。英国的牛桥传统和苏格兰传统都曾对美国高等教育产生重要影响，但19世纪留学德国的热潮显然是美国现代大学兴起的一个重要诱因。德国大学为美国造就了一批具有先进办学理念的“巨人式”校长，进而成就了一个由大学校长主宰美国高等教育发展和学术生活变革的时代。以吉尔曼（Daniel C. Gilman，约翰·霍普金斯大学校长）、哈珀（William L. Harper芝加哥大学校长）、艾略特（Charles W. Eliot，哈佛大学校长）、怀特（Andrew D. White，康奈尔大学校长）、霍尔（Stanley Hall，克拉克大学校长）、巴纳德（Henry Barnard，威斯康星大学校长）等为代表的新一代美国大学校长，将德国学术自由、教授治校、科研与教学相统一的原则引入到现代大学的创建当中，使美国大学教师的学术生活方式得到全面提升，并为世界各国树立了范本。布列斯坦因（Burton J. Bledstein）曾这样评价，“第一代大学校长——特别是艾略特、吉尔曼、怀特——是美国高等教育史上无与伦比的领导人。作为公众发言人，他们在表达公众对待专业人员习性的看法方面颇有影响。作为教育家，他们激发了社会对高等教育的信任，使大学在20世纪前70年中能够持续扩张。作为行政人员，他们构建了独具美国特色的院校上层建筑。他们使大学围绕自己以及其他富有野心者的职业生涯发展道路而运作”①。

除了德国大学的影响和“巨人”校长们的卓越领导，市场运行机制在美国大学中的广泛渗透对于大学教师制度的建立具有同样重要的意义。以竞争为核心特征的市场机制，与美国自由开放的社会生活，崇尚实用、讲求功效的民众心理，以及民主、平等、共治的价值取向是相互契合的。美国大学既不像英国大学可以依赖富有的捐赠人的资助，也不像德国大学有政府强有力的支持，因此，以市场逻辑处理学术生活事务成为自然而然的选择。正是市

① 陈伟：《西方大学教师专业化》，北京大学出版社2008年版，第107页。

场机制所带来的多样性、开放性和差异性使美国大学不满足于移植已有的教师制度，而是在广泛借鉴的基础上建立起公开招聘、严格遴选、职业阶梯、试用期、非升即走等制度安排。

（三）制度的功能

19世纪末期建立的美国大学教师制度，是在充分借鉴欧洲大学制度的基础上，将优胜劣汰的市场规则与自由自治的学术逻辑高度综合的产物。对于大学教师的职业生涯发挥出下述功能：

1. 明确而严格的教师任职标准得以确立。激烈的市场竞争迫使美国大学高度重视教师的选拔与任用。为确保教师具备相当的科研能力和学术水平，美国大学采取了多种措施：首先，将学位与教师任职资格紧密挂钩。广泛开展的研究生教育为学术职业提供了充足的人才储备，学位制度的建立则使大学教师的专业标准得以确立并有所保障。其次，合同聘任、试用期和非升即走等富有竞争性的制度安排，使按质论价的市场规则在教师任用中得到充分渗透，对学校和教师双方都构成了适当的约束，有助于排斥特权、消除平庸，在很大程度上保证了大学教师队伍的学术水平和专业素质。

2. 形成公平开放的职业发展道路。美国大学教师的职业发展是按照竞争—效益的市场规则运行的，强调科层等级的组织方式，职业晋升阶梯清晰明了。科层等级之间的晋升规则是明确公开的，任何人都可以凭借个人的智力和努力，在获得相应学位后进入学术职业，并寻求职业的连续性发展。职业晋升过程中的确存在较大的压力，但程序的透明与公开使晋升与否基本取决于教师自身的水平和实力，偶然性和不可预测性相对较小。此外，在公开招聘和定期合同的制度保障下，教师可以在不同院校之间自由流动，与大学进行商业式谈判和讨价还价，以谋求更好的职业发展环境，实现个人发展“野心”。

3. 增进教师的学科忠诚。美国大学普遍采用系科作为教师的基层组织。系科制度是对德国讲座制度和英国学院制度的一种扬弃，是为适应19世纪专业化发展潮流而构建出来的新型组织模式。这种制度既有助于教师在某个科目中变得学识渊博，又使得教师具有了双重身份——大学中的教师和某一学科中的固定成员。教师围绕特定学术领域所建立起来的学科忠诚，为学术权力的维护与扩展提供了力量之源，同时也使教师的职业生涯发展得到了超越院校之外的组织保障。

（四）存在的问题

1．职业安全不足。19世纪的美国大学教师制度为教师的职业生涯创设了发展的阶梯、提供了竞争的机遇以及自由流动的空间，但并没有使教师的职业安全问题得到合理的制度化。直到20世纪初，美国各院校对于终身职位或无限期聘任仍然缺乏统一的、明确的界定。有些院校只对获得讲座职位的教授实行无限期聘任，有些院校则对所有教师都实行无限期聘任，随意性很大。总体而言，教师的职业安全并没有制度保障，校长或董事会可以随意解雇任何教师，而无须提供令人信服的理由。

2．重科研、轻教学的积弊。注重科学和研究是美国新型大学的共同特征。研究生教育的发展，使美国学术生活由仅重教学的传统模式向教学与科研兼顾，进而向重科研轻教学方向转化。由于本科生教学与教师的福利密切相关，因此教师通常不会放弃教学，但“对于教学负担的一种明显的歧视正在形成”（伯顿·克拉克）[①]。教学在学术工作中的地位被削弱，科研成为教师赢得聘任、争取晋升、取得报酬的核心依据，成为院校竞争的基本内容，受到大学教师的顶礼膜拜。学术社群也因此而逐渐形成地位等级：在研究型大学中以研究和发展知识为主要任务的学者，在学术地位上往往高于在教学型大学中以教学和知识传播为主要任务的学者；从事科研和研究生教育的教师，其地位往往高于从事本科生教学的教师。

3．行政权力与学术权力的分离。以自由竞争的市场机制为基础的美国大学，为维持生存，必须摒弃维护特权、培养精英的传统大学旨趣，将视线转向中产阶级的需求，在功利主义与专业主义的推动下，教师专业化程度不断加深，学术与行政逐步分工。专业化了的教师承担着越来越规范的教育职责，行政人员则成为高等教育机构实施科层管理的力量。这种分工使学者从日常行政事务中超脱出来，专门致力于学术事务。“从此，高等教育机构大学必须平衡协调其内部的教育与管理、学术和行政两个维度，具体而言，在权力分配上必须协调平衡学院治理模式和科层治理模式，在组织文化上必须平衡协调好其管理气质和学术特质。”[②]

四　19世纪制度变革对大学教师职业生涯的影响

“每个时代都以它以前的时代为基础，过去历史的成败在一定意义上已

① 转引自陈伟《西方大学教师专业化》，北京大学出版社2008年版，第117页。

② 陈伟：《西方大学教师专业化》，北京大学出版社2008年版，第227页。

经决定了新时期的作为。”[①]佛罗斯特的这句话为19世纪大学教师制度的重大变革提供了一个精炼的解释。发端于中世纪的古老大学在获得教会庇护、广泛享有多种特权的同时，日益沦为宗教的附庸、守旧的堡垒，其作为学者社团的原初意义已丧失殆尽，教师与神职人员几近等同。在长达几个世纪的时间里，教会、城市、大学教师等相关利益主体之间构成的均衡状态，使大学教师制度缺乏创新和发展，呈现出鲜明的路径依赖特征。随着宗教特权的衰落，民族国家力量的壮大，原有的制度均衡被打破，各方利益主体必须在新的条件下发挥自身优势进行竞争与合作，以建立新的制度均衡，实现自身利益的最大化。19世纪，西方各国相继展开大学制度变革，大学从停滞、衰竭中挣脱出来，大学教师也由此而走上了世俗化、专业化的职业道路。此时，教会力量已逐渐从大学中淡出，国家官僚系统、处于形成过程中的大学管理层、学术人员成为大学教师制度变迁过程中的主要博弈者。由于西方国家在文化传统、价值取向、国民性格等方面存在诸多差异，因此尽管面对着同样的大学现代化转向的问题，但它们所开展的制度变革从发起到施行再到结果都迥然不同，风格各异的制度框架为各国大学教师勾勒出不同的职业生涯。

就德英美三国来说，德国大学的制度改革全面而深刻，是政府支持之下由一批高等教育家主持的自上而下的强制性变迁，在国家与大学教授之间建立起一种奇妙的平衡。新的大学教师制度为教师建立起异常陡峭的职业阶梯，教师之间等级分明；位于职业阶梯高端的教授为国家公务员，拥有充分的权力、自由和职业安全，基本没有业绩考核和评价的压力；位于职业阶梯低端的编外讲师生活缺乏保障，通向教授的道路漫长、艰苦且充满风险与不确定性。英国的古老大学难以撼动根深蒂固的社团传统和教师特权，只对原有制度进行了部分调整，没有建立起清晰而连续的职业晋升阶梯，教师晋升为教授的机会非常有限，因此职业道路比较平坦；试用期短，教师之间平等相处，职业压力和竞争小，职业安全有保障。美国大学的制度变迁属于典型的自下而上的诱致型变迁，市场运行机制与大学教师制度得到紧密结合；教师面对着一条清晰的逐级提升的职业发展路径，待遇与职级直接对应；教师是大学的雇员，拥有公平多样的职业发展机会，但竞争激烈且缺乏有效的职业安全保障。

大学教师制度具有共同的根源，但在发展过程中与各国的传统相结合

---

① [美]S. E. 佛罗斯特：《西方教育的历史和哲学基础》，吴元训等译，华夏出版社1987年版，第394页。

又呈现明显的差异。尽管德英美等国的大学制度变革各具特色，但可以发现19世纪大学教师的职业生涯已呈现出几点共性变化：首先，大学教师已经褪去了神职人员的身份转化成为专业人员，逐步形成的独立而连续的职业晋升路径，使教师的职业生涯前景变得清晰明朗；第二，教师的入职标准趋于严格，学术水平和研究能力对于教师的职业生涯发展具有越来越重要的意义；第三，竞争、开放的环境使大学教师既享有选择的自由又要承担职业风险和压力。

第三节 当代西方大学教师制度的变革及对教师职业生涯的影响

20世纪中期以来，西方国家陆续进入高等教育大众化发展阶段，大学在现代化工业国家的运作和进步中占据了中心地位，其社会作用发生了根本性变化。随着大学规模与影响力的日益扩大，大学教师的职业生活发生了重大变化：一方面，学术职业的使命扩大了，社会责任增多了，需要面对的竞争更激烈了；另一方面，教师的自由性降低了，独立性弱化了，原本拥有的学术权力缩小了。当今时代，社会越来越依赖大学，大学也越来越依赖社会的资助，“当一张庞大而复杂的关系网把大学和社会其他主要机构连接起来的时候，传统的学术保护与学术自由的含义已变得越来越模糊不清”[①]。高等教育发展的新形势使大学中原有的利益均衡被打破，西方国家纷纷在各自传统的基础上进行程度不同的制度变革，力求建立更加合理有效的大学教师职业生涯路径。在社会外部环境发生重大变动的背景下，大学教师制度继续着变迁的步伐。

一 当代西方大学教师制度变革的新动向

（一）德国的大学教师制度改革动向

处于政府严密的外部管制与教授学术寡头式的内部自治之中的德国大学，在高等教育大众化的冲击下，结构僵化、效率低下等问题日益突出。围绕着大学教师的聘任、晋升、资源配给等问题所展开的制度变革，成为德国

① [美]德里克·博克：《走出象牙塔——现代大学的社会责任》，徐小洲等译，浙江教育出版社2001年版，第7页。

大学摆脱困境的关键性对策。20世纪初德国的大学教师分为教授和非教授人员。作为高级学术人员的教授，享有崇高的声望和高度的自治权利，其地位是由其终身任职的国家公务员身份来保障的。对教授的职责、任务、时间安排等都没有明确要求。此外，还有高额的养老金及社会保险方面的特殊待遇。作为初级学术人员的非教授人员，包括助教和学术雇员。助教，是那些已获得博士学位，正在为取得大学授课资格做准备的教师，其职责是协助教授的教学和研究工作，同时完成其申请大学授课资格的研究。他们已经进入获聘教授职位的序列，但能否成功并无保证。助教实行有限任期制，最多6年必须离开现职，到其他大学谋求教授职位。学术雇员，是德国大学中最大的学者群体，包括一些持无限期合同的公共雇员、持有限期兼职合同的博士生、持有限期工作合同的研究人员等。学术雇员的学历起点是硕士，任职期间也可以通过取得博士学位、获得大学授课资格而进入高级学术人员行列。1996年统计表明，在德国大学常任学术人员中教授、助教、学术雇员分别占18%、14%、68%。近半个世纪里，德国大学教师制度改革主要围绕着两个重点展开：

1．改善初级学术人员的境况和职业前景。自20世纪60年代开始，德国大学就已经试图改变初级学术人员的职业状况，改革主要指向于三个方面[①]：第一，减少对教授的依赖性。初级学术人员的聘任权力掌握在教授手中，没有教授的同意，他们不能自由选择研究课题和教学内容，也无法申请独立预算的基金。对教授的长时间、多方面的依赖，使处于精力充沛、创造力旺盛阶段的初级学术人员受到很大的束缚。第二，降低教授职位应聘者的年龄。德国教授职位的应聘者年龄普遍偏大。因为，一名初级学术人员为了升职必须经历一个漫长的过程，首先要取得博士学位，继而要进行博士后研究，通常在40岁左右才能取得大学授课资格，然后再竞聘教授职位。为取得大学授课资格，需要在不稳定的职位上度过多年时间，这对于女学者尤其不利，难以协调其家庭责任和专业生活。第三，平衡求职过程中的高选择性和无保障性。德国大学原则上不容许内部晋升，已取得大学授课资格的编外讲师必须到其他大学申请职位，并与其他应聘者通过公开的遴选过程竞争空缺的教授职位，教授职位竞争通常都很激烈，聘用结果难以预测。这种制度安排虽然

① [德]杰根·恩德斯：《转变中的讲座制：德国大学教师的聘任、晋升与水准保持》，载[美]菲利普·G. 阿特巴赫《变革中的学术职业——比较的视角》，别敦荣主译，中国海洋大学出版社2006年版，第26页。

能够保证对应聘教授者的严格遴选，但却使初级学术人员的职业前景暗淡。很多年轻而杰出的学者在工商业界或国外大学获得一个职位后，往往会毫不迟疑地离开现任大学。缺乏安全感，是德国初级学术人员面对的最大压力。

为达到上述改革目标，人们提出了多种改革动议，主要包括：通过立法改革初级学术人员的职业层次，增加其参与性和影响力；赋予助教更大程度的独立性，使其能够独立管理研究项目；设置助理教授或初级教授职位，使初级学术人员的聘任方式由传统的合同制向某种改进后的终身制转变；废除大学授课资格的要求，用其他标准（如指定刊物发表的论文、获得独立预算的经费等）评价应聘者是否具有教授资格等。

2. 强化对高级学术人员的科层控制和绩效激励。长期以来，德国大学教师制度变革主要关注的是初级学术人员的职业状况，直到20世纪90年代，高级学术人员的职位和特权才开始受到触动。改革之前，教授在大学中没有上级，院校自治的传统使大学行政领导的影响力相当微弱，校长、系主任和教授之间是平等的同事关系，无权干涉教授的工作。教授层次之上唯一的正式权威是教育部，但宪法赋予每个教授在教学和科研方面的自主权使教育部无法对教授实施强硬的控制。尽管德国民众对大学教授的评价仍然是非常正面的，但近年来大众媒体不断攻击教授，将他们描绘成"一个被宠坏了的、自我陶醉的、懒散的雇员"。教授享有的自治权利、终身任职和工资水准遭到了非议。1998年修订的《高等教育总纲法》，提出重新设计高等学校教师的职业路径，建立一套竞争性的、以绩效为导向的薪酬制度。此举意味着德国大学迈出了朝着竞争性和多样性发展的重要一步，高级学术人员的职业生涯由此而发生变化。

针对教授的制度改革主要指向于两个方面：第一，加强大学校长和学院院长的地位，将教授置于大学领导的控制之下，实施科层化的组织管理。校长和系主任的地位在多个方面得到增强，包括管理教授的正式权力。大学领导负责开展对学术人员的定期绩效评估，该评估将决定分配给各系的资源、教授岗位和工资水平。第二，以绩效为依据，推行竞争，强化问责、考核和激励。具体的策略包括：将资源分配与常规性的评估程序相结合，废除了教授职位的永久性资源配给制度，改为5—7年的定期配给，然后根据绩效评估的结果重新分配；建立起灵活的学术人员工资结构，包括一项与绩效无关的基础工资和多项绩效工资，绩效工资的内容可以与教师个人协商确定，以避免人才流失。除上述两个方面外，教授作为公务员的正式地位也岌岌可危，虽然还没有作为高等教育改革的主要议题，但在欧洲范围内，废除所有公共领域的公务员身份的呼声日起，随着德国学术劳动力市场的进一步欧洲化，德国教授的公务员身份必然会面临改革的压力。

综合上述，高等教育由精英化走向大众化、欧洲高等教育由政府控制中的官僚主义走向政府监督下的新管理主义，使德国大学教师的职业生涯已经发生重大转变。尽管当前的以强调绩效、灵活、管理为特征的制度改革引来了众多批评：新的管理方法正在改变大学的性质，大学教师越来越类似于公司或企业中的员工，处于管理人员的完全控制之中；明确界定的目标和可测量的绩效，会导致功利主义和短期思维，把学生“顾客化”和学术人员“去专业化”等，但大学教师的管理机制显然应该反映现实环境的要求。德国大学的教师制度改革尚处于进程之中，哪些动议会付诸实施，哪些举措会长久实行，目前都没有定论。教师制度改革的目的在于重新分配相关各方的权力，使大学实现多样化和差异化。在此过程中，“教授将丧失很大一部分传统的行会权力，而一种强调新公共管理的方法的时代思潮日益受到重视”。[①] 不过，正如德国学者恩德斯（Jurgen Enders）所言，“直到现在，学术职业的传统特征还没有被新模式所替代，而是在适应正在发生的变革。这种适应将导致学术职业内部出现某种‘新的职业主义’或者促成各种亚学术职业的出现。这样就有望通过适应新的情况和变革中的高等教育环境而找到超越衰败和传统主义的第三条道路”。[②]

（二）英国大学教师制度改革动向

自治是英国大学根深蒂固的传统和惯例。在很长的历史时期里，政府既不负责大学的管理，也不承担大学的财务。大学的发展是民间努力的结果，其资金来源主要是私人捐赠和学费。自19世纪末，政府开始对大学拨款，但只占大学收入的一小部分。第二次世界大战以后，情况发生了改变，政府拨款成为大学的主要收入来源。显然，此时政府完全可以对大学施加经济压力进而控制大学，但政府采取的策略只是通过一个常设性机构——大学拨款委员会（UGC）在访问考察的基础上，根据需要为大学提供一笔为期五年的“一次性拨款”，具体如何使用由大学掌握。英国大学依赖政府的资

① [德]杰根·恩德斯：《转变中的讲座制：德国大学教师的聘任、晋升与水准保持》，载[美]菲利普·G. 阿特巴赫《变革中的学术职业——比较的视角》，别敦荣主译，中国海洋大学出版社2006年版，第34页。

② 同上书，第37页。

金资助，为何能够不受政府的干预和控制？古老的自治传统在其中发挥了重要作用，“政府不是不能而是不愿这样做”。20世纪中期，在美国、苏联、西欧科技发展的促动下，英国政府已经认识到大学不能停留在精英层面，必须满足社会经济发展的需要。此时出台的《罗宾斯报告》意味着政府开始从经济发展的角度对大学提出要求，然而，报告中不仅没有排斥大学自治的观念反而对其进行正式强调，“我们也坚信自由是学术组织保持最高效率与适当发展的必要条件。如果仅为所谓的更大的效率而侵害学术组织的自由，实际上，反而会阻碍学术组织的发展和效率”①。传统观念一如既往地庇护着大学，政府控制大学的力度仍然相当微弱。

1979年，英国进入以企业家精神和中央集权为特征的撒切尔主义时代。面对国家内部严重的财政危机和欧洲大陆国家迅猛发展的外部冲击，撒切尔政府发动了大规模的社会改革。改革的基本理念在经济上表现为“非干预主义”，反对政府的过度管制，主张自由市场是最有效率的资源配置机制；在政治上则采取“干预主义”，强调在法律、秩序、国防和维护传统价值等社会议题上，政府责无旁贷必须积极介入。以此为基础，一场激进式改革在高等教育领域拉开帷幕，一向以保守著称的英国在20世纪80年代的改革力度超过了其他国家。就这样，英国大学与政府的关系由此发生了显著变化，进而在很大程度上改变了英国大学教师的职业生涯状态。

1. 终止了传统意义上的终身教职制度。与其他国家相比，英国大学教师的终身教职授予时间较早，且授予面很广。大量的终身教师在财政紧缩时期成为一个严重问题。自1981年开始，英国政府大幅度削减大学的经常性拨款，超出了大学在经济上能够承受的程度，减员势在必行。按照传统，终身任职的教师只可以因无能、严重的失职、行为不当或犯罪等“适当的理由”而被开除。如果大学没有基于学校章程明确规定的正当理由解聘终身教师，将被法院判定为非法，需要支付高额的违约赔偿金。另外，很多大学的章程中规定，只有通过治理机构的投票表决，获得2/3以上的同意票才能解聘教师。这些规定为教师的职业安全提供了明确的保护。政府对此采取了两种对策：第一，出台多余人员补偿方案，诱导大学教师提前退休或自动解职；第二，通过立法的形式，改变大学教师终身聘任制度。《1988年教育改革法》中规定，自1987年11月20日之后，所有大学的新聘教师包括新晋升的教师不再得到终身教职；与此同时，放宽了解聘条件，大学除了按照原来章程规

① 高桂娟：《现代大学制度演进的文化逻辑》，中国海洋大学出版社2007年版，第120页。

定的根据“正当理由”解聘教师外，还可以根据财务状况和学科发展需要以“人员多余”为由解聘1987年11月20日之后新聘任或新晋升的教师，而且不必经过投票表决。

在此情况下，大学更倾向于选择支付费用让教师提前退休的方法，而不愿强行以人员多余为由解聘教师，因为这样做“可能使它们自己显得很笨拙，在法律方面可能很复杂，代价也很大，还可能在学校引出政治麻烦”①。但因“人员多余”可以解聘教师的条款显然有利于大学诱导那些研究力不足的老教师接受提前退休的方案，从而为更年轻更有活力的研究人员腾出位置。上述制度安排在提高大学劳动力市场灵活性的同时，加强了大学管理层的权力，削弱了学术人员的地位。大学开始大量聘用定期合同制的教师，教师临时工化的问题日益成为英国学术职业面对的一个重要主题。

2．教师薪酬的变化。英国高等教育由精英化向大众化转变发生较晚，直到1989年才真正开始。为适应高等教育的扩张趋势，1992年政府决定将多科技术学院提升到完全大学的地位，由此形成1992年前的老大学和1992年后的新大学之分。新大学的教师不享有终身聘任权利，他们的薪酬标准和劳动标准等由一个不包括老大学在内的工会组织——全国继续教育与高等教育协会在全国范围内协商确定，因此，新大学教师很自然地把自己视为大学组织的雇员。老大学的教师则是由宪法、法令和具体大学的规章制度来约束的。其薪酬标准是大学拨款委员会与财政部之间谈判确定的，在此之前大学拨款委员会将征询大学校长委员会的意见，而后者则需要听取大学教师协会的建议。一旦薪酬标准确定下来，政府就会增加大学的经常性拨款，以保证新的薪酬标准得到执行。

1979年，政府取消了5年一次的经常性拨款，改为现金有限支付。政府作为投资者，通过高等教育基金委员会（前身为大学拨款委员会）的中介，与被投资者（即大学）就经费的数量、用途、效果等方面进行协商，投资数量多少取决于效率和质量。这一举措直接导致大学教师薪酬的下滑，大学教师的地位随之降低。1986年，大学校长委员会的一份报告中指出，学术人员的薪酬远远低于公务员的薪酬，这种情况“已经阻碍了学术职业保持其吸引力。与之相对应的是，教师的积极性不高，缺乏动力，这也就意味着现在的教师可能越来越倾向于不鼓励其学生选择学术职业”，“大学讲师已经丧失

① [英]迈克尔·夏托克：《英国的学术职业：未能适应变革的原因探析》，载[美]菲利普·G. 阿特巴赫《变革中的学术职业——比较的视角》，别敦荣主译，中国海洋大学出版社2006年版，第48页。

了他曾经拥有的尊重”。①

总体而言，在国家财政困难、政府改革、大学规模不断扩大的情况下，英国大学自治和学术自由的传统受到了强烈冲击。20世纪80年代，政府对高等教育采取的“大刀阔斧”的改革，业已改变了国家与高等教育之间的关系，政府对大学的干预不断加深，“在英国大学的治理和管理中出现了管理主义……受中央拨款机构委派的委员会和个人对大学完成的教学和研究质量进行评价，并且与拨款挂钩”②，而依靠单一资金来源的英国传统大学，面对来自政府的改革压力缺乏与之抗衡的实力。改革弱化了老大学的精英特征，使新、老大学并存的“双轨制”在一定程度上得以消除。不过，传统的力量仍然发挥着作用，尽管英国高校数量增加、高教系统扩大、拨款方式改变，使英国的学术职业不断趋于分化，但就目前看来，学术职业的结构尚未发生实质性改变。时代的发展已经对英国学术自由和大学自治的传统提出了强有力的挑战，不过，大学教师特权的削弱与社会地位的下降并非改革的最终目的，就英国大学教师制度来说，逾越传统的有效途径仍处于探索当中。

（三）美国大学教师制度改革动向

20世纪，以多样化、规模化和积极的市场战略为特征的美国高等教育取得了令世人瞩目的巨大成功，为全球高等教育改革指引了方向。随着知识经济时代的到来，美国大学受到来自政治、经济、技术等多方面复杂因素的影响，学术职业面临日益严峻的挑战。挑战主要来自于四个方面③：第一，评估和问责。随着高等教育开支的增长，公众对于教师责任与绩效的关注不断提升。纷至沓来的种种批评，如教师过于重视研究而忽视教学职责，但只有少数人能够在学术领域作出重要贡献；总体工作量不足；当其他行业人员经受裁员、临时雇用的痛楚的时候，大学教师却拥有不适当的职业保障等，迫使大学对教育投入的使用效能加以评估，并向社会做出说明。第二，财政紧缩的压力。高等教育属于花钱的产业，需要有大量的财政投入。当政府拨款削减或学费收入下降时，大学会采取集权化的行政方式紧缩财务、压缩开支，

① [英]迈克尔·夏托克：《英国的学术职业：未能适应变革的原因探析》，载[美]菲利普·G. 阿特巴赫《变革中的学术职业——比较的视角》，别敦荣主译，中国海洋大学出版社2006年版，第45页。

② Martin Trow，“Managerialism and the Academic Profession：The Case of England”，*Higher Education Policy*，Vol.7，No.2，1994.

③ [美]詹姆斯·P. 侯楠、但涛·塔弗拉：《美国的学术职业：主要的政策挑战》，载[美]菲利普·G. 阿特巴赫《变革中的学术职业——比较的视角》，别敦荣主译，中国海洋大学出版社2006年版，第176-180页。

具体做法包括推迟聘任新教师、冻结职务晋升和加薪、劝导教师提前退休、强行解聘教师等，这些做法与教师自治和学术自由的原则相悖。第三，管理权力的侵蚀。美国大学长期以来实行的校董会、教授会和校长三方管理模式，是以相互信任、职业道德和公正评价为基础的。随着政府、法院及其他校外机构借助资金资助、法律干预等不同方式对大学施加越来越多的影响，大学不断加强自身的管理和控制机构以监督这些事务。管理机构的加强使行政权力不断壮大并对学术权力形成了侵犯。第四，信息技术的发展。以国际互联网、卫星、CD-ROM、Email等为代表的信息技术已经对传统学术文化发起了强烈冲击，其影响广泛涉及课程资源开发、教学传播、师生交往、知识产权等多个领域。远程和虚拟院校的出现使大学不再是唯一的知识中心和教学提供者，可能会导致未来对教师需求的大幅度减少。为了使学术职业适应社会重大变革的需求，美国大学不断尝试着调整教师制度，而终身教职制度改革是其中最为核心的部分。

1．美国的终身教职制度。美国在19世纪末所开创的研究生教育、学位制度和学术职业晋升阶梯，使社会各阶层人员都能够通过自身努力跻身于学术职业队伍并得到相应的晋升。但是，在缺乏学术权威传统的美国文化中，大学教师一直被视为雇员，其职业身份非常脆弱。在功利主义、宗派主义等多方面因素的作用下，学者因批评现存社会的政治经济制度而被校方解雇的事件频频发生，大学教师的学术自由面临严重威胁。为应对这一困境，美国学者采取了创建行会性组织的方式来保护自身权益。1915年，一个以民主自愿的方式组织起来、旨在维护学术自由的教师团体——美国大学教授协会（AAUP）正式创立。该协会在成立之初即提出建立终身教职制度（Tenure System），以保护学术自由，为教授提供职业安全。1940年，AAUP和美国学院协会联合发表《关于学术自用和终身教职的原则声明》，规定在最长不超过7年的试用期后，教师或研究人员应该有永久或继续任职的资格，除非由于年龄原因或是在财政危机的非正常情况下，终止这种任期必须有充分的理由。该声明发布后，得到了广泛的赞同和响应，截至1980年美国大约110多个学术专业团体和组织签署了这个声明[①]。终身教职制度逐步成为美国大学中一项基本的用人制度。

终身教职制度的建立，使美国大学教师的职业生涯道路变得更加清晰。教师的聘用由此而分为三种类型：终身教职（Tenure）、终身轨教职

① 李子江：《美国大学终身聘任制的历史与变革》，《清华大学教育研究》2006年第6期。

（Tenure-track）和非终身轨教职（Non-tenure track）。博士学位是美国大学聘任教师的基本资格要求。原则上，博士毕业后不能在本校任教，必须经过公开应聘、严格评审和激烈竞争在其他大学取得助理教授的职位，属于终身轨教职。经过最多7年的试用期，在“非升即走”的制度下，或者晋升为副教授，通常会同时获得终身教职；或者转到其他高校应聘，开始新一轮的试用期。也就是说，从试用期到获得终身教职只有一次申请机会，如果申请失败就必须离任，但在某一职位上可以多次申请晋升。非终身轨教职的教师没有应聘终身教职的权利，合同期满后或者得到续聘或者另谋职位。20世纪60年代，美国高校全职教师中拥有终身教职的比例已经超过50%，1999—2000学年，该比例达到62.4%，拥有终身教职的教授占教授群体总数的97%，拥有终身教职的副教授占其群体总数的82.9%。[①]虽然美国大学中教授、副教授、助理教授的工作职责并没有明显的区别，终身轨教职与非终身轨教职的教师在学术事务上共享管理权利，但由于拥有终身教职的教授在职业安全方面没有后顾之忧且资历深厚，因此往往具有更大的自主性和发言权。

2．终身教职制度的变革。自美国的终身教职制度开始实施，关于该制度是否有利于学术发展的争论就不断涌现。批评的一方认为终身教职具有鼓励平庸、缺乏灵活性和社会适应性等弊端，主张对其进行修正甚至废除。需要注意的是，这种批评不仅来自于学术群体的外部，随着学术职业的不断分化，非终身轨教师比例持续上升，教师群体内部对于终身教职的挑战也日益激烈。以AAUP主席珀雷（James Perly）为代表的另一方则认为以七年试用期和严格评审程序为基础的“非升即走”制度能够有效鉴别助理教授的能力和水平，从而保证终身教职的聘任质量；大学教师终身教职是确保学术自由的制度性保障，“如果你总是担心失去自己的工作，你将无法自由”[②]。

针对各方的意见，大学管理机构设计出多种可能性方案，比较有影响的包括：第一，废除终身教职，实行长期合同制。所谓长期合同制，也就是聘期较长的合同制，通常为5—10年，到期后通过评议可以续约。此方案有助于激发教师的学术活力、增强大学在整体规划上的灵活性、保障签约双方平等的权利义务关系。但与此同时，由于合同制建立在定期评议的基础之上，可能会强化行政权力、增加管理成本，教师可能因考核压力而急功近利、损

① 顾建民：《自由与责任——西方大学终身教职制度研究》，浙江教育出版社2007年版，第148页。

② James Perly，“Tenure Remains Vital to Academic Freedom”，*Chronicle of Higher Education*，No.4，1997.

害教师的学术自由。第二，减少终身职位，实行限额制。所谓终身教职限额制，就是大学根据发展规划、可用资源、招生变动情况、学科专业发展情况等确定终身职位的比例和数量，各院系按定编指标聘任教师。此方案的实施主要通过两种途径：大量聘用非终身轨教师；将终身教职限定在教授职级之上。此方案具有简单、经济等优点，非终身轨教师比例的增加可以使学校在师资聘任方面更具灵活性和选择性，但终身职位限额也可能导致终身教师队伍难以更新和优化，优秀的青年教师因名额不足和职称较低而无法取得终身教职。第三，实行终身教职聘后评议制度（Post-tenure Review，PTR）。所谓终身教职聘后评议制度，即定期对终身教授进行教学、科研、服务等方面业绩的考核评审，通常是5—7年为一个周期。该制度出现于20世纪80年代初期，旨在增强教师的责任感、消除或遏制终身教职中的“朽木”现象。随着公众对大学教师绩效责任关注程度的日益提高，终身教职聘后评议制度得到广泛施行。不过，对于该制度的批评很多，AAUP早在1983年就发表声明，提出“高校对每位过了试用期的教师定期进行正式评价，不会带来多大益处，相反却要为此付出无法接受的代价：不仅会浪费大量的时间和金钱，而且会损害教师的创造力和同事关系，进而威胁到学术自由”。[①]然而，激烈的批评并没有阻止该制度的施行，据2003年一项针对美国584所高校的问卷调查显示，已有46%的高校实行了终身教职聘后评议制度[②]。上述种种改革方案与终身教职制度的并行，体现了美国公众、学校董事会、学术职业人等不同利益群体寻找制衡点，以满足大部分利益主体需求的努力。

除改革终身教职制度外，美国大学教师制度还面临其他几个重要问题：首先，教学与研究之间的平衡问题。“研究是美国中学后教育制度的一个重要组成部分，也是适应未来挑战的一个关键因素，但它却不足以满足为适应全球经济挑战而不断增长的教育规模和培训的需求[③]。”迫于外界压力，大学行政人员已经开始由重视研究向重视教学和服务转向，并对教师提出相应要求，但是，“尽管美国高等教育的使命在扩展，用以衡量学术人员名望的标准却仍然继续变得越来越窄，教授越来越被要求从事研究和出版成果。提

---

① 顾建民：《自由与责任——西方大学终身教职制度研究》，浙江教育出版社2007年版，第208页。

② 周玉莲：《从新制度经济学视角看美国终身教授制度及其改革》，《世界教育信息》2010年第3期。

③ James S. *Fairweather, Faculty Work and Public Trust: Restoring the Value of Teaching and Public Service in American Academic Life, Boston*, MA: Allyn and Bacon, 1996, p. 185.

升和确定终身职位都取决于此”[①]。其次，学术权力与行政权力之间的平衡问题。大学规模的扩大、职能的拓展、问责评议活动的普遍进行，为行政权力的壮大创造了条件；教师队伍的多元化、学术职业的内部分化，则进一步加剧了教师参与管理的传统权力的削弱。外部力量对学术职业不断增强的影响，迫使人们必须思考如下问题：教师在大学管理中应发挥什么作用？对于教学、研究等职业活动，教师应在多大程度上拥有发言权？诸多问题都需要从制度上作出回应。在深刻性与表面性、矛盾性与一致性、连续性与间断性并存的改革探索中，美国大学教师的职业生涯正朝着新的方向演进。

二 当代大学教师制度改革对教师职业生涯的影响

自20世纪中期以来，为应对高等教育持续扩张、资金日渐减少等共性问题，各国越来越重视大学教师制度的调整，可见，“并非人事制度的新理念在改变现实，而是知识社会所带来的广泛的变革催生了人事制度的新理念”[②]。尽管各国大学教师制度变革的具体指向、力度、举措、结果等都存在诸多差异，但制度改革的根源和整体趋势是一致的。制度的剧烈变迁，使世界范围内学术职业的聘任条件、工作环境、管理方式等正在经历前所未有的变化。

（一）自治权力下降，问责与评估渗透于职业生涯的各个阶段

学术职业有着共同的历史渊源，数百年来形成的大学传统观念使学者们相信，学术职业是一种特殊的职业，教师负有特殊的使命并因此享有特殊的权利——自治。传统上，教师有权决定与其工作有关的各种重要事务，包括工作时间、工作范围和重点，问责极少与学术工作相联系。但近些年来，这种观念已经开始发生改变。

高校的持续扩张使高等教育消耗的资源越来越多，无论是政府，还是私人投资者都要求高等教育履行更大的责任，并对其履行的责任作出明确说明。于是，问责和评估在高等教育领域扩展开来，并越来越受到重视。从原则上讲，学术评估包括对教学、科研、服务、管理等全部学术工作范围的评估，但事实上，对于教学和研究的评估最为频繁和严格。波伊尔和阿特巴赫

① [美]E. L. 波伊尔：《学术水平反思——教授工作的重点领域》，载吕达、周满生主编《当代外国教育改革著名文献》美国卷·第三册，人民教育出版社2004年版，第15页。

② [美]菲利普·G. 阿特巴赫：《学术遗产的衰落：世界范围的学术职业模式》，载菲利普·G. 阿特巴赫主编《变革中的学术职业——比较的视角》，别敦荣主译，中国海洋大学出版社2006年版，第34页。

等人主持的针对14个国家的学术职业调查结果显示[①]，资深的管理者、系主任、学生是教学评估的主要承担者，各国教师对评估方法普遍感到不满，认为有必要采取更好的方法使教学评估过程更有意义；对于研究工作通常缺少精确的评估，在大多数国家系主任是研究成果的主要评估者，资深管理者和同事也起一定作用，只重发表成果的数量而不重质量是研究评估面对的一个重要问题。

（二）薪酬水平下降，职业晋升困难

“很少有从事学术职业的人是为了发大财，但多数人还是希望其收入达到一个适当的中等水平。”[②]传统上，专职教授的薪酬的确在社会中居于中上流水平。时至今日，在欧美发达国家中教授的收入仍然能够达到中等水平。不过，就世界各国的情况而言，大学教师的工资增长赶不上通货膨胀，也不及私营企业职员工资增长的水平。当大学教师的工资不足以与其他行业的工资相媲美的时候，高等教育将面临吸引和留住优秀人才的巨大压力。事实上，非洲国家大学教师工资的降低已经导致最优秀学者的大量外流；处于经济转型期的中东欧国家，由于教师收入不足，许多人选择离开学术界，对学术职业产生兴趣的优秀青年也在逐渐减少。即使是经济形势良好的发达国家，在高等教育迅速扩张的情况下，也没有明显增加对大学的投资。原本由政府担负大学财政的国家，如英国和德国，纷纷通过削减拨款，促使学术职业转向。

大学从公共渠道获得的资金赶不上规模扩张所带来的开支增长，不仅导致教师工资水平的下降，而且使晋升变得日益困难。“就学术就业市场而言，尽管不同国家之间存在着明显的差别，但没有哪个国家能够向初级教师提供充分的就业岗位，或者向高级教师提供充分的晋升机会。”[③]学术职业聘任中的等级制（即上层是高级教授，下层是固定任期的专职教师和数量不断增加的兼职教师）依然存在，但居于等级上层的高级教授所占的比例不断下降。面对财政、问责、注册学生人数和需求不断变化等多方面压力，很多国

① [美]菲利普·G. 阿特巴赫：《国际学术职业：十四个国家和地区概览》，周艳、沈曦主译，中国海洋大学出版社2008年版，第21页。

② [美]菲利普·G. 阿特巴赫：《学术遗产的衰落：世界范围的学术职业模式》，载菲利普·G. 阿特巴赫主编《变革中的学术职业——比较的视角》，别敦荣主译，中国海洋大学出版社2006年版，第12页。

③ [美]菲利普·G. 阿特巴赫：《学术遗产的衰落：世界范围的学术职业模式》，载菲利普·G. 阿特巴赫主编《变革中的学术职业——比较的视角》，别敦荣主译，中国海洋大学出版社2006年版，第4页。

家强制实行晋升高级职位的定额制，众多教师必须在薪酬和待遇低下的初级职位上度过更长时间，然后通过激烈的竞争谋求数量很少的空缺的高级职位。

（三）教师聘任方式发生改变，终身教职制度受到触动

终身聘任在欧洲大学中具有悠久的历史，美国亦在AAUP等学者团体的推动下于20世纪上半叶普遍建立起终身教职制度。很多国家虽然没有以法定或合同为基础实行正式的终身制，但专职学术人员都是终身聘任的，为数众多的教师是在同一所大学里度过其整个职业生涯。然而，近些年里，终身教职制度受到了广泛的质疑，针对该制度的改革不断涌现。20世纪80年代，英国在改革中废除了终身教职制度，规定所有大学教师必须参加定期的考核和重新聘任的程序，其做法被很多国家引为范例。没有废除终身制的国家（如美国），则纷纷采取终身教职后评议等制度，使终身教职建立在定期考核基础之上。从实际效果来看，很少有教师会因考核未通过而失去工作，因此，多数研究者认为，废除终身制的象征意义大于实际意义。但显然，终身教职制度的改革进一步降低了大学教师在传统中形成的特权地位，教师的身份向企业雇员的方向靠近了。

除了终身教职减少、有限任期的非终身职位增加之外，当代大学教师聘任还呈现出另一个主要趋势：兼职教师大量增加。聘用兼职教师，是大学应对学生人数持续增长而政府投入不足之窘境的一个有效策略。对于学校管理机构而言，大量聘用兼职教师有很多益处。首先，降低开销和成本，兼职教师只领取教学薪酬，没有其他福利，能够满足以低廉的成本向众多的学生提供教学的目的；其次，提高灵活性和应变力，大学可以根据预算情况、课程需要和学生状况，快速调整兼职教师的人数和专业分布。不过，兼职教师大量增多同样会带来诸多弊端。由于兼职教师的职责只是教学，不参与科研，且缺少机会和条件融入学术圈，因此，会影响学校的整体研究水平；另外，兼职教师不参与大学的管理，只对学校承担很少的义务，而反过来，大学对他们同样也只承担很少的义务，因此，兼职教师通常缺少专职教师所具有的院校忠诚和学科忠诚。

美国兼职教师的职业状况[①]

许多兼职教师都对这份“低薪又费时”的工作厌倦不已，而且他们对自

① [美]德雷克·博克：《回归大学之道——对美国大学本科教育的反思与展望》，侯定凯等译，华东师范大学出版社2008年版，第51页。

己任教的大学毫无归属感。这也不足为奇，因为他们对课程的教学方式几乎没有发言权，教科书和课程大纲都是别人制定好的。通常情况下，他们都没有工作保障，没有医疗保险，甚至没有找学生谈话的办公室。大学资金紧张的时候，他们是首先被清除的对象。在大学课程表上，他们通常连名字都被隐去了，只剩下教师代号。他们中的许多人被称作“流浪者”（gypsies）或“高速公路上的飞奔者”（freeway flyer），因为他们必须同时在几所大学兼职才能维持生计，他们“赶场式”的授课方式，使自己与学生单独交流的时间更少了。

（四）高级教师治理大学的传统被行政化的科层管理所取代

学者群体共同治理大学是中世纪行会制度的延伸，其保守性和封闭性适应于技术落后、生产规模小、联系不畅通的社会发展阶段，但在现代社会则显得颇为格格不入。过去的半个世纪里，高等教育的中心事件就是扩张。在世界各国相继由曾经固守的精英教育向大众教育转变的过程中，大学组织的职能不断增加、规模迅速扩大、与社会各系统之间的联系日益紧密，由此而滋生的诸如人事、财务、设备、招生、就业等非学术性事务自然越来越庞杂，为应对这种复杂局面，必须引入专职人员进行管理，而以理性和高效著称的科层制不可避免地成为现代大学组织的一个重要组成部分。随着高校行政结构的日益多样化，行政人员拥有的权力和权威不断上升，而教授群体的共同体色彩却趋于淡化。波伊尔等人的跨国比较研究显示①，教师们缺乏与管理层的沟通，对大学的高层管理感到陌生，对当前的管理日益不满，对高层领导的效能存在较普遍的怀疑和不信任。

当然，科层制在现代大学中的成功渗透并不意味着它能够完全消解学者们的自治权利。正如科森（J. J. Corson）所言，现代大学的组织结构呈现出“一种奇特的二重性”：其一是科层管理结构，其二是教师在其权力范围内对学校有关事务作出决策的结构。并存的两种结构分别建立在不同的权力系统之上，管理权力的基础是上级对活动的控制与协调，专业权力的基础是自主性和个人的知识。②在科层化的大学组织中学术权力之所以仍能占据一席之

① [美]菲利普·G. 阿特巴赫：《国际学术职业：十四个国家和地区概览》，周艳、沈曦主译，中国海洋大学出版社2008年版，第17—18页。

② [美]罗伯特·伯恩鲍姆：《大学运行模式——大学组织与领导的控制系统》，别敦荣译，中国海洋大学出版社2003年版，第11页。

地，历史传统自然在其中起到了一定作用，但更重要的是大学组织的使命决定了它不能像企业一样成为彻头彻尾的科层组织。企业组织的目标是单一而明确的，即赢利，因此其管理可以是统一的；大学组织则不同，在分化发展过程中它接受了大量的相互矛盾的目标，教学、科研、服务等使命虽然在整体上是相互关联的，但各不相同的活动性质需要有不同的结构提供相应的支持。由于无法找到一种能够实现全部组织利益的统一的结构形式，管理权力与专业权力的二元控制系统必然在现实中并存。两种权力之间的博弈使大学的制度设计及运行变得错综复杂，在每一所学校中都有不同的表现。

世界范围的高等教育改革正在进行当中，如果仅从学术职业的角度看，这些改革实在有些令人沮丧。阿特巴赫因此而提出了一个耐人寻味的问题——为什么在一个高等教育对未来知识社会的重要性得到普遍认同的时代，学术职业却发现自身陷入了困境？下述几个相互关联的因素或许能够提供一个简要的答案：第一，大众化高等教育的基本理念是服务学生、服务社会，因此，大学教师的使命不再限于传授和发现高深知识，如何将学生训练成为市场需要的人才、如何直接满足社会的发展需要成为学术职业人必须承担的重要任务；第二，规模的扩张、政府财政投入的相应缩减要求大学必须面向市场以获得更多的资源，市场对大学和学术职业的影响日益增大，学术自由让位于市场需要；第三，扩张后的大学为维护自身的运行效率，需要强化行政科层的管理权力，学术权力受到日益强大的行政权力的压制而趋于削弱；第四，在政府、社会的期望与压力之下，大学试图通过引入企业的竞争机制来提高产出，问责与学术绩效考评逐渐成为学术职业的一部分，学术职业人的自治和自我管理传统在很大程度上受到限制。

总之，当前世界各国关于大学教师的聘任、薪酬、晋升、参与管理、学术自治等方面的制度改革，都在传递着一个信息：随着高等教育精英化时代的终结，传统的教授的理想及其自我概念已不再适合整个学术职业。从实质上看，制度变迁就是社会利益格局的一种重新调整。高等教育结构和功能的巨大变化已经影响到学术工作的本质。尽管学者群体仍然是社会上最受尊敬的群体之一，但笼罩在其职业上的光环已经有些暗淡。随着大学的多样化发展和教师职业化程度的不断提高，许多传统没落了，不过仍有一些遗留下来并发挥着重要作用。

第四章　本土分析：中国大学教师制度与教师职业生涯

不同国家的社会历史发展和政治法律制度赋予大学及学术职业以不同的属性，考察中国大学教师制度及教师职业生涯的特点，必须将其置于中国社会发展及转型的大背景之下。发端于清朝末年并在民国时期初具规模的中国大学，在很大程度上是对德、美等西方国家大学制度的移植。尽管大学始终处于政权力量的控制之下，但自由、自主、学术至上等西方学术职业传统，在20世纪二三十年代高等教育的发展中时有体现。

新中国建立以后，中国政府摒弃了欧美的高等教育理念，仿照苏联模式对大学进行了全面改造，高度集中的统一管理使大学成为政府的附属机构，大学教师的职业生涯由此为政权力量所掌控。改革开放以后，中国社会发生了根本性变化。经济体制的转轨在推动经济和政治领域快速发展的同时，也极大地影响到了高等教育及学术领域。随着大学办学自主权的不断扩大，学术职业对于政府和学校的依附性日渐削弱，教师管理日趋灵活自主，大学教师开始拥有较为自由和宽松的职业生涯发展空间。然而，高等教育大众化时代的到来，使缺乏历史积淀、先天不足，发展过程中又长期为外力所控制的中国学术职业再度陷入重重困境之中。如果说，当前西方大学面对的难题是如何使拥有古老传统的学术职业在保持精神内核的基础上适应新的社会发展需要，中国大学面对的问题则是在新的社会发展阶段应该将积虚积弱的学术职业引向何方。

第一节　发端时期的中国大学教师制度与教师职业生涯

中国的大学教师制度始建于清朝末年，民国时期得到发展和完善。在此阶段，中国大学教师制度的建设与发展受到来自封建官学传统与西方学术职业管理制度的双重影响，呈现出诸多独具的特点。尽管动荡多变的社会环境使大学教师制度在制定和实施过程中困难重重，但具有资产阶级性质的制度体系最终得以确立。与大学教师制度的渐趋规范相伴随，中国大学教师群体从无到有，逐步形成规模，并拥有了一条较为清晰的职业生涯道路。

一　清末大学教师制度的建立及对教师职业生涯的影响

（一）清末大学教师制度的建设

19世纪末期，在清政府的直接干预下，近代意义上的大学组织在中国得以萌生。随着北洋大学堂、京师大学堂、山西大学堂和南洋公学上院等公立大学的相继创办，清政府就如何聘任与管理大学师资进行了一系列的尝试和摸索。首先，在梁启超执笔的第一个建校章程——《总理衙门奏拟京师大学堂章程》中，明确提出了选任教师的重要性，“学生之成就与否，全视教习。教习得人，则纲目毕举；教习不得人，则徒糜巨帑，必无成效”。在教师选任的标准方面，强调以才学为重，总教习“必择中国通人，学贯中西，能见其大者”，“不论官阶，不论年齿”；分教习“皆由总教习辟用，以免枘凿之见（比喻意见不合），而收指臂之益”。此章程虽有简单笼统之嫌，且因“戊戌变法”失败而未能真正落实，但对于中国大学教师制度的建立和发展有开创之功。

清末新政期间，在管学大臣张百熙的主持下大学堂的建制逐步完善。关于大学教师的任用也有了比较具体的制度安排。1902年颁布的《钦定大学堂章程》对于教师的任用、考评等问题作出了规定，1904年颁布的《奏定大学堂章程》则对于教师的任职资格、职务任免、参与管理等问题进行了规定。

教师任用制度。大学堂的教师属于国家官员，学校没有任免教师的权力。教师分为正教员、副教员两级[①]，均采用聘用制，聘期“或三年一任，或二年一任，或视该学堂毕业之期为一任。除不得力者随时辞退，优者任满再留，中平者如期更换，未满时不得自行告退，另就别差”[②]。正教员主持各分科大学的专门讲席，负责授课和指导研究，副教员辅助正教员授课并指导试

① 《钦定大学堂章程》中称教师为“教习”，《奏定大学堂章程》中将“教习”改称“教员”。

② 舒新城主编：《中国近代教育史资料》上册，人民教育出版社1961年版，第209页。

验[①]。大学堂设总监督一名，受总理学务大臣的节制，总管全校各分科大学事务并统率全体成员；各分科大学设监督和教务提调各一名，受总监督节制，负责管理本科的各种事务；正副教员都归属分科监督和教务提调管理。

教师资格制度。《奏定大学堂章程》对教师的任职资格作出了明确规定，并且首次将毕业文凭作为聘用教员时的“硬性”资格要求。具体来说，正教员“以将来通儒院研究毕业，及游学外洋大学院毕业得有毕业文凭者充选”；副教员“以将来大学堂分科毕业考列优等，及游学外洋得有大学堂毕业优等中等文凭者充选”。不过，由于国内人才不足、师资缺乏，故规定无论正副教员，“暂时除延访有各科学程度相当之华员充选外，余均择聘外国教师充选”[②]。

教师考评制度。《钦定大学堂章程》对教师考评制度作出了明确规定。首先，教师考评的内容主要涉及工作是否勤勉、能否遵守规则两个方面，“各教习如有教课不勤，及任意紊乱课程上之规约等事，无论中外教习、年龄与否，管学大臣均有辞退之权”；为了保证教学的正常进行，大学堂还专门设置西学功课监督一名，“如外国教习有不按照此次所定功课教授者，监督得随时查察，责成外国教习照章办事”。其次，教师考评的执行者是管学大臣和总教习，“自副总教习以下，教课勤惰，均由正总教习按照章程严密稽察，年终出具考语，报明管学大臣查核，自总教习以下，皆受考成于管学大臣”。可见，督促教师照章办事是考评的主旨，至于教学质量则并未列入考核范围。

教师参与管理的权利。《奏定大学堂章程》规定，教员有权参与学堂的事务管理。“堂内设会议所，凡大学各学科有增减更改之事，各教员次序及增减之事，通儒院毕业奖励等差之事，或学务大臣及总监督有咨询之事，由总监督邀集分科监督、教务提调、正副教员、监学公同核议，由总监督定议。”[③]各分科大学也设教员监学会议所，由分科大学监督邀集教务提调、正副教员、各监学共同商讨本学科的课程、考试、学生毕业等相关事宜。教员如果对大学堂监督不满，有向学务大臣上诉的权利。

教师的薪酬待遇。清末大学作为培养官僚和经世致用人才的机构，得到政府的支持，经费充足。教师的薪酬普遍比较优厚，但外国教员比华人教员

---

① 北京大学校史研究室编：《北京大学史料》第一卷，北京大学出版社1993年版，第126页。

② 舒新城主编：《中国近代教育史资料》上册，人民教育出版社1961年版，第344—345页。

③ 北京大学校史研究室编：《北京大学史料》第一卷，北京大学出版社1993年版，第127页。

的薪酬超出很多。以北洋大学堂为例①，外籍教员月薪可达200两白银（约合2009年人民币4万元），华人教员月薪则约为100两白银，二者差距达一倍之多。

（二）制度分析

如前所述，中国大学教师制度的发端与西方大学迥然不同，西方大学教师制度是学者群体为谋求职业安全而自发演化的产物，清末大学教师制度则是政府与官绅为挽回国家颓势而人为设计的结果。1898—1904年，相继问世的三个大学堂章程都是清末新政期间学习西方先进教育制度、改造传统教育制度的产物。受清政府委托，由梁启超、张百熙、张之洞等知名学者和开明官僚拟定的大学教师制度，广泛借鉴了外国大学的做法，特别是日本和德国的大学教师制度。其中关于教师管理的规定由简单笼统而逐渐丰富具体，体现了中国大学教师制度从无到有的渐进积累过程，为新生的中国大学教师群体勾勒出最初的职业生涯轮廓，亦为民国时期的制度改革奠定了基础。

不过，上述处于萌芽状态的制度设计显然不可能真正突破沉淀数千年的封建文化教育传统的束缚，其赖以生存的社会文化环境所具有的根深蒂固的封建本性，使大学教师的选拔与任用必然具有显著的专治、保守特征。首先，清末大学是政府的附属机关，从属于封建政治，没有独立地位；大学教师也属于国家官员，其选任由政府决定。尽管在制度上被赋予了参与学校管理的权力，但在现实的大学学术管理中，教师能发挥的作用极其有限。在中央政权的牢固掌控之下，中国大学教师并未形成拥有独立力量的学者群体。其次，学校的封建衙门习气浓重，缺少学术气氛。清末新式学堂的办学宗旨是“中学为体，西学为用”，在这样的官方意识形态的影响下，清末大学中传统学术始终占统治地位，新学受到严格控制。在学术气氛呆板、封建气息浓郁的大学堂里，具有真才实学的教师很少，多数教师或不学无术，一心钻营；或身为官僚，学问不大，气派十足；或墨守旧学，坚决抵制新思想。因此，尽管清末大学教师制度在形式上已经带有西方大学教师制度的影子，但制度设定笼统概括，随意性较强，尚未形成系统明晰的制度体系；教师的任用带有浓厚的选官色彩，大学堂教师的职业生涯与传统官学教师并无实质性区别。

---

① 陈明远：《文化人的经济生活》，陕西人民出版社2010年版，第39页。

二　民国时期的大学教师制度及对教师职业生涯的影响

（一）民国时期大学教师制度的变化

1911年，辛亥革命结束了中国长达数千年的封建专制统治，以西方资产阶级共和国为蓝本的中华民国成立。身处社会剧变之中的中国大学进入了求生存求发展的重要转折期。在民国的三十余年时间里，政府陆续颁布了一系列规范大学教师职业生涯的法令规章（见表4-1）。在这些法令规章的推动下，中国大学教师制度不断丰富、发展，在职务、聘任、资格、薪酬等方面初步形成较为完整的体系。

表4-1　民国时期与大学教师相关的主要法令规章

性质	时间	名称
大学制度	1912年	《大学令》
	1917年	《修正大学令》
	1924年	《国立大学校条例令》
	1929年	《大学组织法》
	1948年	《大学法》
大学教师制度	1917年	《国立大学职员任用及薪俸规程令》
	1927年	《大学教师资格条例》
	1940年	《大学及独立学院教员暂行规程》

教师职务名称制度。民国时期，大学教师的职务称呼发生改变，逐步与西方大学接轨。最初，大学的专职教师队伍主要由两个等级构成，即教授和助教授。根据1912年《大学令》的规定，大学设教授、助教授，必要时可延聘讲师。“大学各科设讲座，由教授担任之。教授不足时，得使助教授或讲师担任讲座。”这里所说的“讲师”，是对兼职教师的称呼，即在校外担任职务而在本校兼课的教员，不属于专任教师序列。直到1927年，《大学教师资格条例》①的颁布，才明确规定了大学教师的名称分四等，分别为教授、副教授、讲师、助教，由此而形成了一个由高到低的教师职称序列。

① 1927年南京国民政府颁布的《大学教师资格条例》基本上是对1926年广州国民政府制订的《国民政府对于大学教授资格条例之规定》的复制。

教师聘任制度。聘任教师的权力在大学而不在政府，并且呈现逐步下移的趋势。1917年《规程令》规定，大学所有教师均由校长聘任。关于教师聘任的问题，大学校长只需要在程序上呈报教育总长即可，政府部门无权对此干涉。20年代末，大学建制逐渐由“校—科—系”向“校—院—系”转变，教师聘任权限也随之而向学院一级转移。1929年的《大学组织法》规定，大学各学院教员由院长商请校长聘任之，说明学院也掌握部分选聘教师的权力。1948年的《大学法》则进一步规定，由院长、系主任商请校长聘任之，由此而形成一个系、院、校长三级共同决定的体制，体现了中国大学教师管理模式由仿德向仿美转变的趋势。教师受聘的第一年为试教期。期满后，如果双方同意则订立长期契约。每年6月1日至6月15日为更换初聘书之期，如果6月16日仍未接到续聘书即为解除聘约。续聘书只送一次，不定年限和薪水数目。如果没有特别事故而预先声明解约，则永久有效。这种聘任方式被国内多所大学所沿用，但后来续聘改为定期进行。1940年的《大学及独立学院教员聘任待遇暂行规程》规定，第一次试聘一年，第二次续聘一年，以后每次续聘为两年。

教师资格制度。出于国内人才困缺、没有旧例可循等多种原因，在民国前期的各种大学规章条例中，一直没有对教师初聘资格作出明确规定。1927年《大学教师资格条例》颁布，规定了大学教师的名称等级、任职资格及资格检定程序。该条例将大学教员分为教授、副教授、讲师、助教四等，其任职资格主要涉及所获学位、教学资历和学术业绩三个方面，与美国大学教师聘任的要求非常相似（见表4-2）。由此可见，研究成果已经成为教师聘任乃至晋升的一个明确要求。此外，对于没有取得学位但在学术领域有研究和贡献的学者，也提供了进入大学任职的可能性。《资格条例》规定所有大学教员都需要接受资格审查，审查内容包括：履历、毕业文凭、著作及作品、服务证书。大学评议会为审查教师资格的机关，审查时中央教育行政机关需派一名代表列席。教师资格审查合格后，由中央教育行政机关认可并给予证书。

表4-2　大学教师任职资格的规定（1927年）

等级	任职资格
助教	1．国内外大学毕业，得有学士学位，而有相当成绩者 2．于国学上有研究者
讲师	1．国内外大学毕业，得有硕士学位者，而有相当成绩者 2．助教满一年以上之教务，而有特别成绩者 3．于国学上有贡献者
副教授	1．外国大学研究院研究若干年，得有博士学位，而有相当成绩者 2．讲师满一年以上教务，而有特别成绩者 3．于国学上有特殊之贡献者
教授	副教授满二年以上之教务，而有特别成绩者

1940年，南京国民政府教育部公布《大学及独立学院教员资格审查暂行规程》，规定由教育部审查教师资格，并制定了各级教师的新资格标准（见表4-3）。与《大学教师资格条例》中的规定相比，新规定给予各级教师受聘的机会更多，例如，专科学校毕业者，只要在学术机关研究或服务二年以上，可以受聘为助教；高级中学教员任职五年以上，对于所授学科确有研究且有专门著作者，可以受聘为讲师等。但与此同时，新规定对教师任职的具体要求也更高且更加细致，例如，原规定中任助教满一年而有特别成绩者就可晋升为讲师，新规定则要求任助教四年以上且有专门著作者才能晋升为讲师；由讲师晋升副教授需要任满三年且有专门著作，而不是原规定的任满一年等。此外，对于那些学术上有特殊贡献而资格未达到标准的，《暂行规程》规定，经教育部学术审议委员会无记名投票，出席委员3/4以上同意，可任教授或副教授。

《暂行规程》颁布后，遭到了很多教师的反对，认为这是政治干预学术、政府加强对教师控制的表现。因为，在此之前，审查教师资格与聘任教师的权力都属于大学。《暂行规程》将教师资格审查的权力收归中央，由教育部学术审议委员会负责对教员资格进行审查，审查合格者被颁以合格证书，然后由校长根据其合格等级进行聘任。这种审查程序说明大学校长已丧失聘任教师的决定权。不过，由于当时正值抗日战争期间，各大学忙于生存问题，对此规程并未严格执行，很多大学仍按以往的惯例聘任教师。

表4-3　大学教师任职资格的规定（1940年）

等级	任职资格
助教	1. 国内外大学毕业，得有学士学位而成绩优良者 2. 专科学校或同等学校毕业，曾在学术机关研究或服务二年以上著有成绩者
讲师	1. 在国内外大学或研究院所研究，得有硕士或博士学位或同等学历证书而成绩优良者 2. 任助教四年以上，著有成绩，并有专门著作者 3. 曾任高级中学或其同等学校教员五年以上，对于所授学科确有研究，并有专门著作者 4. 对于国学有特殊研究及专门著作者
副教授	1. 在国内外大学或研究院所研究，得有博士学位或同等学历证书而成绩优良者，并有有价值之著作者 2. 任讲师三年以上著有成绩，并有专门著作者 3. 具有讲师第一款资格，继续研究或执行专门职业四年以上者，对于所习学科有特殊成绩，在学术上有相当贡献者
教授	1. 副教授三年以上著有成绩，并有重要之著作者 2. 具有副教授第一款资格，继续研究或执行专门职业四年以上，有创作或发明，在学术上有重要贡献者

教师薪酬制度。1917年的《国立大学职员任用及薪俸规程令》规定正教授、教授和助教在薪俸方面各分六个等级，教师薪酬晋级，必须连续任职一年。教师进（晋）级与否，由校长参照教授成绩、授课多寡、所担任学科的性质、著述及发明、社会声望等五个项目酌情而定。由于此时的讲师实为兼职教师，不属于专职教师序列，因此按授课钟点计酬，自成一体，不分等级（见表4-4）。此外，《规程令》中还对教授的学术假和教师的退休金等问题作出了规定。“凡校长、学长、教授每连续任职五年以上，得赴外国考查一次，以一年为限，除仍支原薪外，并酌支往返川资。”教师在学校任职满若干年，因病废或年满60岁而自请退职，给予终身恤金。就制度设置而言，北洋政府为大学教师提供的物质生活条件是比较宽裕的。由于当时物价平稳，每月100元即可维持一个小家庭的相当富足的生活。然而，军阀连年混战导致政府财政紧张，长期拖欠教师薪金的情况日甚，教师常常两三个月才能领到半个月的薪俸。20年代，北京教育界以罢课和集体辞职为武器展开“索薪”斗争，直至北洋政府垮台。在此期间，教师生活多陷于窘迫，举债度日者比比皆是。

表4-4 大学教员薪俸表（1917年）

	正教授	本科教授	预科教授	助教	讲师	外国教员
第一级	400元	280元	240元	120元	每小时2—5元	薪数别以契约定之
第二级	380元	260元	220元	100元		
第三级	360元	240元	200元	80元		
第四级	340元	220元	180元	70元		
第五级	320元	200元	160元	60元		
第六级	300元	180元	140元	50元		

南京国民政府建立后，出现了一段安定发展的时期。大学教师的薪酬大幅度提高，教育经费基本能够按时发放。1927年教育行政委员会规定，大学教师分为四等，每等薪酬又分三级，按月支付。教授月薪400—600元，副教授260—400元，讲师160—260元，助教100—160元。不过，上述规定并未强制推行，多数大学都是以此为参照自行制定薪酬标准，大学之间往往存在很大差异。一般来说，国立大学教师薪俸高于省立大学，省立大学教师薪俸又高于私立大学。如：国立的清华大学教授的月薪通常在350元左右，而私立的南开大学教授月薪则为240元左右。[①]不过，就整体而言，抗战以前我国大学教师的生活水平处于社会中层，相对富足而稳定。以消费水平较高的上海为例，一个五口之家，月收入超过200元为上等生活水平；月收入100—200元为中等生活水平；月收入66元为一般市民生活水平；月收入30元以下则为贫民生活水平。[②]相比之下，一个月薪300元左右的大学教授抚养五口之家，不仅衣食无忧，而且雇得起佣人和车夫，其生活水平要高出一名普通工人的十三、四倍以上。[③]时任清华大学教授的萧公权曾这样评价自己在1932—1937年的职业生活，“清华五年的生活，就治学的便利和环境的安适说，几乎接近理想”。[④]

抗战爆发后，国民政府对于大学教师的薪酬待遇进行了更加具体详细的

① 马嘶：《百年冷暖：20世纪中国知识分子生活状况》，北京图书馆出版社2003年版，第71页。

② 陈明远：《文化人的经济生活》，陕西人民出版社2010年版，第215页。

③ 姜良芹：《抗战时期高校教师工资制度及生活状况初探》，《南京师大学报》（社会科学版）1999年第3期。

④ 邓小林：《民国时期国立大学教师聘任之研究》，西南交通大学出版社2007年版，第111页。

规定，形成了包括薪金、津贴、奖励和养老抚恤金在内的比较完整的薪酬制度。表面看来，与1927年的规定相比，薪俸数额没有大的变动，只是层级更加严格细致。但实际上，在通货膨胀的强烈冲击下，依靠工资维生的大学教师实际收入锐减。1940年，一名副教授300元月薪的实值仅为三、四十元；1943年，月薪实值更是降到不足十元（见表4-5），连基本的生活支出都难以维系。尽管政府采取了提高薪水和发放生活补助的办法，但远远赶不上物价飞涨的速度。西南联大常委、清华校长梅贻琦家中来了客人，夫人韩咏华起大早到街上摆地摊，卖掉孩子穿不着的衣服，一早晨卖了10块钱，便拿回家来用以待客。[①]校长尚且如此，普通教师的生活可想而知。作家张恨水在1940年曾作四阕《浣溪沙》纪录当时知识分子的生活状况。

入蜀三年未作衣，近来天暖也愁眉，破衫已不像东西。袜子跟通嘲鸭蛋，布鞋帮断像鸡皮，派成名士我何疑？

一两鲜鳞一两珠，瓦盘久唱食无鱼，近还牛肉不登厨。今日怕谈三件事，当年空读五车书，归期依旧问何如？

借物而今到火柴，两毛一盒费安排，邻家乞火点灯来。偏是烛残遭鼠咬，相期月上把窗开，非关风雅是寒斋。

把笔还须刺激吗？香烟戒后少抓诗，卢同早已吃沱茶。尚有破书借友看，却无美酒向人赊，兴来爱唱泪如麻。[②]

抗战胜利后，上述状况并未好转，恶性的通货膨胀使大学教师这些公薪人员难以维持生计。据美联社报道，100元法币在1937年可买两头牛，1941年可买一头猪，1945年可买一条鱼，1946年可买一个鸡蛋，到了1947年则只能买1/3盒火柴了。实际收入的大幅度减少与生活水准的急剧下降，使“大学教授成为感受反差与对比最为强烈的阶层”[③]。在当时，一个乡下厨师的收入是大学教授的八倍，教师实际的经济地位已降至社会的最下层。

---

① 马嘶：《百年冷暖：20世纪中国知识分子生活状况》，北京图书馆出版社2003年版，第216页。

② 同上书，第244页。

③ 姜良芹：《抗战时期高校教师工资制度及生活状况初探》，《南京师大学报》（社会科学版）1999年第3期。

表4-5 昆明大学教授的薪金及薪金实值表（1937—1944）

年份		薪金约数	薪金实值	年份		薪金约数	薪金实值
1937	上半年	350	350.0	1941	上半年	400	27.1
	下半年	270	249.5		下半年	770	32.6
1938	上半年	300	260.8	1942	上半年	860	16.5
	下半年	300	109.7		下半年	1343	9.9
1939	上半年	300	109.7	1943	上半年	2180	10.6
	下半年	300	63.8		下半年	3697	8.3
1940	上半年	300	42.4	1944	上半年	9417	10.0
	下半年	330	37.1		下半年	17867	10.7

注：薪金约数以联大中等薪金和四口之家的津贴为标准。

资料摘自杨西孟《九年来昆明大学教授的薪金及薪金实值》，《观察》，第一卷（3），1946年9月。

教授治校制度。中国近代大学中的“教授治校”制度源于1912年的《大学令》。这个由蔡元培起草的法令规定，大学应设置全校的评议会和各科的教授会处理学校的各项事务。具体来说，大学设评议会，以各科学长及各科教授互选若干人为会员。校长可随时召集评议会，就学科设置、讲座种类、大学内部规则、大学院生（即研究生）学位授予、教育总长及校长咨询等问题进行审议。大学各科设教授会，以教授为会员，各科学长可随时召集教授会，就课程设置、成绩审核、学位授予审核等问题进行审议。上述制度设计虽然没有得到切实地、广泛地执行，但不可否认，这是中国近代大学民主治校的制度创举，是中国教育史上第一次以法令的形式明确提出教授拥有参与大学管理的权力，对于后来的历次大学立法产生了重要影响。1917年，在蔡元培主持的北京大学改革中，评议会、教授会等制度设计得以付诸实施。正如有些学者的评论：“蔡元培的贡献不仅仅是在形式上建立了这样一些机构，而且以高度的民主作风和雅量模范地执行这些制度，以高度的热情和信任大力支持各种机构及其干部的工作，终于使教授治校、民主办学的这套体制在北大得以确立并正常运行。”[①]的确，在此时期北京大学所实现的教授民

① 周川、黄旭，《百年之功——中国近代大学校长的教育家精神》，福建教育出版社1994年版，第91页。

主治校，确立了民国时期学术管理的基本模式，成为国内其他大学仿效的榜样，同时也为中国大学内部学术管理树立了一个难以超越的楷模。

南京国民政府建立后，大学管理的专制色彩日益加强，大学制度也由参照德国模式转向效仿美国模式。委员会制逐渐为校长制所取代，教授在校务管理方面的权力范围大大压缩，在多数大学中教授治校已名存实亡。抗战结束后，上述情况有所逆转，教授在大学内部管理中的地位再次得到肯定。在1948年的《大学法》中规定，大学设教务、训导、总务三处，置教务长、训导长、总务长，分别主持全校教务、训导及总务事宜，由校长聘任，都为教授兼任。大学设校务会议，以校长、教务长、训导长、总务长、各学院院长、各学系主任及教授代表组织之，校长为主席。教授代表之人数，不得超过前项其他人员之一倍，亦不得少于前项其他人员之总数。这些规定保障了教授在学校事务决策中的地位，为教授在大学管理中应享有的权利提供了法律依据。

（二）民国时期大学教师制度对教师职业生涯的影响

民国时期，内外战争不断，政府更迭频繁。混乱的局势使大学长期处于动荡不安之中，但客观上又为大学内部制度建设提供了一定的自由和契机。在改革与无序并存的状况下，在资产阶级民主派的影响和努力下，中国大学逐步实现了从封建性质到资产阶级性质的转变，建立起适应资产阶级教育要求的大学教师制度。一方面，日趋细密规范的正式制度使中国大学教师的职业生涯逐渐向西方模式靠拢；另一方面，受到各种现实存在的非正式制度（规范）的共同影响，中国大学教师的职业生涯又呈现出一些独有的特征。

1. 正式制度对大学教师职业生涯的影响

中国近代大学从一开始就是借助官方力量移植外国模式的产物，政府始终发挥着巨大的导向与约束作用。不过，民国建立之初，军阀长期混战，政府对大学的控制相对较为宽松，从而为教育家按照自己的理想改造教育提供了一定的空间和机遇。可以说，从新文化运动兴起到南京国民政府建立前的十余年间，是中国文化界生态环境最宽裕、思想最解放、教育改革最活跃的一个时期，以西方国家为蓝本的大学教师制度以此为契机得以在中国大学中扎根，“大学自治”、“学术自由”等西方学术传统均在制度设置中得到一定程度的体现。南京国民政府时期，政府通过设置全国最高的学术审议机构和出台各种制度性规定，逐步加强了对大学教师的管控。[1]相关制度由最初的

① 田正平、吴民祥：《近代中国大学教师的资格检定与聘任》，《教育研究》2004年第10期。

"令"、"规程"、"条例"而最终上升到"法"的高度，被纳入法制化轨道。在此期间，包括教师的职务等级、任职资格、聘任权力、薪酬分配等方面在内的大学教师制度体系初步建成，并在具体化、规范化方面不断得到完善。在正式制度的规限下，中国大学教师职业生涯的轮廓日渐清晰，逐渐与西方学术职业接轨。具体而言：

（1）从职务设置来看，大学教师的职业生涯发展阶梯由陡而缓，渐趋合理。民国初期，大学教师的职务阶梯中仅有教授、助教授两个级别。笼统的职务分层显然不利于教师的晋升与发展，因此，南京国民政府建立后，中国大学教师的职务名称被确定为教授、副教授、讲师、助教四级，层次更加清晰，与美国大学教师职务序列基本一致。

（2）从任职资格来看，学历、资历和学术业绩成为教师取得一定职务的基本要求。民国初期，大学作为新生事物，师资困缺，充任大学教师职位的多为旧式文人或延聘外国教师。此时即使有任职资格要求也必然难以实行，因此政府谨慎行事，没有制定严格明确的教师资格制度。南京国民政府建立后，随着本土毕业的大学生和归国留学生的不断增多，对大学教师任职资格的规范也日益加强。各级教师职务都有相对应的资格要求，教师职务的确定与晋升逐步规范起来。

（3）从聘任方式来看，大学和教师之间形成双向选择的聘任关系，教师可以在大学之间自由流动。民国时期，聘任教师的权力由大学掌控，政府部门无权干涉。教师聘任通常有一定的聘期，聘期结束时，大学可以不再继续聘任，教师也可以根据自己的学术兴趣、薪酬待遇等多方面原因而选择其他学校，或者同时在几所大学兼职。在聘任机制的保障下，教师的职业生存空间较为广阔，自由流动成为此时期大学教师职业生涯的常态。

（4）从薪酬待遇来看，大学教师的整体生活水平处于社会中层，待遇比较优越。民国时期，政府为各级教师职务规定的薪酬标准较高，在物价稳定的情况下，能够保障教师的中等生活水平，拥有高职务等级的教师则可以跻身于中产阶级行列。抗战之前，大学教授通常薪俸优厚、社会地位高。物质生活的相对丰裕，使教授们在无形之中养成了一种高人一等的优越感，"他们一般都颇为神气，所谓'教授架子'者便是。"据季羡林先生回忆，抗战及内战期间，"通货膨胀达到了惊人的程度，教授实际的收入少得可怜。但是，身上那一件孔乙己的大褂还是披着的，社会地位还是有的"[①]。

① 季羡林：《牛棚杂忆》，中共中央党校出版社1998年版，第211—212页。

到20世纪30年代，中国的大学教师制度已经基本成型，并与西方大学实现接轨。无论从内在的学术水平还是外在的职业生活状态来衡量，当时的大学教师队伍与西方大学教师之间的差距都在迅速缩小。当然，由于社会基础不稳固，具有资产阶级民主化性质的大学学术管理改革的进程并不是一帆风顺的，常常受到封建复辟势力和法西斯专治统治的干扰和阻碍。政府严密监控大学，侵犯大学教师学术自由的事件时有发生。另外，长期的战争也使大学教师制度的规约力量大打折扣。北洋军阀混战和抗日战争时期，作为公职人员的大学教师的职业生活状况由安稳舒适转为贫困动荡。在混乱无序的社会大背景中，大学教师制度虽然仍在不断趋于细密完善，但由于缺乏实施机制的有力保障而在一定程度上沦为空文。

2. 制度规范与实际状况之间的差距——非正式制度的影响

除了战争原因所引发的制度规范与制度现实之间的错位之外，民国时期大学教师的职业生涯还受到文化传统、社会习俗等非正式制度的显著影响，这些影响在很大程度上消解了正式制度的规约作用。在当时，尚处新生阶段的中国学术群体规模较小，限定在有限的人际圈子之中，熟人社会或准熟人社会的痕迹非常明显。因此，尽管民国时期教师制度日趋细密，但现实中的具体实施却深受诸多非制度因素的影响。

（1）校长因素。由于校长对某学者有所了解且欣赏之，而得到聘任的情况很多。这种聘任方式已经超出正常的聘任制度。例如，蔡元培聘请梁漱溟、熊十力等学者加盟北大。这种“伯乐相马”式的聘用，在很大程度上取决于校长个人的才学、胸襟、偏好、交游。其无法避免的人治色彩，使教师聘任存在相当大的不可预见性，既难以保证教师聘用的质量又妨碍了聘任的公平与公正。正如牟润孙先生所言：“过去国内大学延揽教授，倘若不是办学当局自己去物色，就是出自别人的推荐。办学的人能完全以尊重学术为主，不存有派系、门户之观念去延揽人才，为数并不太多；而在学术界有地位、又有能力推荐人的人士，肯大公无私地以开展学术、发扬研究风气为目的去援引人才，不存心树立党派，就更难能可贵了。”①

（2）熟人因素。因熟人的推荐而得到聘任的情况也非常普遍。熟人包括老师、同学、朋友、亲戚、同乡等多种关系。例如，李大钊被聘为北大图书馆主任是因早年好友章士钊的推荐。章士钊因教务繁忙辞去图书馆主任职务并推荐李接替，蔡元培欣然同意。这种情况在其他国立大学也很普遍。宗白

① 邓小林：《民国时期国立大学教师聘任之研究》，西南交通大学出版社2007年版，第185页。

华是由同乡、小说家曾朴介绍而受聘于南京东南大学的；周作人是因其兄鲁迅的推荐而受聘北大的；胡小石是在同学、文史学家陈中凡的推荐下受聘于北京女子高等师范学校的；谭其骧是在老师邓之诚的推荐下受聘于辅仁大学的，等等。在当时，得到大学教师职位并不容易，毕业后无事可做、不知何以为计的大学生比比皆是，如果没有熟人关系很难立足。由熟人或准熟人关系编织成的社会网络使一些学者得以在大学中谋得教职，其制度外行事的特征非常明显。

（3）派系因素。大学中存在的派系关系对于教师聘任及教师待遇影响甚深。现仅举两例：二三十年代，北大教师中章太炎的学生为数甚多，“众多太炎门生能在人文重心的北京学术界长期称雄，浙人占据教育行政要津的背景之外，乃师的余荫当为主要原因。章门人才辈出，得到大师亲炙……学问自然较一般同辈为高。但其中一些人既无著述，讲课也不见得精彩，却不仅能够立足于太学庙堂之上，而且地位极尊，究其实，个人学养尚在其次，主要还是有先生这棵大树的庇护，因而风雨不侵”[①]。1946年，周一良回国后，先受聘于燕京大学，因派系之争而受其连累，“但更使我不愉快的，是住房问题。学校有空闲洋房多处，不分给我，却只给我镜春园平房的一小间厢房。1947年3月开学返校，弄得无处栖身”，“我当时尚未明确意识到校内派系之争的影响，只觉得在美国教书时，作为客卿并未受到歧视；回到自己国家，何以受到的待遇反不如校内洋人，因而忿忿不平，萌生去意”。[②]

（4）留学因素。民国时期的大学教师制度，对于本土学者和留学归国学者并未区别对待。但在实际聘任中，无论国立大学还是省立大学都更倾向于聘请和重用海归学者。这当然与国家渴求新式人才有直接关系，也符合大学发展的整体趋势，但如钱钟书在小说《围城》中刻画的方鸿渐式只求混文凭而无真才实学的留洋者大有人在。“如果一个人能出国一趟，当时称之为‘镀金’，一回国身价百倍，金光闪烁，好多地方会抢着要他”，“凡留学生之返国，不论其研究成绩如何，对学术之贡献如何，皆得为大学教授，否则似不足以全其颜面”。[③]在当时，的确有很多人以外国留学生的资格，一步登天就当上了教授和系主任。孙学悟对此现象曾进行形象而深刻的批评：“试问外国的大学教授有几位不是从助教升上去的？再试问我们大学的教授

① 桑兵：《章太炎晚年北游讲学的文化象征》，《历史研究》2002年第4期。

② 邓小林：《民国时期国立大学教师聘任之研究》，西南交通大学出版社2007年版，第184页。

③ 同上书，第192页。

有几位是从助教升上去的？我怕这一点是我们的教授和外国大学的教授的资格上一个根本的区别。这区别的影响使我们社会生出一种很不健全的心理……一个人只要有外国大学的一张文凭，任你怎样，亦可当国内大学的教授。”①

中国近代的大学教师制度经历了一个从起步到不断趋于完善的发展过程。尽管在文化落后、人才匮乏的中国，探索和实践这些制度安排存在着种种阻力。但不可否认，初步建立的具有资产阶级性质的大学教师制度为中国学术职业群体独立精神的孕育、职业生涯道路的发展与成熟提供了必要条件。1919年，李大钊在《物质与精神》一文中指出：“物质上不受牵制，精神上才能独立。教育家为社会传播光明的种子，当然要有相当的物质，维持他们的生存。不然，饥寒所驱，必至于改业或兼业他务。久而久之，将丧失独立的人格。精神界的权威，也保持不住了。”②1922年，金岳霖在《优秀分子与今日的社会》一文中，提出对于“知识者”的四个希望：成为有独立进款、不做官、不发财、有独立环境的人。换言之，就是靠自己的本事吃饭、不受官场约束、不做商业和金钱的奴隶、有一群志同道合的人在一起。这些言论充分体现了当时日益崛起的具有民主、自由精神的知识阶层对于职业生活的追求。

第二节　新中国成立后的大学教师制度与教师职业生涯

新中国成立后，大学教师的管理被纳入了政府的集权管理体制当中。从20世纪50年代至70年代，中国的大学教师群体在外部力量的驱动下经历了一次又一次的被迫转型，由思想改造到劳动改造，由“反右扩大化”到“文化大革命”，原本就缺乏历史积淀、在先天不足基础上生根发芽的中国学术职业，其发展的内在逻辑就此被强行中断。直到70年代末，大学教师制度才得到恢复和发展，教师的职业生涯随之得以重建。

---

① 邓小林：《民国时期国立大学教师聘任之研究》，西南交通大学出版社2007年版，第194页。

② 陈明远：《文化人的经济生活》，陕西人民出版社2010年版，第142页。

一 1949—1965年的大学教师制度及对教师职业生涯的影响

（一）新中国大学教师制度的初建

中华人民共和国成立之初，基本沿用了原有高等学校的教师制度，民国时期教师的职务维持不变。50年代后期，在学习苏联模式的基础上，中国建立起与计划经济相适应的高度统一的管理制度。大学作为中央和地方各级政府教育部门管辖的事业单位，成为政府的延伸。大学教师作为国家干部，其职业生涯受到国家制度的全方位规限。经过十余年的探索，一套服务于计划经济体制的大学教师制度逐步建立起来。

教师的任用与调配。20世纪50年代的中国大学由中央人民政府教育部统一领导，大学的设立、院校专业设置、招生、基础建设、财务制度和人事制度等各个方面都直接受制于中央。在此背景下，大学教师的任用亦由聘任转成了派任。1956年，高等教育部颁布《高等学校任用教、职、工人的暂行规定》，第一次明确提出，中华人民共和国的高校教师是国家工作人员，应该根据国家需要，服从国家调动。1956年，高等教育部颁布的《关于高等学校教师调动的暂行规定》中提出，高校教师的来源“主要由政治、业务较好的高等学校毕业生和研究生，国外培养的研究生、留学回国的大学毕业生中解决；或从在职工作人员中选调”。1959年，国务院《关于高等学校师资的补充、培养和调配问题的规定》中提出，部属高校需要补充的师资由教育部会同国家计划委员会及有关的中央部门制订方案，从全国统一分配的高校毕业生中调配解决；地方高校需要补充的师资由各地方的人民委员会制订方案，从留地方分配的高校毕业生中解决。

教师的职务与晋升。关于教师的职务晋升，整个50年代始终未能建立起稳定的结构体系。此期发布的诸多通知、暂行办法、暂行规定、补充规定、修正意见大多都是针对具体问题而制定。过于频繁的修补和调整，导致教师的职务晋升时断时续，缺乏连续性、稳定性和系统性。1960年，国务院颁布《关于高等学校教师职务名称及其确定与提升办法的暂行规定》，这是新中国第一个高校教师职务条例，标志着我国高校教师职务晋升制度的初步建立。该暂行规定对我国高校教师的职务级别及名称、任职资格标准、职务晋升程序、职务审批权限等问题作出了明确的要求：首先，沿用了民国时期建立的高校教师职务等级及名称，规定我国大学及专门学院教师分为教授、副教授、讲师、助教四级。第二，将思想政治条件、学识水平和业务能力作为高校教师职务名称的确定及提升的主要依据，同时兼顾资历和教龄。其中，关于学识水平和业务能力的晋升条件要求，见表4-6。第三，本科毕业（或者具有同等学力），学业成绩优良，是教师任职的基本资格要求。入职后一般需经过一年见习期的考察，能够胜任助教工作的，确定为助教；不能胜任的，继续见习或者调任其他工作。第四，确定为助教的，须经校务委员会批准；确定或者提升为讲师的，须经校务委员会批准，并且报所在省、自治区、直辖市的主管部门备案；确定或提升为副教授的，须经校务委员会讨论通过，报请所在省、自治区、直辖市的主管部门核转中央教育部批准。

表4-6　我国高校教师职务晋升的基本条件（1960年）

	晋升条件
晋升讲师	1. 已经熟练地担任助教工作，成绩优良 2. 掌握了本专业必需的理论知识和实际知识与技能，能够独立讲授某门课程，并且有一定的科学研究能力 3. 掌握一门外国语，能够顺利地阅读本专业的书籍（对于某些学科和有特殊原因的教师，这一项可暂不列为必备条件）
晋升副教授	1. 能胜任本专业一门或一门以上课程的教学工作，质量较高，成绩优良 2. 对本门学科具有系统而坚实的理论知识和比较丰富的实际经验，在一定的业务范围内，能够密切联系实际进行比较深入的研究工作，并取得显著的成就，提出具有一定水平的科学论文，或者在生产技术方面有较大的贡献，或者在业务技能上有较高的造诣 3. 熟练地掌握一门外国语（对于某些学科和有特殊原因的教师，这一项可以暂不列为必备条件）
晋升教授	教学工作成绩卓著，对本门学科有科学著作，或者有重大的发明创造，证明在学识水平和解决实际问题的能力方面，已经具有更高水平的副教授，根据工作需要，可提升为教授

尽管1960年的《暂行规定》存在简单、笼统等多种问题，但它的确为我国的大学教师职务制度搭建起了基础性框架。此后，教育部在该制度框架的基础上，又提出了职务考核的新要求。1963年，教育部发出《关于高等学校教师职务提升工作问题的通知》，提出要严格教师职务考核和评审的程序要求，“各高校应该建立对教师的考核制度，定期对教师进行考核。教师职务

的提升，必须根据考核的结果来评定”[①]；建立业务评审制度，对被确定与提升职务的教师的业务水平进行严格而全面的评审。

教师薪酬制度。建国初期，国民经济处于恢复阶段，国家财政困难，机关和事业单位人员多数实行供给制。所谓供给制，就是国家根据财政状况和个人生活必需，对工作人员免费供给生活必需品的一种大体平均的分配制度。随着财政状况好转，供给制逐步向工资制过渡，全国统一的高校工资等级制度逐步建立起来。1952年，教育部颁发《全国各级学校教职员工工资标准表》（见表4－7），高等学校的工资标准按职务共分33级，一职数级，上下交叉。工资标准以工资分为计量单位[②]，最高1100分，最低90分。教职员工的工资根据按劳取酬、交叉累进工资制的原则，依据现任职务，结合其“德”、“才”、“资历”进行评定。“德”即政治品质，“才”即业务能力，“资历”包括学历、经历和服务年限。评定时，以德才为主，资历次之。[③]随着国家经济建设的持续发展，1955年，国务院发布《国家机关工作人员全部实行工资制和改行货币工资制的命令》，规定国家机关部分工作人员原来实行的包干制待遇一律改为工资制，同时废除工资分计算方法，改行货币工资制。这是建国后制定的第一个关于国家工作人员的工资标准，成为其他行业仿效的基本工资制度。至此，全国统一的工资制度正式建立并得到实际执行。与其他工薪阶层相比，此期大学教师的收入不算少，但与抗战前相比，尤其是教授的工资就低了很多，不足战前的1/5。[④]

① 黄泰岩、程斯辉：《关于我国高校教师考核评价的几个基本问题》，《武汉大学学报》（哲学社会科学版）2008年第1期。

② 工资分，是按粮、布、油、盐、煤多种实物价格综合折算而形成的工资计算单位。就当时的社会经济状况而言，采用“工资分”作为计算单位，是个有成效的积极措施。在物价不稳、人民币通货膨胀的情况下，工资分可保证教师收入免受物价波动的影响。据1952年4月的档案资料，北京大学、清华大学的教授月工资426—659分（合今人民币1475—2250元），副教授405—489分（合今人民币1375—1680元），讲师304—405分（合今人民币1045—1375元），助教203—312分（合今人民币700—1075元）。当时，一个成年人维持生活的最低费用为50工资分。载陈明远《知识分子与人民币时代》，文汇出版社2006年版，第68页。

③ 曾湘泉、赵立军：《我国高等学校工资制度的历史沿革》，《中国高教研究》2004年增刊。

④ 马嘶：《百年冷暖：20世纪中国知识分子生活状况》，北京图书馆出版社2003年版，第354页。

表4-7　　全国高等学校教职工工资标准表（1955年）

	等级	工资[①]
校长	1—9级	270.6—143.0元
教授、副教授	4—13级	217.8—100.1元
讲师	11—20级	117.7—61.6元
助教	19—24级	60.0—45.1元
职员	14—28级	93.5—31.9元
工警	28—33级	31.9—19.8元

资料来源：陈少平：《国家机关和事业单位工资制度变革》，中国人事出版社1992年版，第57页。

1956年，国务院下发《关于工资改革的决定》，在全国范围内进行了第一次重大的工资制度改革。以全国工资改革方案为依据，高等学校工资制度开始实行分类管理。高校教职员工工资标准分为行政、教学、教学辅助人员三个工资标准表，其中《全国高等学校教学人员工资标准表》规定教学人员的工资共分12级（见表4—8），相比以前的工资制度加大了级差，减少了级别。教学人员最高工资为345元，最低工资为62元（1957年反右斗争后，助教工资下降一个等级，为56元）。在科学上或教学上有特殊成就的教授，经高等教育部报请国务院批准，可另发特定津贴。当时，全国经过严格评审共评出一级教授56名，包括陈寅恪、梁思成、陈岱孙、翦伯赞、冯友兰、季羡林、林徽因、钟敬文等。季羡林曾解释当时工资的含义，一级教授每月工资345元，加上中科院学部委员的津贴100元，共445元。当时，吃一次莫斯科餐厅，约为1.5—2元，罗宋汤、色拉、烤肉或平鱼、两三道大菜，有黄油面包，还有一杯啤酒。[①]新的工资制度使大学教师的生活得到了一定改善，但忽略了两个重要问题：第一，没有规定随着生活水平提高和物价变化，需对各级工资数额进行相应调整；第二，没有建立一套完善的工资晋级制度。此次建立的职务等级工资制度一直沿用到80年代后期，长达30年之久。随着每年物价的上涨，教师的实际收入逐年下降；众多教师因职称晋升制度中断而在十几年里一直以低工资为生。

① 陈明远：《知识分子与人民币时代》，文汇出版社2006年版，第85页。

表4-8　全国高等学校教职工工资标准表（1956）

	等级	工资
教授	1—6级	345—149.5元
副教授	3—6级	241.5—149.5元
讲师	6—9级	149.5—89.5元
助教	9—12级	89.5—62元

资料来源：陈少平：《国家机关和事业单位工资制度变革》，中国人事出版社1992年版，第74页。

教师考核制度。新中国成立之初，教育管理部门下发的一系列文件，为大学教师量化考核奠定了基础。1955年，教育部颁布《高等学校教师工作量和工作日试行办法》，明确规定了高校教师全年应完成的教学工作量及其计算办法，从而使教师的考核指标得到量化，并将量化考核结果与工资待遇挂钩。该办法体现了按劳分配、多劳多得的基本原则，有利于调动教师的教学积极性。1963年，教育部《关于高等学校教师职务提升工作问题的通知》，明确要求各高等学校要“建立对教师的考核制度，定期对教师进行考核。教师职务的提升，必须根据考核的结果来评定”。然而，政治环境的变化使上述举措不久即被搁浅。强调业务工作的教师考核制度被视为是以专代红的体现，遭到中央部门的批评，“所谓教师工作量的办法，是死搬苏联教育制度的一个典型事件。这种办法的推行，只对那些高薪的‘专家’、‘教授’有利，对大批政治上想前进的青年教师则是很大束缚”①。1964年，教育部提交《关于高等学校教师工作量办法等几个问题的检查报告》，提出今后不再搞教师工作量试行办法的整改措施，并对教师职务提升的有关规定进行反省和纠正，至此，高校教师评价中的定量考核被全部否定。

（二）制度分析及制度影响

新中国成立初期的十余年里，中国大学教师制度建设呈现出明显的“强制性制度变迁”特征。在国家政府出台的一系列政策、法规、条例的规限、引导和推动下，中国的大学教师制度发生了重大转变，教师的职业生涯也随之而呈现出一些新的特征：

1．教师作为“单位人”，紧紧依附于大学组织。单位，是1949年以后

① 何东昌主编：《中华人民共和国重要教育文献1949—1975年》，海南出版社1998年版，第1337页。

中国城市社会生活的基本组织形式。长期的战乱使中国人迫切希望社会稳定和生活安全，单位制度提供了这种安全保障。在社会主义公有制的背景下，一切资源均为国家所有，一方面，单位需要依靠国家来获得资源，以便生存和发展；另一方面，单位又整合、控制着单位中的个人，给予他们社会行为的权利、身份和地位，满足他们的基本生活需要。事实上，在单位制度框架中，个人只能通过单位从国家获取应得的份额，脱离单位的个人将无法谋生。因此，单位既是一级政府机构，又是一个小社会；既是单位人的工作场所，也是生活场所。一所大学，就是一个单位，是权力高度集中的政府进行政治控制和社会控制的有力工具。民国时期形成的大学与教师双向选择的聘用制度此时已被终止，大学教师的任用与调动由各级政府部门按照国家计划进行统一调配，大学与教师之间从自由、平等的契约关系转变为行政上的隶属关系。在作为国家事业单位的大学组织里，教师成为受到严格管控的“单位人”，成为人事政策计划链条上的一种“分配物”[①]。单位所具有的封闭属性，使教师丧失了自由流动的机会，一名教师在一所大学中度过整个职业生涯的情况非常普遍。

2．教师职务成为终身享有的身份，职务晋升缺乏稳定的制度保障。就本意来说，教师职务是职、权、利的统一体，是学校根据工作需要设置的有明确职责、任职条件和任职期限的岗位。新中国成立以后，中国沿用了民国时期建立的由教授、副教授、讲师、助教四个等级构成的大学教师职务名称。但职务晋升的含义发生了改变，“职称晋升”在事实上取代了“职务评审”。职称，也就是职务的名称，是反映专业技术人员的业务水平和业务能力的称号。职称由同行专家评定，没有岗位要求和数量限制及任期，一次获得终身享有，且不与工资待遇挂钩。可见，职称与职务之间存在本质区别：职称是教师能力等级的标志，是一种“身份”，其评定与晋升不受数额限制，只受标准限制；职务，则与具体的工作岗位直接相关，通常有一定的数额和任期限制，需要履行相应的职责。但在20世纪50—80年代中期，职称与职务之间的区别逐渐模糊，大学教师的职务评审基本上是按照一定学术标准所进行的资格评审，即只要达到相应的资格条件就可以晋升职务。在取得某种教师职务之后，教师将享有与该职务对应的工资待遇，但没有明确的岗位职责和任职期限加以约束。除非犯有严重错误而受到处分或因工作需要而调离高校，教师的职务将终身拥有。可见，这一时期教师职务的晋升相当于个

① 吴鹏：《学术职业与教师聘任》，中国海洋大学出版社2006年版，第125页。

人“身份”的提升，获取某一等级的身份意味着终身享有一定的等级性待遇。

此外，教师职务晋升工作没有形成稳定的常规。各级教师能否晋升职务除了要看自身的业务能力外，还要看当时的具体政策。大学只能根据政府部门的“通知”、“暂行规定”等各种条文来确定何时对何种级别的教师进行职务评审。这些政府条文的暂行性、变动性很大，导致教师晋升时断时续。

3．教师的物质生活水平和社会地位呈下降趋势。新中国成立之初，国家财政困难，教师薪金的一般标准与30年代抗战前相比低了很多，不过对于饱受战乱之苦、经历过物价飞涨的艰难岁月的广大教师来说，物质生活虽不富足，但安定、有保障，憧憬已久的平稳的职业生活似乎已就此展开。然而，好景不长。1957年反右斗争开始，中国知识分子的生活境况骤然改变，他们所遭遇的这一次变故不仅体现在物质生活层面，更深深影响了其精神世界。引用当时社会上流行的一种说法，就是“反右以后知识分子臭了！”[①]超过50万名知识分子被定为右派，他们需要面对的共同命运是：下放到农村劳动改造，取消原工资，领取少量的生活费勉强度日。虽然有少数人侥幸保留了教师职位，但思想上、精神上的痛苦却无法消除。在反右运动中，费孝通被解除一切行政职务，他没有被下放到艰苦地区，仍保留教授职位，但“这时我没有声音了，没有人会出版我写的任何东西”，“那时我的思想实际上停滞了。我不能写作，这使我智力停滞”，“我到底是不是错了？我错在哪里？我不明白”[②]。未划入右派行列的教师也不能免受冲击。为缩小知识分子与工人阶级的差别，高级和中级知识分子普遍减薪。在这个时期，学历和知识水平对于工资收入的影响微乎其微，“读书无用论”由此泛滥开来。

上述由强制性制度变迁所引发的大学教师职业生涯的种种变化，割断了中国学术职业发展的原有脉络，与大学的历史传统和现代社会发展趋势渐行渐远。

二　1966—1976年的大学教师制度及对教师职业生涯的影响

历时十年的“文化大革命”是一场摧残文化的革命，身为文化领域中坚力量的大学教师自然成为首当其冲的革命对象。大学，不再是教师赖以安身立命、施展才智的精神家园，“凡是知识分子成堆的地方，不论是学校，还是别的单位，都应有工人、解放军开进去，打破知识分子独霸的一统天

① 陈明远：《知识分子与人民币时代》，文汇出版社2006年版，第116页。

② 同上书，第140页。

下，占领那些大大小小的‘独立王国’，占领那些‘多中心即无中心’论者盘踞的地方”。[①]在这样的政治背景下，大学教师人才培养的职责和使命受到扭曲，学术研究的权利与自由荡然无存。在混乱不堪的学校里，教师是被批斗、被改造的对象。长期以来一直备受尊崇的大学教师职业，在此期间，其社会地位一落千丈，成为“九类人”中的末流[②]。由于他们中大多数人被认为“世界观基本上是资产阶级的”或“世界观没有改造好”，需要接受再教育，因此，住牛棚、受审查、挨批斗、抄家、劳动改造、上“五七干校”、到农村插队落户，成为这些教师职业生涯中无法躲避的惨痛经历。

“文化大革命”期间，新中国成立后建立的大学教师制度遭到严重破坏，教师职务资格被取消，职务晋升、工资提级、培训进修等工作完全停顿，教师管理陷于瘫痪。据北京大学的一位教师回忆，1954年他被定级为讲师，每月工资随之升到106元。这个工资数他整整拿了25年，直到1979年才有所调整。这期间他的职称没变，工资也没变。[③]大批教师被下放到干校，接受带有无罪流放性质的劳动改造。被关入“牛棚”的“当权派”和“反动权威”，其状况则更加凄惨。他们不能回家吃住，生活条件恶劣且没有行动自由。每天的生活内容是接受审问、训斥、劳动改造，与学术完全绝缘。此外，工资停发，个人存款被冻结，每月只给少许个人生活费。北京大学教授季羡林在《牛棚杂忆》中回忆“到了食堂，只许买窝头和咸菜，油饼一类的‘奢侈品’是绝对禁止买的。当时‘劳动罪犯’的生活费是每月十六元五角，家属十二元五角。即使让我买，我能买得起吗？靠这一点钱，我们又怎样‘生’，怎样‘活’呢？”[④]新中国成立初期，各大学都为教师安排了住宅，老教授们通常住在别墅式洋房或独立的平房小院，住房条件较好。年轻教师住在宿舍楼，也较为宽敞。但到了“十年浩劫”时期，全国各地的老教

---

① 中央教育科学研究所编：《中华人民共和国教育大事记（1949—1982）》，教育科学出版社1983年版，第420页。

② 所谓“九类人”，就是地主、富农、反革命、坏分子、右派、走资派、叛徒、特务、知识分子。新中国成立初期，就有“地（主）、富（农）、反（革命）、坏（人）、右（派）”的说法，这五类人属于专政、改造的对象。“文化大革命”开始后，叛徒、特务、走资派和知识分子也被列入到被专政、改造的对象行列当中。由于当时社会上公认知识分子爱摆“臭架子”，因此民间谑称“臭老九”。在“九类人”这个被专政、改造的群体中，位列最末位的第九，已经充分说明知识分子的绝望境遇了，前面再加上个“臭”字，更加体现出当时社会对知识分子的蔑视与厌恶。

③ 邢佰英：《还是现在的收入最满意——一位老教授所经历的高校教师收入变迁》，《中国青年报》2006年9月25日（http://zqb.cyol.com/content/2006-09/25/content_1521271.htm）。

④ 季羡林：《牛棚杂忆》，中共中央党校出版社1998年版，第138页。

授们大多被打成“资产阶级反动学术权威”，原有的住房几乎都被侵占，甚至干脆被“扫地出门”。中青年教师的住房则普遍地简陋、拥挤不堪。在这个文化人被视为“非人”的时代，大学教师的职业生活无论从物质层面还是精神层面都受到前所未有的重击。当国家的整体社会秩序遭到彻底破坏的时候，以行政方式构建起来的大学教师制度自然完全丧失了对教师职业生涯的规约力量，而失去制度庇护的教师群体则只能在凄惶无助中苟且偷生。

三 1977—1985年的大学教师制度及对教师职业生涯的影响

“文化大革命”结束后，大学的各项工作陆续步入正轨，大学教师制度的恢复与重建随之被提上了议事日程。经过几年的努力，教师职称评定、职务考核、工作量、薪酬等多项制度都逐步建立起来。

（一）大学教师制度的恢复与重建

教师职称评定制度。为解决高校教师十多年里已达到规定标准但没有确定或提升职称的历史遗留问题，1978年，国务院批转教育部《关于高等学校恢复和提升教师职务问题的请示报告》。该报告提出，在国务院没有作出新的规定以前，仍可执行1960年国务院颁发的《关于高等学校教师职务名称及其确定与提升办法的暂行规定》，原来已确定提升为教授、副教授、讲师、助教的，一律有效，恢复职称，不需重新办理批报手续。由此，我国高等学校教师职务制度进入了全面恢复的时期。据不完全统计，截至1979年6月底，全国约有61300名教师确定和提升了职称，占1978年初高等学校教师总数的34.2%。[①]此后几年里，超过半数的高校教师得以确定或晋升职称，长期积压的问题基本得到了解决。在此背景下，教育部于1982年颁布《关于当前执行〈国务院关于高等学校教师职务名称及其确定与提升办法的暂行规定〉的实施意见》。该文件以1960年《暂行规定》为基础，进一步明确了教师职称确定与提升的思想政治条件和业务条件，并严格规定了确定与提升教师职称的评审程序和审批权限。该文件的颁布标志着中国高校教师的技术职称评定已步入正常化、规范化、制度化的轨道。

技术职称评定制度的确立是国家尊重知识、尊重人才的一项重要举措，在中断多年后恢复职称评定，对于恢复教师的社会地位、改善教师的政治待遇、增强教师的责任感和事业心，具有极为重要的意义。但是，“当政策制

① 教育部：《关于1979年下半年高等学校教师确定和提升职称几个问题的通知》教政字［79］030号。

定者快速恢复职称工作的意图与教师尽快评定职务的愿望不谋而合时，必然导致高校教师职务晋升实践中带有盲目性的膨胀发展”[①]。80年代初，职称评审中论资排辈、不重实绩，宽严不一、缺乏总体规划，突击提升、片面追求提升的数字和比例等问题日益凸显，高级职称人数因评审过滥而急剧膨胀，职务制度的约束和激励功能大为削弱。在此情况下，1983—1985年间，全国暂停职称评定工作，进行全面检查和整顿。

教师职务考核制度。1979年，教育部颁布《关于试行高等学校教师职责及考核的暂行规定》，明确规定各级教师的职责（见表4-9），并提出政治表现、业务水平和工作成绩三个方面的考核内容。关于考核方法，该文件提出对教师的考核应重在平时考察，结合教学、科研和进修等项工作进行，并在此基础上，实施定期考核，一般每学年或学期进行一次。通过考核对教师予以相应的表扬奖励或批评教育。

表4-9　　高等学校教师职责（1979年）

	教师职责
助教	1. 担任一门课程的辅导、课堂讨论、习题课、实验课或实习等一、两种教学环节的工作；每两年要有一个学期从事实验方面的工作 2. 体育、公共外语、制图课程的助教应担任讲课。其他课程的助教，经领导批准，也可以担任部分的或全课的讲课，协助指导毕业论文、毕业设计等 3. 在指导教师的指导下，参加教学法或科学研究工作
讲师	1. 独立担任一门课程的教学工作，组织与指导实习，指导毕业论文、毕业设计 2. 担负实验室的建设，组织与指导实验室工作，编写实验教材及实验指导书 3. 参加科学研究及其他科学技术工作，提出学术论文或做出科研成果；参加编写、审议新教材和教学参考书，翻译外文专业资料，审阅专业稿件或学术论文 4. 协助教授、副教授指导研究生和教师的进修
副教授	1. 独立担任并领导或指导一门以上课程的教学工作，每两年有一个学期讲授一门基础课（包括专业基础课或技术基础课）或开新的选修课；组织并指导毕业论文、毕业设计的教学工作 2. 担任学术指导人或科研课题的负责人，提出学术论文或做出科研成果；主持或参加编写、审议新教材和教学参考书及专著；掌握本学科范围内一个或几个方面国内外学术发展动态，并能负责或参加审阅学术论文 3. 指导实验室的建设，设计、革新实验手段或开设新的实验内容 4. 指导研究生和教师的进修
教授	教授应担负比副教授职责水平较高的工作

教师工作量制度。1981年，教育部颁布《关于试行高等学校教师工作量

① 叶芬梅：《当代中国高校教师职称制度改革研究》，中国社会科学出版社2009年版，第125页。

制度的通知》，对各级教师提出工作量定额的要求并制定了明确的工作量计算方法。教师工作量包括教学工作量、科学研究工作量、实验室建设工作量等，全年应为1680小时。为贯彻以教学为主的原则，该文件规定全校教师教学工作量应占全校教师工作量的2/3左右。教师完成工作量的情况要记入《高等学校教师工作量登记卡》，存入教师业务档案，作为教师工作安排、培训、提职、升级的依据之一。对于超额完成教学工作量，教学质量较好的教师，发给教学工作量超额酬金，每超过10小时发给酬金4元。但是，在随后的试行过程中，上述教师工作量办法显现出很多问题，如计算繁琐，某些工作环节计量不尽合理，对各级各类不同情况的学校照顾不够等。1985年，教育部在《关于当前高等学校教师工作量问题的意见》中提出，为了使教师工作定额计算办法更符合学校实际情况，在定编的基础上，由学校决定对各级教师的工作定额（包括哪些工作环节应计入教师工作定额，哪些计入教学工作定额，定额多少等）。计算办法可以多样，教育部不作统一规定。1981年教育部下达的《高等学校教师工作量试行办法》只作为计算工作定额的一种办法，供学校参考。

教师薪酬制度。1977、1979、1982年国家曾连续三次进行工资调整，使大学教师的工资待遇得到了较大改善。但由于三次调整都是在高校工资标准的原有基础上进行的，没有解决工资制度本身存在的不合理，如教师工资整体偏低，行业之间差异悬殊，工资标准混乱等。1985年，国务院发布《关于国家机关和事业单位工作人员工资制度改革的通知》，拉开了建国后第二次全国工资改革的序幕。这次工资改革采取了由基本工资和职务工资两部分构成的结构工资制度，在体现按劳分配原则的基础上，兼顾基本生活需要。各种职务人员的起点工资有所提升，如助教由原来的56元增加到70元，讲师由89.5元增加到97元（见表4-10）。尽管这次工资改革在一定程度上改善了教师的生活状况，但遗留了很多问题，主要有：套用国家机关工资制度模式，忽视教育工作的特殊性；缺乏保障教师工资正常晋升的相应制度；缺乏有效的工资激励机制，过度强调工资标准的统一等。①

① 梁玉霜：《高校教师工资制度改革的回顾与思考》，《黑龙江高教研究》1989年第2期。

表4-10　　高等学校教学人员工资标准（1985年）

职务	一	二	三	四	五	六	七	八
教授	255	230	205	190	180	170	160	
副教授	190	180	170	160	150	140	131	122
讲师	140	131	122	113	105	97		
助教	97	89	82	76	70			

教师培训制度。“文化大革命”期间，中国高校教师队伍遭到巨大破坏，难以适应新时期高等教育改革与发展的需要。为了使广大教师重新拾起已经生疏的业务，快速提高教师的教学水平和工作质量，1980年，教育部颁发《全国重点高等学校接受进修教师工作暂行办法》，由教育部会同学校主管部门统筹安排，对中青年骨干教师和急需开课的教师进行培训。培训内容以掌握一门课程的各个教学环节，提高教学水平为主，通过考试或考核的形式评定培训成绩，期限在一年以内。1984年，教育部颁布了专门针对青年教师培养的《高等学校举办助教进修班的暂行规定》，具有大学本科学历、具备两年以上教学工作实践、年龄在35岁以下的高校助教，经过学校推荐和入学考试，进入助教进修班学习，期限一般为一年。助教进修班开设6门左右的硕士研究生课程，并辅之以一定的教学和科研工作的基本训练。学习期满后，回原单位工作。据统计，1980—1986年，全国高校通过各种形式脱产进修一年以上的教师共有10.16万人，约占1986年全国教师总数的28.5%。①

就整体来说，80年代建立起来的高校教师培训模式可以概括为：政府主导，培训网络体系组织协调，举办学校实施培训。②在本质上，上述培训模式属于政府集中计划和直接管理的体制，是计划经济体制的产物。

（二）制度分析及制度影响

在“文化大革命”结束后的最初几年里，恢复与重建成为整个社会的主题词，大学教师制度在此背景下亦得到了重生。随着教师职称评定、职务考核、工作量规范、薪酬待遇、培训进修等项制度的陆续建立，中国大学教师

① 应望江：《中国高等教育改革与发展30年（1978—2008）》，上海财经大学出版社2008年版，第370页。

② 徐金明、杨瑾、余艳：《我国高校教师培训改革发展的前瞻与对策》，《教师教育研究》2004年第4期。

的职业生涯开始向有序、合理的方向发展。不过，由于这一时期的制度建设主要是对20世纪60年代大学教师制度的沿用，因此，当初在政府强制推动下完成的制度变迁所隐含的诸多问题并未得到解决。以单位制度为基础建立起来的大学教师制度虽然在一定程度上实现了预期的制度功能，但随着时间的推移，各种不期而至的制度后果也渐渐浮出水面。制度规限下的大学教师在自身的职业生涯中做出了一些现实的选择，这些选择所引发的负向后果对于大学教师、大学组织，乃至整个社会的发展造成了极为不利的影响。

1．以单位制为基础的大学教师制度的预期功能

从新中国成立至80年代中期，中国社会始终是“一个由极其独特的两极结构所组成的社会：一极是权力高度集中的国家和政府，另一极则是大量相对分散和相对封闭的一个个的单位组织”[①]。一所大学就是一个事业单位，是附属于国家政府的一级行政组织，是实现社会整合与社会控制的基本工具。在此背景下构建起来的大学教师制度必然地带有深深的“单位制度”烙印，换言之，这一时期的大学教师制度就是单位制度在大学教师人事管理领域的具体体现。建立在单位制度基础上的大学教师制度，与计划经济体制相适应，对于当时的社会及教育事业发展起到了积极的作用，较好地实现了其预期的各项功能：第一，整合教师资源。以国家统一调配为特征的大学教师任用制度使教师资源得到整合。大学教师作为一种有限的、分散的重要资源，其任用与调动由国家统一规划和安排，使短时间内“集中力量办大事”成为可能，保证国家发展的战略需要。第二，保障教师生活。单位制度在新中国成立后得以普遍推行的重要原因在于，它能够有效率地解决物质严重匮乏和社会不安全的问题。按照职务等级统一分配的工资福利（如住宅、退休金、医疗费等）以及永久性就业，为教师的生活提供了保障，满足了教师的基本生存需要。第三，实现行政控制。大学教师是国营事业单位中的专业技术人员，其身份是国家干部，必须服从国家意志，教师的任免、调动、职务晋升、工资待遇等都由政府统一规划，并通过大学这个单位组织予以实行。总之，在高度集权的一元政治体制和高度集中的计划经济体制的社会背景中，“单位就像是一个大家长，它提供一切，又控制一切”[②]，与单位制相适应的大学教师制度必然地为大学教师设置了一个以服从、依赖换取安全、保护的

① 李汉林：《变迁中的中国单位制度：回顾中的思考》，《社会》2008年第3期。

② 揭爱花：《单位——一种特殊的社会生活空间》，《浙江大学学报》（人文社会科学版）2000年第5期。

职业生涯框架。

2. 以单位制为基础的大学教师制度的未预料后果

由国家推行的自上而下的强制性制度变迁，虽然在推进过程中具有快速、高效、低耗等多方面优势，但并不意味着所推行的制度本身一定是有效的。从制度的制定者一方来看，个人的偏好和有限理性、意识形态的刚性、官僚政治、集团利益冲突、社会科学知识的局限等都会影响制度本身的合理性；从制度的承受者一方来看，国家强制运作的制度可能违背了一致性同意原则，即违背一些人的利益，他们可能不按照这些制度规范自己的行为，由此导致制度在运行中缺乏效率或偏离预定目标，也就是所谓的“上有政策，下有对策”。[①]80年代中期以前，中国建立起来的具有“保护—控制”双重特性的大学教师制度，的确在实现组织控制的同时为教师提供了基本的职业安全保证，但随着时间的推移，上述制度中的不合理成分日益显露，一系列未预期的“制度后果”成为大学教师发展、大学组织发展的严重障碍。

（1）因人身依附而形成的单位意识消解了教师的发展动力和创新精神。国家全面占有和控制各种社会资源，对大学组织形成绝对领导和支配；大学组织则全面占有和控制教师的发展机会及其必需的生活资源，对教师形成绝对领导和支配。在这样的制度格局下，教师只能全面依附于自己的单位——大学。在以封闭性为特征的单位里，大学教师逐渐养成了“单位人”所特有的“单位意识”，如服从意识、平均主义意识、磨洋工意识等。[②]所谓服从意识，就是认同并执行单位的规则和意志。对单位的全面依附使教师个体注定无法具有独立性，无论是出自自觉自愿还是出自于习惯，只有服从单位中的规则和权威，教师才能获得住房、晋升、福利等资源和机会。所谓平均主义意识，就是对于按“人头”而不是按个人贡献分配资源的做法持赞同态度。为实现“保护—控制”的双重目的，单位必须采用平均分配的方式，才能缓和内部紧张，保证稳定和秩序。所谓“磨洋工意识”，就是工作努力最小化。在单位中，个人的职业发展主要取决于身份和资格，个人工作成绩的影响力非常小，因此，无论干多与干少，福利待遇和发展机会基本是一样的。

显然，上述单位意识的形成对于教师个体的发展和大学组织的发展都具有严重的消极影响，教师个人的自主意识、进取意识和创造精神由此而变得日趋淡薄，而这些意识和品质正是大学教师和大学组织得以进步的核心资

① 卢现祥：《西方新制度经济学》，中国发展出版社2003年版，第112页。

② 于显洋：《单位意识的社会学分析》，《社会学研究》1991年第5期。

源。以单位制为基础的大学教师制度确立了身份和资格在教师职业生涯中的重要性，并在事实上否认了个体知识才能上的差异，贬低了人才的价值，从而埋下了隐患。不过，需要注意的是，上述单位意识的形成，是个体对单位的全面依附所造成的，但这种依附并不完全出自于制度强制。安全与稳定是个人生活的基本需要，个人对单位的依附，既有不得不的成分，亦有自觉自愿的成分。很多教师自觉地将自己的生活封闭在单位的狭小天地内。因此，即使制度控制被消除，教师的依附性和单位意识在短时间内依然难以消除。

（2）错综复杂的非正式权力结构使大学内部竞争环境恶化。在单位组织中，单位成员不仅通过正式地位和正式结构获得资源，而且还通过各种人际关系来获得各种社会资源。[①]沃尔德（Andrew G. Walder）认为，在单位组织内部存在着一种庇护主义的关系系统，即单位领导与积极分子之间、积极分子与非积极分子之间构成一种庇护关系网络。单位制度赋予单位领导在资源分配上的垄断权力，所以普通群众只能通过与这些领导建立庇护性的依赖关系才能获得利益。杨晓民则认为，单位组织中存在着派系结构，派系产生的根源在于资源供应的不足、交往中话语的亲近效应、关系的收益、上下级矛盾及体制设计的不合理等。[②]无论庇护关系还是派系结构，都揭示了非正式权力在单位组织中的广泛存在，作为单位组织的大学亦不例外，非正式权力结构是教师职业生涯中难以避开的一支重要影响力量。首先，在具有封闭性的单位组织里，大学教师所能谋求的资源和职业发展空间基本被限制在学校内部。由于资源分配和人才考核的标准通常是含糊不清的，缺乏公正公开的制度规则，因此，为非正式权力的运作留下了很大的回旋余地。身为“单位人”的教师如果只依靠正式制度的途径，往往很难获得自己需要的资源。于是，为换取各种稀缺资源（如：学术职务、行政职务、科研经费、学访机会等），教师不得不投入大量精力编织人际关系网络。其次，只进不出的制度设计造成大学教师队伍流动不畅，人员的不断积压和单位资源的有限加剧了教师之间的竞争。为增加在竞争中取胜的砝码，与单位领导、上级搞好关系，拥有有影响、有权势的朋友，寻求非正式权力的庇护与支持成为教师的一个优选策略。非正式权力结构的存在充分说明，在正式制度的规范与约束的条件下，组织成员会从自身的需要和利益出发，有策略地采取行动。单位

① 李路路、李汉林：《中国的单位组织：资源、权力与交换》，浙江人民出版社2000年版，第94页。

② 周国华：《“单位制度”与公立大学的组织特征》，《辽宁教育研究》2007年第12期。

组织封闭、控制的特性使非正式权力得以不断滋生、泛滥，这些以个人利益交换为目的、以幕后操作为基本手段的非正式权力结构使正式制度的规范作用被弱化，大学的内部竞争环境日益偏离公平公正公开，大学教师职业生涯中的不确定性和不稳定性随之而增强。

从新中国成立至80年代中期，中国的大学教师制度大体经历了建设—破坏—恢复这样一个曲折的发展过程。在政府全方位的统一管理之下，由西方移植到中国的大学组织已经完全脱离了西方大学的自治传统，大学作为独立的学术性组织的特性被政府附属机构的特性所遮蔽，大学教师所应具有的自由自主的“学术人”特性也被服从依附的“单位人”特性所消解。一方面，国家为教师提供了包括生、老、病、退、死等各方面的保障服务，另一方面国家对教师形成了完全的控制，使个人高度依赖于单位。在高度集中的管理体制下，大学教师队伍日益臃肿，人浮于事，效率低下。封闭僵化、缺乏激励和竞争、忽视个性和特长的大学教师制度与现代社会的发展本性不相符、与大学组织的创新本性也不相符，因此，到了80年代中期，在“文化大革命”中遭到全面破坏、长期陷入停滞的大学教师制度经过几年的恢复整顿后，必然将迎来一场轰轰烈烈的变革。

第三节　当代中国大学教师制度改革与教师职业生涯

20世纪80年代中期以来，随着改革开放的不断深入，中国的经济体制和政治体制逐步从一元化、集中化向多元化、分散化方向发展。身处社会剧变之中的大学组织渐渐摆脱备受束缚的“单位”形态，朝着依法自主办学的实体“组织”转变。而90年代末开始的高等教育大众化潮流，则进一步改变了中国大学的属性和生存方式：大学在迅猛发展的同时，其职能不断扩大、与社会之间的距离不断拉近，市场力量在大学中日益扩散，竞争成为大学无法回避的一个主题词。为回应时代提出的挑战，中国大学步入了全面改革的新时期。目前仍处于探索与变革过程中的大学教师制度，已经在相当大的程度上改变了中国大学教师的职业生涯。

一　当代中国大学教师制度改革的基本状况

（一）教师职务聘任制度改革

第一阶段。1986年，国务院召开全国职称改革工作会议，正式提出改革过去的职称评定制度，实行专业技术职务聘任制度。专业技术职务是根据实际工作需要设置的有明确职责、任职条件和任期，并需要具备专门的业务知识和技术水平才能担任的工作岗位，不同于一次获得后拥有的学位、学衔等各种学术、技术称号。将聘用制度作为事业单位的基本用人制度，有助于落实单位用人自主权和职工择业自主权，通过聘任合同维护单位和职工双方的合法权利，从而形成能上能下、能进能出、双向选择、合理流动的用人机制。同年，国家教育委员会发布《高等学校教师职务试行条例》，这是中国高校教师职务聘任制改革的起步性文件，第一次明确提出了高校教师实行职务聘任制，并从职责、任职条件、任职资格评审、聘任程序、聘任期限等方面构建起较为完整的教师职务制度框架（见表4－11）。此外，该条例还提出设立各级高等学校教师职务评审委员会进行任职资格评审；任职期限由学校根据工作需要确定，一般为二至四年，可以续聘或连任。1993—1998年，《中华人民共和国教师法》、《中华人民共和国教育法》、《中华人民共和国高等教育法》相继颁布，对于高校教师的任职资格、职务聘任、考核、奖励、培训等制度进行了原则性规定，为高校教师职务聘任制度改革提供了法律依据，标志着我国高等学校教师队伍建设和管理进入法制化、规范化的轨道。

自1986年至1999年，在一系列政策法规的推动下，我国高等学校的教师制度开始发生变化，“单位人”的传统观念和“终身制”的任用机制在一定范围和程度上受到冲击。不过，这一时期的制度改革在外部环境和内部动力方面都存在明显不足，外部没有健全的、开放的劳动力市场和人才流动机制；内部政府与大学之间长期形成的隶属关系难以打破，大学办学自主权没有得到真正落实，大学缺乏改革的动力；政策法规在推行过程中缺乏配套措施和有力的保障。在此期间，虽然有少数大学推行了聘任制，如：1986年上海交通大学改革进行教师职务聘任制度试点，建立教师工作责任制，改变吃大锅饭的状况；清华大学自1989年开始对新入校教工实行聘任合同制管理，实行“非升即走”和“非升即转”等办法，但从整体上看没有取得实质性进展。

表4-11 高等学校教师任职的业务条件（1986年）

职务	任 职 条 件
助教	具备下列条件之一： 1. 获得学士学位、或在工作实践中学习提高，经考试或考察，确认达到学士学位水平，经过一年以上见习试用，表明能胜任和履行助教职责 2. 获得硕士学位或研究生班毕业证书或第二学士学位证书，经考察，表明能胜任和履行助教职责
讲师	具备下列条件之一： 1. 在担任四年或四年以上助教职务工作期间，已取得高等学校助教进修班结业证书；或确认已掌握硕士研究生主要课程内容，具有本专业必需的知识与技能和从事科学技术工作的能力，能顺利地阅读本专业的外文书籍，经考察，表明能胜任和履行讲师职责 2. 获得研究生班毕业证书或第二学士学位证书且已承担两年或两年以上助教职务工作，具有本专业必需的知识与技能和从事科学技术工作的能力，经考察，表明能胜任和履行讲师职责 3. 获得硕士学位且已承担两年左右助教职务工作，或获得博士学位，经考察，表明能胜任和履行讲师职责
副教授	承担五年以上讲师职务工作；或获得博士学位且已承担两年以上讲师职务工作，经考察，表明能胜任和履行副教授职责，并具备下列条件： 1. 对本门学科具有较系统而坚实的理论基础和比较丰富的实践经验，能及时掌握本门学科发展前沿的状况，并熟练地掌握一门外国语 2. 教学成绩显著，能较好地对学生进行启发式教学，培养其分析问题解决问题的能力 3. 发表过有一定水平的科学论文或出版过有价值的著作、教科书；或在教学研究方面有较高造诣；或在实验及其他科学技术工作方面有较大的贡献
教授	承担五年以上副教授职务工作，经考察，表明能胜任和履行教授职责，并具备下列条件： 1. 教学成绩卓著 2. 发表、出版过有创见性的科学论文、著作或教科书，或有重大的创造发明 3. 在教学管理或科学研究管理方面具有组织领导能力

第二阶段。与企业、政府机关的人事制度改革相比，我国的事业单位人事制度改革始终滞后。为改变这种局面，2000年，人事部发布《关于加快推进事业单位人事制度改革的意见》，提出“建立一套适合科、教、文、卫等各类事业单位特点，符合专业技术人员、管理人员和工勤人员各自岗位要求的具体管理制度”。在大多数公立学校、科研院所等事业单位和大多数工作岗位逐步建立和推行聘用制度，“使事业单位的用人制度由身份管理向岗位管理转变，由行政管理向法制管理转变，由行政依附关系向平等人事主体转

变，由国家用人向单位用人转变”[①]。该文件与此后人事部陆续出台的相关文件[②]，为事业单位试行聘用制度提供了政策依据，表明我国事业单位人事管理制度改革已经在较全面的意义上展开，并日益走向制度化、科学化、规范化。

与国家关于事业单位人事制度改革的基本精神相适应，2000年，中组部、人事部、教育部颁布《关于深化高等学校人事制度改革的实施意见》，提出进一步强化竞争机制，改革固定用人制度，破除职务终身制和人才单位所有制，按照“按需设岗、公开招聘、平等竞争、择优聘用、严格考核、合同管理”的原则，在高等学校工作人员中全面推行聘用(聘任)制度；探索建立高等学校人才资源开发机制和分配激励机制。该文件标志着我国高校聘任制度改革走向深入。2003年，教育部研究起草《关于加快推进直属高等学校教师聘任制改革的若干意见（征求意见稿）》，力图体现“建立学术生涯早期的竞争淘汰与晚期的职业保护相结合的用人机制”的思想，体现政策向优秀学术人才倾斜的思想。基本思路是：推进教师岗位分类管理，实行教师公开招聘制度，将教师聘任管理重心下移，引入教授民主决策和学校内部制约机制，取消教师职务任职资格评审，强化岗位聘任，推进灵活多样的弹性用人机制。

在国家行政部门旗帜鲜明的支持下，21世纪初，一些大学开始探索并尝试推行人事制度改革（见表4-12），其改革的基本理念是一致的，即合理配置教学和学术研究的人才资源，优化学校内部人员结构，促进人员的社会化流动，以提高办学效益和学术水平。由于各所大学的发展实际和价值选择存在诸多差异，因此改革方案也是大相径庭。其中，北京大学的“激进式”改革方案和中山大学的“温和式”改革方案备受瞩目。[③]2003年5月，《北京大学教师聘任和职务晋升制度改革方案》第一次征求意见稿出台，在校内乃至全国引发了强烈的反响和激烈的大讨论。肩负着创建“世界一流大学”重任的北京大学在此次改革中将效率作为基本的价值目标，力图通过推行“非升即走”、国内外公开竞聘的教师聘任和学科末位淘汰等制度实现强化竞争、优胜劣汰。就具体的改革措施来看，自然存在很多需要商榷和有待完善之处，

① 刘献君等：《中国高校教师聘任制研究——基于学术职业管理的视角》，科学出版社2009年版，第30页。

② 包括2002年的《事业单位聘用制条例》，2006年的《事业单位公开招聘人员暂行规定》和《事业单位岗位设置管理试行办法》等文件。

③ 郭丽君：《大学教师聘任制——基于学术职业视角的研究》，经济管理出版社2007年版，第178页。

但必须承认，北大采取的近于狂风暴雨式的改革使效率优先的“市场逻辑”与学术自由至上的“大学逻辑”直接遭遇在一起，二者之间的博弈与协调是当代大学发展无法回避的一个核心问题。因此，北大改革所引发的争论和思考对于中国大学教师制度的深入发展具有重大意义。与人员满额，急于吐故纳新的北京大学不同，中山大学有很大的教师空缺额，本着“不要立竿见影，要看长远发展”的立场，在《中山大学教师编制核定、职位设置与职务聘任规程》中采取了“平稳过渡”的策略：教授和部分副教授可以获得终身职位，工作满一定年限的讲师和助教也可获得终身职位；较高的标准和要求主要针对新聘任教师和未来将聘任教师；此外，在聘任资格和职务考评等方面设计了一些保护性措施，大大降低了解聘率，从而在促进教师合理竞争的同时减轻了改革所带来的震荡。

表4-12　　国内部分大学教师职务聘任改革的主要措施

时间	学校	主要措施
1999年	山东农业大学	只聘任职务，不评定职称
1999年	清华大学	全校岗位分为校聘关键岗位、院（系）聘重点岗位、一般岗位三级；所有岗位任期3年；新进教师3年期满后双向选择，续签率不得超过85%；担任初级职务两个聘期、中级职务三个聘期不能晋升职位的人员，不再续聘；公开招聘，择优上岗
2001年	上海大学	废除教授终身制，实行岗位聘任；教师晋升聘任，只发聘书，不授职称；教师落聘或低聘，原有职称失效。晋升聘任的教师如调动工作单位、退休或遇其他情况时，本人可按当时被聘岗位等级，到市人事局调换相应的全国统一职称资格证书
2003年	北京大学	讲师和副教授在合同期内最多有两次申请晋升机会，“非升即走”；国内外公开竞聘；学科末位淘汰制度；教授会评议制度
2003年	华东师范大学	终身教授聘任制，受聘教师的聘期延续到退休，不需要接受考核，享受终身教授津贴
2003年	南京大学	所有高级教师职务岗位均面向社会公开招聘
2004年	中山大学	正教授和部分副教授可获得终身职位；讲师9年不晋升则不续聘

随着教师职务聘任改革的不断深入，一些地区开始建立起普遍的制度规范，如：2003年，上海56所高校全部停止职称评审，实行专业技术职务聘任制。职称不复存在，高校根据自身需要设定岗位，有能力者竞争上岗，并且获得与岗位相对应的教授或副教授等职务，以及对应的薪酬；高校2至3年一

聘，聘期结束时对各岗位进行考核，考核不合格者将被摘掉教授或副教授的帽子。2005年，北京市33所市属市管高校全面推行教师聘任制，取消教授、副教授等头衔终身制。

总体而言，中国大学的教师人事制度改革刚刚走过起步阶段。为切实打破原有的封闭僵化、缺乏活力的单位管理体制，建立起适合当代社会需要和学术发展需要的新型教师制度，各所大学都在积极探索，不断深入地推进改革。由"身份评审"向"契约聘任"的转移，为大学与教师之间平等协商关系的建立提供了必须的基础。随着中国大学办学自主权的逐步落实，教师聘任问题将由大学与政府、大学与市场的对话，更多地转化为教师与学校之间的对话[①]。

（二）其他教师制度的改革与发展

教师资格制度。教师资格制度是国家实行的一种法定的职业许可制度，是国家对专门从事教育教学工作人员的基本要求。该制度的建立，意味着只有依法取得教师资格者，才能被聘任为教师。当代中国的教师资格制度是在《中华人民共和国教师法》（1993）、《教师资格条例》（1995）、《中华人民共和国高等教育法》（1998）、《〈教师资格条例〉实施办法》（2000）等法律法规的推动下，逐步建立起来的。2001年，教育部颁发了《关于首次认定教师资格工作若干问题的意见》，对教师资格的认定范围、资格申请、认定程序、学历条件、教育教学能力考察等有关政策作了进一步的明确规定和细化，至此教师资格认定工作进入全面实施阶段。

就内容来看，目前中国实行的教师资格制度主要涉及思想品德、学历和教育教学能力三个方面的资格要求——"中国公民凡遵守宪法和法律，热爱教育事业，具有良好的思想品德，具备研究生或者大学本科毕业学历，有相应的教育教学能力，经认定合格，可以取得高等学校教师资格"。在《〈教师资格条例〉实施办法》中，教育教学能力被界定为三个方面：第一，承担教育教学工作所必需的基本素质和能力，主要通过面试、笔试、试讲等方式考察；第二，普通话水平，一般应达到《普通话水平测试等级标准》二级乙等以上；第三，身体条件，经指定医院体检合格。非师范教育类专业毕业人员在申请认定教师资格时，需补修教育学、心理学课程并取得合格证书。不过，《实施办法》中另外规定，拟聘任副教授及以上教师职务或具有博士学位者，申请认定高等学校教师资格时，只需符合思想品德、学历和身心素

① 吴鹏：《学术职业与教师聘任》，中国海洋大学出版社2006年版，第9页。

质三项要求，对于教育教学基本素质和普通话这两个方面不作要求。可见，就制度规范而言，大学教师的职业准入条件是比较宽松的，学历在其中占据最为重要的位置。目前，中国实行的教师资格为一次性认定，只要不触犯法律，且没有品行不良或失职的严重情节，资格证书将终身有效。

教师薪酬制度。改革开放以后，中国共进行了三次全国性的工资制度改革。在1985年的第一次工资制度改革中，事业单位和国家机关一样，都实行了由基础工资、职务工资、工龄工资和奖励工资四部分构成的结构工资制度。这种工资制度没有考虑到事业单位的工作特点，难以发挥激励的作用。因此，1993年，中国进行了第二次全国性工资制度改革，使事业单位工资制度与国家机关脱钩，大学教师的薪酬由此而发生了变化。

1994年，人事部、国家教委印发《高等学校贯彻〈事业单位工作人员工资制度改革方案〉的实施意见》，规定高等学校实行专业技术职务等级工资制。专业技术职务等级工资由职务等级工资、津贴两部分构成，分别占工资总额的70%和30%。职务等级工资是工资中的固定部分，主要体现工作能力、责任、贡献、劳动的繁重复杂程度；教师的职务等级划分为：教授7档、副教授9档、讲师10档、助教6档，档次差额随职务等级和工资档次的提升而扩大（见表4-13）。津贴是工资中活的部分，按国家规定的30%比例实行总量控制，由学校自主分配，其发放以考核为基础，与教师工作的数量和质量直接挂钩，多劳多得、少劳少得、不劳不得。教师的津贴主要包括教学课时津贴、科研课题津贴、研究生导师津贴、领导职务津贴等。此外，《实施意见》中还制定了其他的相关制度，包括：奖励制度，对做出重大贡献的专业技术人员给予一次性重奖；年终奖制度，对年度考核合格者发给相当于本人一个月工资的年终奖金；正常增资制度，对于连续两年考核合格者晋升一个工资档次，对于职务晋升者相应增加工资。此时，高等学校均属国家全额拨款事业单位，职务等级工资、津贴和年终奖金，全部由国家财政预算列支。

表4-13　　高校教师专业技术职务等级工资标准表　　（单位：元/月）

职务等级	职务工资标准										津贴部分
	一	二	三	四	五	六	七	八	九	十	
教授	390	430	470	520	570	620	670				71—278
副教授	275	305	335	365	395	435	475	515	555		
讲师	205	225	245	265	285	315	345	375	405	435	
助教	165	179	193	213	233	253					

1999年以后，高校薪酬制度改革主要集中于校内津贴制度改革。1999年，教育部颁布《关于当前深化高等学校人事分配制度改革的若干意见》，提出高等学校在实行工资总额包干的前提下，有权确定适合本校实际的工资津贴分配办法和标准。2000年，中组部、人事部、教育部联合颁布《关于深化高等学校人事制度改革的实施意见》，提出各高校要将教职工的工资收入与岗位职责、工作业绩、实际贡献以及知识、技术、成果转化中产生的社会效益和经济效益等直接挂钩，建立重实绩、重贡献、向高层次人才和重点岗位倾斜的分配激励机制。与上述政策相呼应，1999年，清华大学和北京大学率先实施教师岗位聘任津贴制度，也就是把岗位分为关键岗位、重点岗位和一般岗位3个系列，每个系列中又包含3—4个等级，分别对应不同等级的岗位津贴，从而把竞争机制引入分配体系，使个人收入与岗位、业绩挂钩。以清华大学为例：学校实施9级岗位津贴，最高9级，年津贴5万元；最低1级，年津贴0.3万元，二者之间相差近17倍。[①]清华、北大的岗位津贴制度推出以后，其他高校纷纷跟进。目前国内各高校已经普遍实行岗位津贴加业绩津贴的校内分配制度，并大体形成三种制度模式：第一，岗位津贴为主的模式。即以岗位等级领取基本津贴，业绩津贴根据绩效考核决定，超额工作一般不再由学校单独计发津贴；第二，岗位津贴与业绩津贴并存的模式。即岗位基本职责之外的超额教学科研工作按统一标准付酬，多劳多得，优劳优酬；第三，业绩津贴为主的模式。即岗位津贴数额很低，津贴主要依据个人教学、科研或

① 张国春：《清华大学实行岗位聘任和岗位津贴制度》，2000年4月23日，（http://kyj.cass.cn/Article/877.html）。

获奖情况来确定。[①]

90年代的工资改革带有明显的过渡色彩。一方面，国家给予高校一定的自主权，鼓励学校通过薪酬分配激励教师的工作积极性，发挥人才的潜能与价值；另一方面，国家对高校的放权幅度较小，教师工资的主要部分仍由国家统一规定，高校在工资管理方面只有少量的自主权。此外，由于工资改革尚处探索过程之中，制度设计和制度选择上显现出工资构成复杂、结构混乱、急功近利等不合理现象。针对改革中出现的诸多问题，2006年，中国开始启动第三次工资改革。在《事业单位工作人员收入分配制度改革方案》中提出事业单位实行岗位绩效工资制度，以岗定薪，岗变薪变。岗位绩效工资由四部分组成：岗位工资，主要体现工作人员所聘岗位的职责和要求；薪级工资，主要体现工作人员的工作表现和资历；绩效工资，主要体现工作人员的实绩和贡献，国家进行总量调控，学校自主分配；津贴补贴，分为艰苦边远地区津贴和特殊岗位津贴补贴。四项工资中，岗位工资和薪级工资为基本工资。上述措施使工资结构更加清晰，为中国大学教师薪酬制度改革的深入进行提供了政策导向。

教师考核制度。改革开放后，高校教师定期考核制度得到恢复和修订。1981年，教育部《高等学校教师工作量试行办法》、《高等学校教师教学工作量超额酬金暂行规定》，成为高校对教师实施定量考核的直接依据，标志着我国大学教师考核从定性评价转入定性与定量相结合的阶段，教师考核与教师职务晋升相结合。90年代以后，大学教师考核得到法制化。《教师法》、《高等教育法》都明确规定了高校应当对教师的思想政治表现、职业道德、业务水平和工作实绩进行考核，考核结果作为聘任、晋升、奖惩的依据。2002年关于事业单位试行人员聘用制度的文件，建立和完善了考核制度。文件规定聘用单位对受聘人员的工作情况实行年度考核；必要时，还可以增加聘期考核。考核必须坚持客观、公正的原则，实行领导考核与群众评议相结合、考核工作实绩与考核工作态度相统一的方法。考核的内容应当与岗位的实际需要相符合。考核结果分为优秀、合格、基本合格、不合格4个等次，是续聘、解聘或者调整岗位的依据。随着分配制度改革的深入，科学量化管理思潮盛行。教师考核的评价指标越来越细化和数量化，并逐步形成“由教学工作量决定教师的酬金，由学术成果决定教师职务的晋升”的基本

---

① 陈万明、冯承强：《高校教师薪酬制度改革理性评析与展望》，《复旦教育论坛》2006年第4期。

格局。

教师培训制度。为加强教师队伍建设，中国政府在90年代颁布了一系列有关教师培训的规程和条例，从制度层面保证了培训在教师职业生涯中的重要地位。1996年，国家教委制定《高等学校教师培训工作规程》，对不同职务教师的培训形式提出了明确要求（见表4-14），使高等学校教师培训工作得到进一步规范化、制度化。

表4-14　　高等学校教师培训的内容和形式（1996）

	培训内容	培训形式
助教	教学科研基本知识、基本技能的教育和实践	岗前培训、教学实践、攻读学位、社会实践、计算机和外语等技能培训
讲师	增加、扩充专业基础理论知识，提高教学水平和科研能力	骨干教师进修班、短期研讨班、选派出国培训、国内访问学者培训、攻读学位等
副教授	通过教学科研工作实践及学术交流，熟悉和掌握本学科发展前沿信息，进一步提高学术水平	研讨班、讲习班、国内访问学者培训、参加学术会议、出国培训等
教授	通过高水平的科研和教学工作来提高学术水平	以参加学术会议、交流讲学、著书立说等活动为主的学术假期

1997年，国家教委印发《高等学校教师岗前培训暂行细则》和《高等学校教师岗前培训教学指导纲要》，要求在全国高校实行教师岗前培训制度，以确保新补充到高等学校的教师能够更好地履行教师岗位职责。培训内容包括高等教育法律法规、高等教育学、高等教育心理学及高校教师职业道德修养等四个部分；培训形式以集中授课为主，辅之以专题讲座、典型报告、教学观摩、课堂教学实践或讲评等形式；培训总学时不低于110学时；培训考核以闭卷考试为主，兼顾学习作业和教学实践锻炼等方式。

为落实上述教师培训制度，90年代以来，中国建立了两类高校教师培训机构：第一类，兼有培训基地和组织协调职能的各级培训中心。到2004年，全国共有国家级和省级培训中心38个，除少数设在教育部部属或省属综合大学外，大部分培训中心均设在教育部部属或省属师范大学。第二类，除各级培训中心所在学校外的承担高层次培训任务的重点高校，全国约60余所。[①]至

① 徐金明、杨瑾、余艳：《我国高校教师培训改革发展的前瞻与对策》，《教师教育研究》2004年第4期。

此，中国的高校教师培训制度已初成体系。纵向上，包括国家层面的制度规范、各省在高校中设置的师资培训中心和培训基地、各高校关于教师培训的具体管理办法；横向上，包括教师入职阶段的岗前培训和入职后的职务培训。

二 大学教师制度改革对教师职业生涯的影响

当代中国的大学属于事业单位，大学教师制度的发展变化是在事业单位人事制度改革的整体背景下进行的。事业单位人员是以自身的专业知识和技术技能提供专业化公共服务的工作人员，其人事管理应该既不同于企业，也不同于机关。在计划经济体制下，由于大学没有办学自主权，大学教师的管理一直沿用党政机关工作人员的管理模式，行政化的管理方式、缺乏灵活性的用人机制难以激发教师的积极性，难以提高工作效率和服务质量。改革开放以后，随着公立高校办学自主权的逐步落实和国家干部人事制度改革的不断深入，大学与教师之间的关系发生了深刻变化，开始由“行政关系”向“契约关系”转移。在以职务聘任为核心的大学教师制度改革的推动下，当代中国大学教师的职业生涯已呈现出诸多新的面貌和特征。

（一）大学教师制度变迁的预期功能

自20世纪80年代中期开始，经由90年代的逐步升温，至今已成为中国教育界热点的大学教师制度改革，是强制性制度变迁与诱致性制度变迁共同作用的结果。国家、市场、大学三方力量在制度变迁过程中发挥了不同的影响力。尽管这场正在进行的改革引发了众多的争议、矛盾、乃至批评，但制度变迁的大方向是一致的，即打破计划体制中形成的教师职务终身制、人才的单位所有制和平均主义的分配机制，逐步建立以平等竞争、择优聘任、契约管理、绩效激励为特征的现代大学教师制度。在二十余年的摸索与尝试中，大学教师制度改革所预期的各项功能在一定程度和范围内得到了落实。具体来说：

1. 建立竞争机制，为大学教师的职业生涯注入压力。大学教师职务由任命制向聘任制转移，其目的在于改变单位组织中平均主义、吃大锅饭的保守状态，通过竞争上岗的制度设计来激活现有的人力资源，吸纳优秀的人力资源。在教师职务聘任制度的规范下，中国大学教师的职务不再是高校教师的专业名称，而是高等学校为教师设置的不同工作岗位。大学根据学校承担的任务和事业发展的需要确定教师职务岗位的结构，即因事设岗；在法律允许的教师资格范围和事业单位编制内，大学自行决定招聘教师的标准、人数、程序，即因岗择人；大学对每个教师职务岗位都赋予明确的职责、任职条件和任职期限，公开实行招聘，即择优上岗。这样的制度安排对于激发教师工作的积极性与主动性、优化教师的配置结构、提高效率、裁撤冗员具有明显的作用。

2．形成流动机制，为大学教师的职业生涯发展开辟空间。大学教师聘任制度实行之前，作为政府部门附属机构的大学组织，其职责范围和活动内容基本上都是由政府部门统一规划和决定的；而大学教师作为大学单位的附属成员，其活动自然也被限制在狭小的范围里。在未能形成一个受供需关系影响的学术劳动力市场的社会环境中，大学教师没有职业流动的自由，其政治地位与经济地位只能依靠对单位的服从来换取。聘任制度实行后，大学教师的身份逐渐由“单位人”向“组织人”、“社会人”转变，这意味着学术职业对于政府和学校的依附性正在趋于弱化，建立在契约基础上的聘任为教师自由择校择岗提供了制度保障。能上能下、能进能出的制度安排使大学教师开始拥有一定程度上的学术自由和较为宽松的职业生涯发展空间。

3．引入激励机制，为大学教师的职业生涯发展提供动力。事实上，制度本身就是一种激励机制。一种好的制度既可以有效地约束人们的机会主义行为，又能够激励人们为获取某种资源或利益而付诸行动。清晰完整的职务晋升制度，公正严格的职务考核制度、稳定有序的学术奖励制度、公平合理的薪酬分配制度等，都能够有效地激励教师不断进取、力争卓越。80年代中期以前，由于缺乏相应的制度引导和制度保障，论资排辈、人浮于事的现象在大学中成为一种常态。优秀教师或缺少机遇展露才华，或在工作中投入多而收益少，人才的价值被忽视，个体的创造性与积极性遭到压抑。随着教师聘任制度的逐步推行，市场机制在大学内部管理中的渗透，特别是高等教育大众化时代的来临，全国高校普遍开始实行以岗位津贴为导向的薪酬制度改革。绩效考核、按劳付酬、以岗定薪、责权利统一的分配体制的引入，增强了教师队伍的活力，激发了教师的才智和潜能。

（二）大学教师制度变迁所引发的失范现象

通过大学教师制度改革，建立竞争、流动、激励等管理机制，既是政府改变大学办学效益低下、提高效率的必然选择，也是大学在不断增长的市场力量冲击下为提高自身活力所做出的回应。然而，为实现利益各方的目标而发动的制度变迁所带来的并不都是期望中的结果。

如前文所言，与欧美各国相比，中国的学术职业缺乏长期的历史积淀，在百余年的发展历程中又长期为外力所控制，自由、自主的学术精神始终难以在大学中扎下根基。进入20世纪80年代，中国大学教师群体终于走出了物质生活与精神世界饱受压抑和摧残的阴霾，在较短时间里获得了新生，但这种平稳发展仅仅持续了十几年时间。1999年，我国开始扩大高校招生规模，高等教育步入大众化时代。与西方国家由精英教育向大众教育转化过程中所遭遇的一样，中国学术职业在大众化与市场化浪潮的冲击下也陷入了重重困境。虽然关于学术职业的现实困境是世界范围的，但身处其中的中国学术职业需要面对的问题则更加复杂、更加严峻。当强有力的产业逻辑以制度为载体渗透到中国大学的各个角落，并与学术职业发展的内在逻辑相冲突的时候，先天不足且立足未稳的学术职业精神变得不堪一击，各种失范现象由此而大量涌现。

1. 显性失范——学术腐败与学术不端。当代中国的大学教师制度改革力求通过建立一种竞争的职业环境，激励教师追求职业生涯的成功。在制度的强力推动和利益吸引下，中国学术职业逐渐摆脱了单位体制中形成的集体主义、平均主义文化，形成了新的文化目标——对个人成功的追逐与向往。当追求成功的渴望异常强烈，而通过合乎制度规范的手段快速获得升迁、获得显赫学术地位的道路异常狭窄时，目标与手段之间的平衡就变得不再稳定。换言之，当一名教师发现难以通过合法途径实现自己渴求的目标，那么，不择手段地掘取社会资源就成为他的一个可能选择。大学教师制度改革所营造的激烈竞争氛围，在激励学术职业人奋发进取的同时也引发了急功近利的浮躁心态。为取得职业发展的显赫地位，各种弄虚作假、欺世盗名、背离学术职业道德的不端行为大量滋生出来。

[案例一]

2006年1月17日，一个类似美国“水门”事件中“深喉”的人物，在清华大学水木清华BBS上，公开指责上海交通大学微电子学院院长陈进教授发明的“汉芯一号”造假。该神秘人士指出，2003年2月，在摩托罗拉公司做测试的工程师陈进，将一片从美国买来的芯片，雇请他人磨掉原有标志，然后加上自己的“标识”，变成了所谓“完全拥有自主知识产权”的“汉芯一号”，申请了多项专利和数十个科研项目，骗取了高达上亿元的科研基金，并借此当上了上海交大微电子学院院长、博导以及“长江学者”。一些嗅觉敏锐的媒体很快介入，进行了艰难的追索和求证。在举报人和媒体的共同努力下，一个个事实渐次浮出水面。2月18日，该事件的调查组得出结论：“汉芯一号”造假基本属实。

“汉芯一号”作为“全部拥有自主知识产权”的创新产品，迎合了某些权力机关和官员急于出政绩、树形象的功利心理。中国亟待在高新科技领域有所突破，国家政府对自主创新寄予了深厚乃至热切的期待。尤其自主研发高性能芯片，实在是我国科技界的一大梦想。所以，陈进便利用这种期盼，通过伪造的“汉芯一号”，把自己打扮成自主创新典范的同时，也为某些人增添了政绩。在把陈进树立为典型和样板的过程中，一些机构扮演了极不光彩甚至助纣为虐的角色。无论是无能被骗，还是失德腐败，抑或是好大喜功，无疑共同构成了学术腐败扩散、科技造假猖狂的温床。“汉芯一号”事件，不仅暴露了我国当下学术评估体系重关系、人云亦云、缺乏职业操守等种种弊端，也暴露了某些政府组织和科研管理机构急于求成的浮躁心态。[①]

［案例二］

2009年12月19日，国际学术期刊《晶体学报》官方网站发布社论，通告来自中国井冈山大学的两位教师至少70篇发表在《晶体学报》C分卷或E分卷上的晶体结构报告存在数据造假行为，决定撤销。相比平常那些抄袭、借鉴一类的学术腐败，此次学术造假事件因其“团伙造假”、“批量造假”、“定点造假”、“疯狂造假”之特征，更具有广泛的震撼力。那么，推动这些年轻教师如此肆无忌惮地突破学术道德底线的力量究竟来自哪里呢？该校的学术论文奖励办法规定，在国外科技核心期刊发表一篇论文且被SCI检索系统收录，将累计获得8000元奖励。既不为升职也不为考核而疯狂炮制毫无价值的论文，只能是贪念之下学术躁动的产物。当前在中国学术界流行的物质刺激法，其本质在于把科研成果当作商品，美其名曰“绩效”与“激励”，说白了就是“悬赏性科研”。科研的方方面面都与经济利益挂钩，其结果只能导致科学研究领域“金钱挂帅”，刺激得科技工作者心浮气躁，虚火上升，以至于产量高了，质量差了；垃圾多了，精品少了；欲望多了，兴趣少了；队伍多了，大师少了。[②]

2．隐性失范——循规蹈矩、愤世嫉俗与另类生存。如涂尔干所言，失范

① 叶铁桥：《汉芯事件：没人负法律责任》，《中国青年报》2006年12月26日（http://zqb.cyol.com/content/2006-12/26/content_1622896.htm）。

② 卢荻秋：《金钱挂帅，学术丢脸是早晚的事》，《中国青年报》2009年12月29日（http://zqb.cyol.com/content/2009-12/29/content_3004676.htm）。

意味着“社会在个人身上的不充分在场”（society's insufficient presence in individual），或者说是“社会的缺席”。[1]社会在个人身上的缺席有着多种表现形式，除了摒弃社会制度规范、不择手段地谋求个人成功这种相对显性的越轨行为外，在制度规范下个体的循规蹈矩、愤世嫉俗和设法寻求另类生存方式等行为取向同样是失范的重要表现。

所谓循规蹈矩，就是对制度规范表现出一种顺应而非认同的态度。表面看来，这种行为取向似乎并没有与制度规范发生矛盾，但实质上，这种顺应而非认同的态度意味着个体已经被迫放弃了自身的基本价值立场。这些循规蹈矩的教师，尽管不赞同制度规范中所体现的文化目标，但为了回避竞争中可能会遭遇的挫折和危险，而最终选择了遵从安全的制度规则，被动地沉陷于现实的制度结构之中。在案例三中，该教师对自身职业经验的总结道出了当前相当一部分处于中间状态的教师的感受。在归纳高校教师如何顺应现实的“混得滋润”秘诀的同时，其无可奈何之情跃然纸上。

［案例三］

普通高校教师如何混得滋润[2]

除了少数精英人才，大多数有上进心的高校教师可以说生活在惶恐之中。如何过得滋润，如何使自己在强大的社会压力下不再惶恐度日，是每一个普通教师内心煎熬的问题。作为一个老实人，我自从1987年留校当老师起，至今已有整整20年。在此，把我这些年来的感悟总结如下，以期为那些和我一样有相同性格和境遇的人提供一个参考，也对那些刚入道的年轻教师提供一个参照。

首先，要紧密学习时事，观察国家政策动向。这点是年轻人最容易忽略的。我刚开始也没有注意这个问题，以至于到了35岁才想起也得弄个博士学位，否则在高校难以立足。尽管在金钱和精力上付出了许多，目前看来，我当时的决定万分正确。起码，跟与我同龄但没有博士学位的教师相比，我比他们踏实多了。他们目前还在惶恐之中。

其次，要紧密团结在院系领导周围。可以说，你的命运，你的未来就在你的领导手中。当然，如果你具有特殊智商，特殊能力，也许能跃过本部门

① 李汉林、渠敬东：《中国单位组织变迁过程中的失范效应》，上海人民出版社2005年版，第8页。

② http://ido.3mt.com.cn/Article/200707/show780592c14p1.html，2007年7月4日，因篇幅原因有所删减。

领导这一级而取得辉煌成就。但是，大多数人都是凡人，况且，当代社会，凭个人努力就能获取重大成果已经不现实了。需要的是团队的力量，在这个团队中，你的地位当然由团队领导所决定。

再次，积极参加学校各种活动，获取知名度。包括：青年教师讲课比赛，教学研究项目申报、专业科研项目申报等内容。不要小看这些项目的申报和研究，它将是你晋级的支持材料。况且，有了这些项目的支持，尽管资金非常少，起码可以改善你的教学研究条件，买个打印机、买些专业书籍和参考资料、发表垃圾文章所需的资金支持都要从这里面来。当然，大家都清楚，这些研究绝大部分都是胡扯，对国家没有一点贡献。但是你不做不行，不做就没有晋级的支持材料。

最后，千万不要把所有精力都放在教学上。晋级和评定职称，所看的仅仅是你所发表的文章，所从事的研究项目给学校带来了哪些好处，并不真的看你的教学效果和学生评价如何。作为一个老实人，我也是从一个兢兢业业的教师明白了许多，把大量精力浪费到教书育人上，对自己的成长没有一点好处。尽管目前我依然教学认真，但是，大量精力已经转移到了学校和省、国家级项目申报和研究，以及论文发表上。

所谓愤世嫉俗，就是既不接受制度所推崇的成功目标，也不遵从制度规范。此类行为取向虽然并不多见，但非常具有典型性。愤世嫉俗的教师在形成其否定态度之前，通常比较彻底地接受了社会文化所提供的成功目标和制度规范，并将之视为符合自身情感的高尚行为模式。然而，以合制度的手段所进行的不懈奋斗不但没有带来成功，反而挫折连连。于是，原本熟悉并接受的规范性框架崩塌，个体因找不到一套能够接受且可以遵循的规范而陷入不知所措的困境。其结果很可能是“对责任的抛弃”，即以逃避来消除矛盾。案例四中的青年教师，就是因为对大学教师职业在福利待遇、教学科研工作等各个方面感到极度失望，才“下定决心”要离开大学教师职业的。

［案例四］

我要下定决心离开大学教师这个民工化的职业①

由于喜欢读书、喜欢研究、喜欢大学的平静环境，走上了这条贼船，现在后悔不已。以下几个理由让我开始考虑下决心要离开：

① http://www.tianya.cn/publicforum/content/develop/1/89897.shtml，2007年7月30日。

1. 比别人多读了几年书，刚留校任教时月薪900元，福利房没了，当时房价2000–3000元，仍然天真地以为将来会更好。现在月薪3000元，房价也到了8000–9000元，依旧没有指望。以前的同学，小学的中学的大学的，只要不是混得太差的大部分已经有房有车，而我还一无所有。薪水跟人家相比还有一大截距离。就像赛跑，人家已经跑在前面，速度比你还快，距离只会越拉越远。

2. 繁重的教学量，枯燥无味的教学内容，让人厌烦透顶！看着讲台下的学生，一个个心思早跑到考研、找工作上去了，来上课是混个学分而已，谁觉得上你的课有意义？

3. 中国的大学早已没有什么学术。在没有学术评价的情况下，数量是唯一标准，大学老师变成抄抄写写的码字工人，劣质论文充斥。

4. 科研是骗钱的幌子。大学里混得最好的是当官的，其次是有一定学术地位的教授，而这些教授学术上也不见得怎样，他们的共同之处是懂得钻营和经营关系。科研项目是轮不到年轻老师的，残羹剩饭有一些，也难解决温饱。

自问是一个非常勤奋的人，付出的是高强度的脑力劳动。但民工也很勤奋，勤奋不解决问题，离开才是正道。现在最怕听见别人用敬羡的口吻谈论大学教师这个职业。

所谓另类生存，就是教师主动放弃对制度所推崇的成功目标的追求，满足于做教师群体中的“平庸者”，与此同时，在制度之外寻求自己所认可的成功。此类教师没有把自己置于必须积极地主动适应或无奈地被动适应制度的地位上，而是游走于制度所允许范围的边缘地带，通过在制度目标之外所取得的“成功”来平衡职业生涯中的“平庸”。这种“成功”可能来自于教师职业之内，也可能来自于教师职业之外。案例五中的晏才宏老师显然属于前一种情况，即醉心于教学工作，当大多数教师都在努力积累科研成果以实现职务晋升时，不为所动。案例六中的“不受任何人控制”的青年教师则属于后一种情况，即在本职工作之外，通过从事兼职而取得丰厚的收入。在现实中，当金钱成功成为社会的主流价值，同时也成为衡量学术职业人成功与否的基本标准的时候，通过职务晋升或申报课题等途径获得金钱与通过从事兼职工作而获得金钱，二者之间的价值差别似乎已经变得微乎其微了。

[案例五]

晏才宏是上海交通大学的一位普通讲师，2005年3月12日死于肺癌。从世俗眼光看，晏老师不能算功成名就，从教几十年仅有个“讲师”职称，这在以论文论实力、以科研为要务的大学校园显然属于“弱势”一族。然而，晏老师生前深得学生欢迎，死后深受世人敬仰，决非一般高校教师可比。他去世三天内，上海交大校园BBS上，竟发表了学生千余篇悼念文章，学生还自发筹资为他出版纪念文集。

晏才宏上课已达到了这种境界：一杯茶、一支粉笔随身，从不带课本和教学参考书，知识早已烂熟于胸，例题信手拈来，讲课条理清晰、自成体系。加上一手俊秀的板书，洪亮的嗓音，他的电路课被誉为“魔电”，几乎场场爆满，座无虚席。有学生回忆第一次听他讲课的情景：“如何的精彩绝伦就不多说了，反正是在这之前，我整整一个学期都学不大懂，但是经过那两小时的讲解，茅塞顿开，一下子就明白了很多东西。”还有学生说“他的课充满了激情，从头到尾都扣人心弦，简直像一部精彩的电影”，“不知道天堂里是不是也会有人学习电路呢？如果有，他们真的很幸运”。

这样一位深受学生喜爱的教师为什么连副教授也评不上？主要原因是他没有论文。熟知他的人都说，他最让人感佩的一点是淡泊名利的洒脱，对职称从未挂怀。有人问他为什么不发表论文，他的回答是，发表学术论文要十分慎重，必须在某个领域有突破性的创见才拿得出手，为评职称而拼凑论文的做法他不忍为。他的时间基本都放在了改进教学、为学生答疑解惑上面。得知他的病情，一位多年好友赶来探望。晏才宏坐在沙发上，说：“查出来了，肺癌晚期。”说完这句话，没经任何过渡，就开始对朋友描述他刚上完一堂多么精彩的课，神情很是自得。朋友难以理解，人到了这种时候怎么还能那样平静和乐观。也有人认为，无论如何，晏才宏都是一个“悲剧人物”，他的言行在浮躁之风盛行的校园里显得如此“不合时宜”。但学生说：大学里这样的老师太少了。传道授业解惑本是为师者的天职，如今这样忠于职守的人怎么反倒成了另类？①

［案例六］

大学教师的生存突围另类路线②

我在江苏某高校工作6年了，也是老教师了。我2002年硕士毕业进校做教

① 李柯勇、刘丹：《晏才宏朱淼华：两位教学型大师的悲情遭遇》，2006年1月6日，http://www.edu.cn/20060106/3169338.shtml。

① 大肚佛爷：《大学教师的生存突围另类路线》，2008年10月12日，http://www.tianya.cn/techforum/content/140/1/582561.shtml。

师，经过两年的锻炼，教课与写文章水平可以进入前三分之一了，所以饭碗感觉是牢靠了。我不喜欢在学校里拼命抢夺资源，我对考博，申报课题没有任何兴趣，我宁愿一辈子是讲师，在学院里，我从来不听领导的话，从来不看他们眼色，搞得领导认为我很另类，原先领导也由于看不惯我，想方设法欺负一下。但是我在教工代表大会上公开反抗，集中火力猛轰一位领导，同时注意把其他几个领导进行语言隔离，这样可以集中力量打歼灭战。因为我知道学院的领导们互相之间有矛盾，我只要捡一个相对虚弱的进行攻击，杀鸡给猴看，结果他们都怕我了，因为我是光脚不怕穿鞋的，我的工资和饭碗是事业编制，只要我不犯严重教学事故，没有人能把我怎么样。从此，在学院里领导们不敢再轻易找我毛病了，我也获得了足够的生存空间，我有一个体会，空间和自由生活是祈求不来的，而是靠拳头打出来的，做教师时间长了，很多人性格会很懦弱，领导们会变本加厉地欺负你这些老实人。

我不把精力和时间放在学校教学上，只是维持一个不差的状态，为了腾出时间自己开店做生意，我经过4年的努力，已经有两个店了，生意带来的年收入是教师工资的3—4倍，这样的状态可以持续下去，几年后我有信心在生意上获得更好的回报。我在此只是想说，高校谋生并不一定要局限于学校这个资源缺乏的空间，应该眼往社会看，那里赚钱的机会更多。至于申报课题，那可能是工科教师的福利选择，文科教师的课题没有什么钱，投入大量精力根本收不回本。

我的口号是：宁愿一辈子做讲师，不求任何人，不受任何人控制。

急剧的制度变迁几乎总会带来大量的失范、冲突和混乱。失范意味着秩序紊乱和规范缺失，是一种反社会效果。但也正是这些行为和观念层面上的失范，使形塑新时期的制度规范变得重要而紧迫，而且也为制度重构提出了要求并提供了可能。因此，探究大学教师职业失范的制度性原因，对于制度的进一步变迁具有重要意义。

（三）大学教师职业失范的制度原因探析

任何大学教师制度都内含着制度目标和制度手段两个层面。理论上讲，制度手段是因制度目标而产生的，制度目标与为达成目标而设置的制度手段之间应该是相辅相成的。如果大学教师都能做到既赞同制度目标，又恪守制度手段，则失范现象就不会产生。但事实上，身处制度规约之中的大学教师并不都能、也并不总能采取合制度的手段去追求制度所鼓励的职业发展目标。可以说，制度目标与制度手段之间的失衡，是导致教师职业生涯失范的一个根本性原因。前文所述的几种职业失范比较典型地体现了目标与手段之间失衡的各种形态（见表4-15）。由于接受并高度重视制度目标，为达到目标不择手段，导致教师的学术不端；只顺应制度规则但并不接受和认同制度目标，导致教师的循规蹈矩；对制度目标和制度手段持完全的否定态度，且不知出路何在，导致教师的愤世嫉俗；不接受制度目标，在制度手段之外寻找替代性策略，导致教师的另类生存。

表4-15　　大学教师职业失范的主要类型①

	制度目标	制度手段
学术不端	+	−
循规蹈矩	−	+
愤世嫉俗	−	−
另类生存	−	+−

“+”表示接受，“−”表示拒斥。

“+ −”表示对流行价值的拒斥并用新价值替换。

那么，为什么教师不能接受新的制度目标或不能遵循新的制度手段呢？从制度层面来看，有两个主要原因：

1．精英式人物发动的制度创新内含着不合理性

制度变迁在本质上是一个利益关系的调整过程。相比较而言，诱致性制度变迁是各方当事人依据一致性同意原则，通过不断反复的博弈来消除制度中的不均衡；强制性制度变迁则是国家或政府以强制力推进的，通常由精英式人物进行制度设计，虽然其速度和效率很高，实现了制度创新，但这种创新并不一定能提供合理而有效的制度供给。其原因在于：第一，制度设计者通常会把大多数当事人排除在制度设计之外，从而违背一致性同意原则，即违背一些当事人的利益，其结果很容易导致新制度服从并服务于某些既得利益集团的问题。形成“谁的呼声最高，谁就可能左右制度的设计”②的局面；

① 参考默顿的“个体适应模式的类型”。参见[美]罗伯特·K. 默顿《社会理论和社会结构》，唐少杰等译，译林出版社2006年版，第272页。

② 卢现祥：《西方新制度经济学》，中国发展出版社2003年版，第116页。

第二，制度设计者的有限理性与偏好、国家的当前需求与政策导向、集团的利益冲突、人类在社会科学领域的现有认识水平等多种因素制约着制度设计的合理和有效程度。在上述两方面原因的共同作用下，人为设计的新制度无论在目标取向上，还是在手段设置上都有可能存在缺陷，人为设计的改革非常容易产生改革的变形。

考察当代中国的大学教师制度改革可以发现，诱致性制度变迁的特征虽然已经有所体现，但政府主导的强制性制度变迁色彩仍十分浓郁。换言之，中国大学教师目前正在经历的制度改革，就整体而言，并非源自大学自主管理的内部诉求，亦不是根据大学教师的职业特性而进行的制度调整，而是国家整体人事制度变迁的一个构成环节，主要是人为设计及推动的结果。

就其制度目标来看，市场主义与功利主义取向非常显著。以建立竞争、流动、激励机制为核心追求的大学教师制度改革，其内含的文化目标在于提高效益、提高教师的学术产出。这种目标追求与市场经济的社会大环境相适应，与国家快速发展高等教育的迫切愿望相契合，体现了当代大学教师制度改革的基本趋势，但却在相当程度上与学术职业的特性发生冲突。对于市场机制的过度顶礼膜拜，已经使大学教师制度改革目标偏离了大学教师作为“学术人”的职业属性，重市场逻辑轻学术逻辑、重科研成果轻教书育人的制度取向不断挑战着以个性化、多样化和学术自由为中心的学术职业传统价值。这种顾此失彼式的制度目标转移，使众多教师难以形成认同感，循规蹈矩与另类生存的失范现象由此而产生。与此同时，对新制度目标的过分强调又使制度手段面临被削弱与被摒弃的危险，正如默顿所言，“由于把目的抬高而产生了手段的非道德化，即手段的非制度化”①。当一位教师急于取得制度目标所鼓励的职业成功，又难以找到合制度规范且有效的手段时，学术不端与愤世嫉俗的失范现象自然就会不断出现。

就其制度手段来看，量化考核与物质激励被视为达成新制度目标的两柄利刃。不可否认，这两种制度手段均有其优势和价值：量化考核，简单、经济、可操作性强；物质激励，能够在一定程度上调动教师的工作热情和积极性。然而，当这些手段在大学教师管理中被奉为圭臬，被毫无顾忌地、全方位地用来规约学术职业的时候；当教师的教学、科研、社会服务等工作都被换算成一定的分值和数字，教师的个人待遇与岗位、业绩紧密捆绑在一起的时候；当高额津贴的诱惑与考核不合格的威胁真实地摆在教师面前的时候，

① [美]罗伯特·K. 默顿：《社会理论与社会结构》，唐少杰等译，译林出版社2006年版，第266页。

制度目标与制度手段对于教师而言，也就不再是和谐一致的了。在这些制度手段的强力调控下，大学不再是学术职业人的精神家园，大学教师正在由大学的主人沦为大学的雇工，学术研究和教书育人等职业行为也丧失了作为“天职”的道德价值而蜕变为计件付酬的谋生手段。急功近利的考评机制和奖励机制，忽视了教师职业发展的内在需求和学术职业独具的自由属性，遭到一些教师的厌恶和抵制；研究至上与高额奖金的刺激，推动着越来越多的教师放弃原本的学术理想，追名逐利成为教师群体中理性人的最优选择。在此情况下，以建立良性竞争环境为初衷的制度目标渐渐地被日益膨胀的源自于企业管理领域的制度手段所遮蔽，并逐步从大学和大学教师的意识中淡去。

2．以单位体制为基础的原有制度仍具影响力

制度作为相对稳定的行为规范和取向，是人们长期社会化的结果。就某一特定制度来说，其内在结构上总是具有抗拒变迁的倾向，难以一挥而去。制度变迁的滞后性，保证了一个社会及社会的结构在急剧变迁的过程中，人们的行为不至于完全处于一种迷茫和混乱的状态，从而使社会得以相对稳定。①当然，这种滞后性也构成了对社会变革与制度创新的巨大阻力。

制度变迁之前，中国的大学教师制度是以单位制度为基础构建起来的。根据单位制度的思考逻辑，作为单位的大学是国家的，属于全体人民。教师是国家分配到大学这个单位工作的，不是国家雇员，而是单位的主人。因此，大学不能以“不称职”为由开除教师。就权利和义务来说，教师有责任关心集体、忠诚于组织；大学则有义务关心教师生活，搞好单位福利。可以说，中国大学教师对学校所形成的归属感和认同感是以封闭性为特征的单位制度下单位人的普遍感受，在这个群体中已经形成了一套普遍适用的指导行为的规范性价值标准。制度变迁之后，新的大学教师制度期待建立的以业绩为基本追求的新价值体系与原有价值体系之间发生剧烈冲突。一贯安居乐业的大学教师难以接受自己由学校“主人”蜕变为学校“雇员”的现实，难以适应不安定的工作环境和失业危险。于是，激烈对立、愤而离职、貌合神离等失范现象不断涌现出来。

此外，中国大学自清末产生就是行政权力主导的结果。尽管民国时期，西方大学学术自由、教授治校的传统曾在一定范围内得到贯彻，但学术职业自始至终未能得到充分的自由和机遇在中国立定根基。新中国成立后，在计

① 胡伟、李汉林：《单位作为一种制度——关于单位研究的一种视角》，《江苏社会科学》2003年第6期。

划经济体制的框架中，大学成为一个隶属于政府的单位。就实质而言，此时的大学组织是国家行政机构的向下延伸，行政权力成为主导学校发挥的核心力量。党政人员代表党和政府对大学实施全面管理，大学教师作为被管理者需要服从行政系统和行政人员的指挥和安排。近年来，尽管高校办学自主权已经有所增强，但政府与高校之间长期形成的隶属关系并未因市场力量的介入而发生本质性变化。[①]在当前进行的大学教师制度改革中，行政权力不仅没有得到有效的控制，反而获得了更多的分配资源的自由权。在行政权力掌控的考核制度和激励制度的双重规范下，大学教师成为执行行政意志的工具，学术独立性趋于消解。

通过上述教师行为失范的分析，我们尝试回答这样一个问题：大学教师的个人理性与大学组织的制度理性是否一定会发生冲突？一般而言，个人理性主要表现为个人利益的选择与追求的最大化；制度理性则表现为集体利益与共同利益选择与追求的最大化。从理性主义的角度看，一种好的制度总是表现为个人理性与制度理性的有机结合，形成一种双赢的局面。也就是说，在一种好的制度环境里，人们心情舒畅地工作，追求着自己的最大利益[②]，与此同时，制度主体本身也获得了自己的最大利益。 然而，现实情况却往往不是这么简单。一方面，教师个人理性的实现会受到来自制度规范的重重阻碍；另一方面，制度理性的实现也会受到教师个人理性的挑战。为实现二者的均衡，中国正在探索大学教师制度改革的合理路径，这一变迁过程需要相关各方（政府、大学组织、教师、行政人员等）长期、反复的博弈，决非“毕其功于一役”所能实现。通过行政手段强行推动制度创新，不仅不能消除冲突，建立良性的竞争环境，反而会加剧大学中的动荡不安，使原本就弱小单薄的学术权力和学术精神难觅安身之所。钱穆曾提醒国人，科学精神与个人自由要求各有其深邃的真源，非可貌袭而取。中国人一意专从科学方面着眼，又不能注意到科学精神的源头处，而只看重科学方法上之应用与享受，“结果贵宾（科学精神）尚远在门外，而先来了一个恶仆（赤裸裸的人欲横流）”。[③]此言同样适用于当代中国的大学教师制度改革。

---

① 20世纪八九十年代，我国大学教师制度改革主要是以政府为主导发起、推进的。进入21世纪，随着高校办学自主权的日益增强，大学内部管理体制改革多为学校自主发起，但这仅是个开端，尚未形成实质性影响。

② 胡伟、李汉林：《单位作为一种制度——关于单位研究的一种视角》，《江苏社会科学》2003年第6期。

③ 钱穆：《文化与教育》，生活·读书·新知三联书店2009年版，第35页。

第五章　案例研究：制度变迁与T大学教师的职业生涯

大学教师制度是影响大学教师职业生涯发展的最直接、最有力的外部因素。作为一种行为规范体系，制度为个体的职业生涯发展设置了边界、提供了预期、减少了不确定性，这种整体性、理论性的认识构成了解析大学教师制度与教师职业生涯之间关系的一个基点，但仅有宏观静态的制度研究是不够的。一定的制度总要与一定的时间、空间相联系，随着时间的推移制度会发生变迁，所据空间的不同也将导致制度在内容、表现形式等方面的种种差异。前文主要从理论分析和历史分析的宏观视角论述大学教师制度与大学教师职业生涯的关系，本部分则采取微观具体的实证研究路径，对现实存在的具体大学教师制度及其规约下的教师职业生涯展开近距离剖析。

本章以T大学为研究个案，考察当前中国大学教师制度变革对于教师职业生涯所产生的现实影响。就方法而言，本章借鉴了院校研究（Institutional Research）的思路，即以单个院校作为研究对象，收集、分析、阐释相关的数据资料，进而针对该校存在的实际问题提出解决方案或建议。不过，从研究取向上看，此部分并非严格意义上的院校研究。院校研究的核心追求是为学校的决策提供参考和依据，以解决特定学校的现实问题和服务于学校的管理与发展为目标；本章虽然也以特定学校为研究对象，但研究的关注焦点在于发现问题、分析原因、探寻规律，而不在于寻找对策和提出建议。显然，针对一所大学所进行的研究，其成果只反映了个别情况，通常不具有普遍性价值。但这种个案性研究，对于从局部的经验中生成理论、在局部的经验中验证理论乃至修正理论都具有重要意义。笔者认为，针对一所大学所展开的案例研究，能够为明晰大学教师制度与大学教师职业生涯之间的关系提供富有价值的支持。

第一节　T大学的教师制度分析

一　T大学及其教师人力资源概况

T大学，位于华北地区某大型城市，为地方政府所属的一所教学研究型的综合性大学。1958年建校，最初仅有4个系7个专业，以本科教学为基本办学方向；1982年，该校扩充为9个系13个专业，由学院更名为大学，其办学方向由此而发生改变——消除重教学轻科研的传统观念，强调教学与科研两个工作重心，推进本科教育与研究生教育同时发展。经过近30年的发展，截至2010年8月，T大学已经拥有24个专业学院，58个本科专业，两个国家重点学科，3个一级学科博士学位授权点，5个博士后科研流动站，涉及8个学科门类。全日制在校生25108人，其中博士、硕士研究生2946人。

（一）以T大学为研究个案的缘由

笔者之所以选取T大学作为研究对象，主要出于两方面的考虑。

第一，可行性。有条件从作为个案的大学中获取研究所需的资料，这是实证研究顺利开展的最基本保障。为探查一所具体大学的教师制度变革对教师职业生涯的影响，必须首先争得学校主管部门的许可才能获取该大学的校史资料、教师人事资料，另外，进行问卷和访谈调查也需要相关部门提供协助才可能完成。因此，笔者选择了能够得到各职能部门许可和协助的T大学。

第二，必要性。近年来，随着实证研究在高等教育领域的广泛应用，国内陆续出现了一些以特定大学为对象的研究成果，但这些大学研究基本都将视线集中于少数名校（如，“985”高校、“211”高校等），对于地方所属的综合性大学很少关注。从管理的角度，我国公立的普通高校可以划分为中央部委所属和地方政府所属两部分。1998年，随着中央政府管理机构的大幅度调整，高等教育管理格局随之发生了实质性改变，一批原中央部属大学转变了隶属关系，改由地方政府管理。到2007年，部属院校仅余111所，其余的1502所高校均由地方政府管理（见表5-1）。一般而言（也有少数例外），部属大学由中央财政提供办学经费，办学条件和质量相对较好，教师的社会地位和福利待遇相对较高；地方大学由地方财政提供办学经费，办学条件和质量相对较差，教师的社会地位和福利待遇相对较低。

表5-1　　　　中国普通高校的比较（2007）

	部属院校	地方院校	合计
学校数	111所（6.88%）	1502所（93.12%）	1613所
教师数	162423人（16.40%）	826717人（83.60%）	989140人

资料来源：《中国教育统计年鉴2007》，人民教育出版社2008年版，第20、45页。

自1999年开始，我国不断扩大高等教育招生规模。在走向高等教育大众化的过程中，中央和地方办学模式逐渐清晰和分化——部属院校呈现出较多精英教育的特点，而地方高校则成为高等教育大众化的主力①。由此可见，对于少量名校的研究虽然富有价值，但其成果不能反映那些大量存在的普通大学及其教师的生存状态。T大学属于地方政府所属的综合性大学，就学校地位来看，虽非位列前茅的名校但在地方具有相当的影响力；在制度变革方面，虽非走在全国最前沿的领军者但能够及时顺应潮流调整教师制度。基于此，笔者认为，对于该学校进行深入考察，将提供一种关于大学教师制度变革及对教师职业生涯影响的更具普遍意义和现实意义的描述和阐释。

（二）T大学教师人力资源的基本状况

教师人力资源的历史分析。1958年建校之初，T大学仅有教师89人。从师资数量上看，人数严重不足；从师资质量上看，中老年教师多数来自中学，缺乏高校教学经验，青年教师则往往经验不足，整体业务水平明显偏低。针对这种情况，学校在较短时间内，从其他高校引进了一批高水平教师，同时大量吸收新毕业的大学生。1963年，T大学的教师队伍已经初具规模，达到345人。其中，中老年教师约占40%，青年教师约占60%；建国后大学毕业生约占80%。“文化大革命”结束后的三十余年里，T大学的教师人力资源无论在数量还是质量方面都得到了稳步提高。从人数规模上看，自1982年升级为综合性大学后，专任教师队伍基本保持在700—800人；90年代末，与全国范围的高校扩招潮流相适应，教师队伍的规模不断扩大，到2008年已达1127人。（见表5-2）

① 阎凤桥、卓晓辉、余航：《中国高等教育大众化过程与普通高等教育系统变化分析》，《高等教育研究》2006年第8期。

表5-2　　T大学教师队伍的整体变化（单位:人）

	1963年	1979年	1985年	1991年	2008年
教授	0	0	5	40	215
副教授	11	36	117	208	310
讲师	61	288	335	357	425
助教	215	85	160	130	177
其他	58	328	232	0	0
专任教师	345	737	849	735	1127

从学历层次上看，80年代，教师的学历多为大学本科或专科毕业；自90年代开始，拥有硕士研究生或博士研究生学历的教师日益增多。1991年，在735名专任教师中，拥有硕士学位的教师为166人，占教师总数的22.1%，拥有博士学位的教师为0；1998年，拥有博士学位的教师为33人；2004年，拥有博士学位的教师增至132人，攻读博士的教师72人，共占教师总数的26.3%。从结构分布上看，80—90年代，教师队伍的年龄人数分布不合理，教师老龄化、高级职称教师老龄化严重；年龄和职称结构分布失调，青年教师中拔尖人才少。36—45岁教师仅占18.7%，为低谷。21世纪初，T大学开始大规模引进高层次人才，到2007年，先后引进高层次人才180人，其中博士学位教师162人；与此同时，加强中青年骨干教师的培养和支持力度，师资队伍结构获得较大程度的改善。

教师人力资源的现实分析。2010年，T大学共有教职工2244人，其中专任教师为1166人，约占教职工总数的52%。在专任教师队伍中，男女教师人数大致相当，女教师的人数比例略高于男教师，约占52.7%。从职称方面看，高级职称与非高级职称的人数比例基本持平，教授、副教授、讲师、助教的人数比为2:3:4:1；男教师在正高级、副高级、中级三个职称等级上人数分布比较接近，都是30%左右；女教师在三个职称等级上的人数分布则差异较大，半数的女教师集中在讲师等级上。从学历层次上看，教师队伍的学历层次显著提高，约80%的专任教师已经取得硕士及以上学位，其中，拥有博士学位的教师占专任教师总数的37.6%；半数的女教师为硕士学位，男教师中拥有博士学位的人数明显多于女教师。从年龄分布上看，教师队伍的年龄结构趋于合理，中青年教师的人数占专任教师总数的66.4%，其中，36—45岁的中年教师约占30.6%；男教师群体中45岁以上者居多，女教师群体中则是36岁以下者居多。（见表5-3）

表5-3　2010年T大学教师队伍的基本构成　(单位:人)

分类	项　目	男教师		女教师		合　计	
		人数	百分比（%）	人数	百分比（%）	人数	百分比（%）
职称	教授	168	30.4	64	10.4	232	19.9
	副教授	161	29.2	174	28.3	335	28.7
	讲师	184	33.3	308	50.2	492	42.2
职称	助教	30	5.4	53	8.6	83	7.1
	其他	9	1.6	15	2.4	24	2.1
	合计	552	47.3	614	52.7	1166	100
学位	博士	247	44.7	191	31.1	438	37.6
	硕士	162	29.3	337	54.9	499	42.8
	其他	143	25.9	86	14.1	229	19.7
	合计	552	47.3	614	52.7	1166	100
年龄	36岁以下	164	29.7	253	41.2	417	35.8
	36—45岁	139	25.2	218	35.5	357	30.6
	45岁以上	249	45.1	143	23.3	392	33.6
	合计	552	47.3	614	52.7	1166	100

二　T大学的教师制度建设与发展：1979—2009年

制度分析是对具体制度的一种历史“叙事”，需要沿着时间轴线性地展开，因此，明确从哪儿开始“叙”起又到哪儿结束，或者说，明确叙事的起点和终点是十分必要的。本书对T大学的教师制度分析限定在1979年至2009年这个历史时段里，原因在于：第一，在此期间中国大学步入稳定发展期，大学教师制度变化显著。“文化大革命”结束后，国家发展的方向已经明朗；高考恢复，学校各项工作逐渐走上正轨。外部环境有了根本改善，大学教师制度建设由此进入一个崭新的发展阶段。短短30年间，中国大学由恢复重建，到量的扩张，再到质的追求，发展速度惊人。为了与大学的整体发展相适应，中国大学教师制度进行了多方位的变革，打破了计划经济时代以“终身任用”“只进不出”“论资排辈”等为特征的大学教师制度。第二，在此期间中国大学教师的职业生涯因教师制度改革而发生了深刻的、实质性的变化。改革开放后，为激发教师活力、提高学校竞争力，各大学不同时间不同程度地推行了教师聘任制度，然而，制度改革每迈进一步都非常艰难。就改革措施来说，争议不绝；就改革效果来说，毁誉参半。时至今日，高等教育领域中的人事制度改革仍在进行时，前途未定。然而，改革所引发的剧烈变动，已经显著地改变了教师的职业生涯状态。综合上述，笔者认为，对于T大学在该时段的教师制度演进展开系统分析，将有助于理解当前T大学教师的职业生涯状态及其面临的主要问题。

表5-4　　1979—2009年T大学教师制度项目统计

	1979—1985	1986—2000	2001—2009	合计
①入职制度	—	—	2	2
②任用制度	—	14	13	27
③晋升制度	—	—	—	—
④奖惩制度	1	11	14	26
⑤考核制度	—	7	9	16
⑥进修制度	1	8	6	15
⑦薪酬制度	—	6	4	10
⑧退休制度	—	3	2	5
⑨劳动纪律	1	7	2	10
合计	3	56	52	111

（一）1979—1985年，教师制度建设初始

改革开放后的最初几年，T大学（1982年以前为T学院）在教师管理方面的基本工作就是，按照国家和地方政府的相关政策及统一部署，改善教师物质生活条件，建立稳定的工作秩序。因此，调整教师工资、恢复职称晋升是

此期教师管理工作的重点，校内教师制度建设工作则处于刚刚起步阶段。六年时间里，T大学制定的与教师职业生涯有关的正式制度仅有三项，分别涉及奖励、考勤和业务进修（见表5-5）。

表5-5　1979—1985年T大学的教师制度

类别	时 间	文 件 名 称
奖惩制度	1981年	《T学院干部教师奖励试行办法》
劳动纪律	1981年	《T学院教职工考勤暂行办法》
进修制度	1983年	《关于教师、干部业务进修的规定》

教师制度不仅在数量上很少，在规范的具体内容上也相当笼统、概括。在教师奖励方面，1981年的《教师奖励试行办法》规定，奖励分为综合奖和单项奖，一学期评发一次。综合奖分一等（70元）和二等（65元），评奖条件——出勤好、工作态度好、工作效率高，团结互助好，共产主义风格好，政治学习好，纪律好，在增收节支方面有显著成绩等六个方面；评奖原则——综合考虑，择优评定，没有给出评定比例。单项奖，颁发给有特殊贡献的教师，但没有具体说明满足哪些标准才可称为特殊贡献。1981年的《教职工考勤暂行办法》，对于教师考勤方式、病事假手续办理、旷工和迟到早退的处理等问题进行了基本规范。1983年的《关于教师、干部业务进修的规定》，提出教师的业务进修主要依靠在教学工作实践和科研活动中在职提高；各系（所）可以根据教学、科研工作的需要，在有进修接受单位及经费许可的情况下经过统筹安排，有计划地送出脱产进修（包括出国进修）。教师外出进修的审批过程——根据各系进修规划，系主任签署意见，主管校长批准，教务处备案，办理手续。教师自行联系，未经批准的外出学习费用一律由个人承担。

改革开放初期，T大学教师制度不兴的原因，一方面在于刚刚经历了长期的动荡与混乱，学校需要投入大量精力进行基本建设，需要快速解决历史遗留的和现实中新出现的多方面问题，难以顾及教师制度建设；另一方面，也是更为根本性的原因在于，在单位体制之下，隶属于各级政府的中国大学内部管理权限极小，在人事管理层面，大学基本处于执行政府指令的地位。无论人事调动、职务晋升、培训进修，还是工资分配、福利待遇，只需遵照中央或地方文件贯彻落实。既无外力迫使又无内力促动，因此，学校内部的教师管理制度建设动作迟缓。

（二）1986—2000年，教师制度建设发展

1986年，在我国大学教师制度建设历程中具有特殊的意义。这一年，国家教委颁布了《高等学校教师职务试行条例》，第一次明确提出了高校教师实行职务聘任制，并构建起较为完整的教师职务制度框架。该文件的出台标志着我国高校教师职务聘任制改革正式起步。在中央政策的引导和推动下，T大学围绕着定编定员、职务聘任的改革目标逐步建立起各项教师制度。

教师职务与晋升制度。1986年，T大学以《高等学校教师职务试行条例》为基础和依据，确定了助教、讲师、副教授和教授四种教师职务在学历、任职年限、教学质量等方面的任职条件。由于《条例》中没有明确规范各级教师职务在科研方面的任职条件，T大学结合本校的实际情况，在实施细则中进行了具体规定：评聘助教和晋升讲师，没有科研要求；晋升副教授，需要在市级以上刊物正式发表两篇以上的论文，或独立编写并正式出版对教学有价值的参考资料；晋升教授，需要满足4个条件中的两项（1）在全国性学术刊物上正式发表四篇以上的科学论文，（2）正式出版有价值的专著或主编出版全国性通用教材，（3）获得国家级发明奖或市级一、二等奖，（4）指导硕士研究生和进修教师取得优异成绩。此外，教师晋升职务，还必须通过一项外语考试，即在两个小时里翻译一定字数的专业外文资料。1990年，学校在正常职务晋升之外，专门拨出部分指标用于破格晋升，使优秀的中青年骨干教师能够不受年资、学历等限制，脱颖而出。

教学工作量制度。T大学实行教学工作量制度始于1987年，在学校发展过程中仅做过微小调整，基本保持稳定。按每学年授课周数为40周计算，一般专业课周学时为6学时，即每学年教学240学时；公共课（政治、外语等）周学时6—10学时，即每学年240—400学时。除课堂教学外，指导实习和社会调查、指导论文等均计入教学工作量。教师每四年中有半年可科研或进修，以满工作量计。教学工作量超额部分根据规定发给超额酬金；承担科研任务、兼任党政工作的教师减少教学工作量。申请职务晋升的教师，任现职以来近五年中每年的平均教学工作量必须达到要求的2/3以上，不足者不能提升。

科研工作量制度。T大学原属于教学型高校，教师科研意识相对单薄。80年代，学校发展重点发生转移，科研逐渐成为教师工作的另一个重心。1994年，为调动教师科研的积极性，正确处理教学与科研之间的关系，促进科研发展，T大学提出为教师的科研工作进行计量并给予合理报酬。但此时学校

只提出了原则性意见，关于科研工作如何计量，由各系自行掌握。明确的科研工作量制度形成于1997年，学校规定兼职科研人员的科研工作量标准：正高级100分，副高级75分，中级50分；专职科研人员的科研工作量标准：正高级300分，副高级225分，中级150分。各级各类科研项目、学术论文和学术著作、获奖科研成果等分别对应一定分值。担任党政职务的“双肩挑”教师，减免一定比例的科研工作量。

考核制度。1987年，T大学提出建立定期的教师业务考核制度，规定学校每学年、各系每学期考核一次，考核内容包括教学态度、教学工作量、教学质量、业务水平、教学研究成果等，采用学生评定、同行评定、自我评定和领导评定等多种考核方式。在此时期，虽然学校已经开始强调量化考核，但尚未建立起具体的量化标准。1996年，以突出实绩为特征的年度考核制度及配套的考核量化标准正式建立。教师职务系列的年度考核量化标准包括政治思想品德、业务工作和科研工作三个方面。其中，业务工作主要涉及教学能力、教学工作量、教学质量及效果。科研工作则根据教师职务，提出了不同要求（见表5-6）。考核结果分为优秀、合格、不合格三个等次，优秀等次的教师占教师总数的10%—15%。

表5-6　教师年度科研考核量化标准（1996年）

教师职务	科研工作标准
教授	主持省、市、部、委级科研课题或参加国家级各类科研课题并为子课题负责人；在科技成果推广、开发、应用工作中取得显著的经济效益和社会效益；在核心期刊上发表学术论文两篇或一般刊物上三篇，或独立撰写学术著作、教材等8万字以上
副教授	主持市属委、局级科研课题或参加省、市、部、委级以上科研课题；在科技成果推广、开发、应用工作中取得较显著的经济效益和社会效益；在核心期刊上发表学术论文一篇或一般刊物上两篇，或独立撰写学术著作、教材等6万字以上
讲师	主持校级科研课题或参加市属委、局级以上各类课题；积极参与科技开发社会咨询服务并取得相应的经济效益和社会效益；公开发表具有一定水平的学术论文或参加编写学术著作、教材等
助教	有科研意识，能够参加各类科学研究工作及科技开发、社会咨询服务及其他科研工作

奖惩制度。为调动和激励教职工工作积极性和创造性，防止和纠正违法失职行为，确保学校正常工作秩序，1989年，T大学制定了《教职工行政奖惩

条例》，提出以奖励为主、惩罚为辅的原则，对做出突出成绩的，要随时给予奖励；为学校做出重大贡献的，要给予重奖。该条例出台后，“严师奖”奖教金、广夏奖教金、科研奖、科研立项奖、优秀科研成果评选奖励等各类奖励制度逐步建立起来。这些奖金依照精神奖励为主、物质奖励为辅的原则，一般每年或隔年评选一次。此外，为进一步调动教师的科研积极性，学校自1993年起设立开发研究基金、教育科研基金、青年科研基金等多项研究基金。

培训与进修制度。此项制度初建于1983年，但仅对教师进修的申请程序、学习要求、进修费用等基本问题进行了初步规范。1997年，关于教师培训的制度走向细化，根据学校发展的现实需要，针对不同类型教师提出不同的培训要求：新入职的助教根据《教师资格条例》的规定需要接受岗前职业教育；申报中级职务资格必须取得硕士学位或学历；选派学科带头人和中青年骨干教师到国内外一流大学进修，吸收最新成果；鼓励学科带头人和中青年骨干教师攻读定向博士学位研究生，在学期间享受学校全部工资、奖金和生活津贴。对于非计划内的学历进修和非学历进修，学校承担70%—80%的学费。

服务期制度。T大学的服务期制度初建于1993年，90年代末已建立起比较完整的关于新入职教师和进修教师的服务期限制度。该制度规定：毕业生自分配留校、调入人员自调入之日起，要为学校服务5年，服务期满允许合理流动。脱产进修一年及以上的教师，学成后最低服务期两年；攻读学位或博士后的教师，学成后最低服务期5年。如教师服务期未满，坚持调离本校，需要交付服务期补偿费。博士五年服务期补偿费共计24000元，硕士5年服务期补偿费共计18000元，本科生5年服务期补偿费10000元。

薪酬福利制度。20世纪80—90年代，中国共进行了两次全国性工资制度改革。第二次改革使事业单位工资制度与国家机关脱钩，高等学校开始实行职务等级工资＋津贴的专业技术职务等级工资制。T大学按照国家和地方政府的统一规定执行上述工资政策，对于90年代末北大、清华等大学推行的校内岗位津贴制度持观望态度，没有立即启动内部分配制度改革。在福利方面，90年代的住房制度改革对于教师影响较大。1993年，学校规定，教职工的住房分配采用以职务职称为主，适当考虑人口因素的办法制定标准，并按综合积分[①]分类排队的顺序挑选住房。2000年，根据地方政府深化住房分配改革的

① 总分=工龄分+年龄分+职务分+附加分（工龄分，指自参加工作起，每满一年计一分；年龄分，指每满一周岁计一分；职务分，正高级22分、副高级18分、讲师14分、助教10分；附加分，指获得各种奖励、军烈属、侨胞、具有博硕士学位）。

精神，停止住房实物分配，逐步实行住房分配货币化。一次性核定住房补贴数额[①]，按年度分期发放或按月发放住房补贴。1999年6月30日后参加工作的教职工，建立补充住房公积金。2000年，T大学为使博士教师安心工作，解决其后顾之忧，吸引人才来校，规定学成回校和引进的博士生购房一次性补贴5万元。

高级专家延聘、返聘制度。自1991年开始，T大学对高级专家延聘、返聘问题进行了多次规范。制度规定，根据岗位职数、工作需要、本人自愿三个原则，凡符合条件的高级专家达退休年龄可延聘，包括博士生导师（后改为博士点学科带头人、正在指导博士生的博士导师）、硕士点学科带头人、承担重大课题且项目尚未完成的主要负责人、优秀主干课的主要负责人等；已达退休年龄，工作无人接替，但不符合延聘条件的高级专家可返聘。

人事调配制度。1989年，随着教师职务聘任制度改革的启动，T大学首次实行编制管理。定编后，学校在人员调入方面作出规定：严格控制人员增加，严格掌握调入人员的条件（年龄、学历、职称等）；教师配备主要从博士、硕士研究生毕业分配中解决，除少量学科带头人或急缺人员外，一般不再调入。90年代中期，情况开始发生变化。“T大学进入有史以来师资队伍最大幅度的新老交替阶段”，“九五”规划期间，学校教授中的77%和副教授中的40%相继退休，而40岁以下的拔尖人才少，学科梯队后继乏人。因此，通过“内选外引”培养和吸引高水平人才，补充教师队伍，成为学校在师资建设方面新的政策导向。

（三）2001—2009年，教师制度建设深化

1999年，中国高校开始大规模扩招，宣告高等教育大众化时代的来临；2000年，中组部、人事部、教育部颁布《关于深化高等学校人事制度改革的实施意见》，标志着中国高校聘任制度改革走向深入。身处上述背景之中的T大学，为应对高等教育迅猛发展所带来的挑战和机遇，在教师制度方面作出了重要调整。

1．实施岗位聘任制度，由身份管理逐步转向岗位目标管理

2001年，T大学开始实施岗位聘任制度。学校设置ABC三级岗位：关键岗位（A级，分4档）、重点岗位（B级，分3档）、基础岗位（C级，分3档）。上岗条件主要涉及职称、研究生导师资格、承担的研究项目、科研成果、学术影响等几个方面。教学科研岗的岗位职责由教学工作量（8—12学时/周）和科研工作量（A级150分，B级100分，C级50分）两部分构成，聘期

① 住房分配货币补贴面积标准：正高级125建筑平方米，副高级110，中级80，初级60。

三年。岗位聘任考核包括学年度考核和聘期考核，其考核结果可运用于四个方面：第一，学年度考核是聘期考核的依据，两次学年度考核优良者有获得聘期考核优良的资格；第二，学年度考核不合格人员，不享受岗位基本津贴的30%；第三，考核结果作为下一聘期岗位变动的重要依据；第四，岗位考核不合格者次年不得申报职务晋升。

2004年，T大学对于岗位聘任制度进行了局部调整。首先，将教师岗位分为校聘岗位和院聘岗位两种。院士、资深教授、国内著名学者、杰出教授、A1和A2岗位为校聘岗位，实行无固定期限聘任；A3及以下岗位为院聘岗位，实行有固定期限聘任，聘期三年。第二，教师的科研工作量标准更加具体细化。A级岗位需要在发表论文或出版著作、主持科研项目、获省部级奖励或取得高额成果转让费或取得国家发明专利三类任务中选择完成两项；B级岗位需要发表规定篇数的核心期刊论文；C级岗位的科研任务由学院自行规定。第三，取得校级及以上精品课、教学名师等称号的教师，相当于完成A级岗位的科研工作量。

2. 以绩效为核心追求，激励机制日趋细化、量化

进入21世纪，面对国内高等教育领域激烈的资源竞争，为调动广大教师在教学与科研方面的积极性（特别是科研积极性），快速提高学校的整体绩效，T大学加大了对教师的激励力度。首先，与岗位聘任相配套，实行岗位津贴制度。津贴，是专业技术职务等级工资中占30%的由学校自主分配的部分。所谓岗位津贴，就是依据岗位职责和业绩确定津贴等级。岗位津贴分为：（1）基本津贴。受聘各级各档次岗位人员享受相对应的岗位基本津贴：院士、资深教授的岗位津贴为12万元以上，国内著名学者的岗位津贴为6万—8万元，杰出教授的岗位津贴为5万—7万元，A级岗位津贴为2.66万—4.2万元，B级岗位津贴为1.4万—2.24万元，C级岗位津贴为0.56万—1.12万元[①]。未能完全履行岗位职责或考核不合格者，酌情减发。（2）岗位浮动津贴（即绩效津贴），以专项形式一次性奖励给贡献突出的群体或个人，上不封顶，多劳多得。岗位浮动津贴的标准采用明码标价的方式，在学科建设、教学、科研三个方面取得某类成果则享受相应数额的浮动津贴。

此外，T大学设立了多种研究基金，如博士基金、学术著作出版基金、中青年教师学术创新推进项目等，资助金额1万至数万元不等。各类基金项目的任务要求大同小异，大致包括在高级别学术期刊上发表论文若干篇、获得省

① 此为2009年的数据。

部级及以上奖励若干项、主持省部级及以上科研项目若干项等。以博士基金项目的结项方式为例（可任选其一）：主持同领域的省部级及以上科研项目1项；在学科级刊物或SCI、EI、SSCI、A&HCI源刊发表学术论文1篇，或核心期刊论文3篇；获得省部级三等奖及以上奖励1项；主持申请发明专利1项；完成由5篇论文（其中核心期刊论文不少于2篇）支持的学术著作稿1部。

3．制定优惠政策，吸收引进高层次人才

20世纪末，中国高校普遍遭遇新老交替、学科发展人才断层的困境，T大学亦不例外。在着力引进人才的同时，2000—2005年，学校逐步建立起高层次人才引进的相关制度。引进人才的范围包括：院士、著名学者、中青年优秀学科带头人、重点大学获得博士学位的优秀青年学者、学校发展急需的各类人才。引进人才一方面享受多种优惠待遇，如住房补贴、安家费、科研启动费、安排配偶工作和子女入学等，另一方面，也要完成特定的岗位任务。学校为引进人才设置了专门岗位（共7级），以服务期的前三年为一个聘期，各级岗位对应一定的岗位任务和津贴（见表5-7）。

表5-7　引进人才岗位的津贴和任务（2005年）

<table>
<tr><th rowspan="2">级别</th><th rowspan="2">岗位名称</th><th rowspan="2">津贴（年）</th><th colspan="3">岗位任务</th></tr>
<tr><th>教学30%</th><th>科研60%</th><th>社会职务工作10%</th></tr>
<tr><td>1</td><td>特聘教授</td><td>10万元</td><td rowspan="7">本科生教学每学期3-6学时/周</td><td rowspan="2">参照有关规定</td><td rowspan="7">完成学院或学校交办的任务</td></tr>
<tr><td>2</td><td>渤海学者</td><td>5万元</td></tr>
<tr><td>3</td><td>博士点学科负责人</td><td>3—5万元</td><td>学科级或SCI论文4篇，主持国家级课题1项</td></tr>
<tr><td>4</td><td>硕士点学科负责人</td><td>2.7万元</td><td>学科级或SCI论文3篇，主持省部级重点课题1项</td></tr>
<tr><td>5</td><td>重要学术骨干</td><td>2.2万元</td><td>学科级或SCI论文两篇，主持省部级课题1项</td></tr>
<tr><td>6</td><td>学术骨干</td><td>1.7万元</td><td>学科级或SCI论文1篇，主持省部级课题1项</td></tr>
<tr><td>7</td><td>后备学术骨干</td><td>1.4万元</td><td>学科级或SCI论文1篇，主持局级课题1项</td></tr>
</table>

4. 强化教师进修及培训制度，改善教师队伍的结构和素质

21世纪初，T大学根据学校发展的实际需要，在“十五”规划中提出师资队伍建设目标——到2005年，有研究生学历的教师占教师总数的60%，其中具有博士学位的教师要达到教师总数的25%—30%。然而，2002年的统计数据显示，全校在职的859名专任教师中，具有研究生学历的教师占33%，其中拥有博士学位的教师仅占7%。为改善学校教师的学历结构，T大学规定，到2007年底，艺术和体育类学科中1970年及以后出生的教师、其他学科中1965年以后出生的教师必须具有硕士学位，未达要求则调离教师岗位。自2005年起，学校补充教师以博士和重点大学毕业的优秀硕士生为主体，并加大从海外留学人员中补充的力度，以优化教师队伍的学缘结构。自2007年起，晋升高级职称一般应具有硕士及以上学位，破格晋升高级职称一般应具有博士学位。

在学历进修之外，T大学也强调非学历进修和培训，特别是对青年教师的培养。2005年起，所有新聘教师都要接受为期一个学期的岗前培训，内容包括学校基本制度与发展规划、教育教学基本理论、法律法规等。培训合格方可正式开课。21世纪初，国家和地方政府相继启动了多种人才工程，如国家杰出青年科学基金、国家“百千万人才工程”、长江学者奖励计划、教育部“优秀青年教师资助计划”等。为使更多青年教师进入国家和地方政府的青年教师培养计划，2003年，T大学制定《青年教师重点培养计划》，建立、完善与国家和地方政府人才培养政策配套的45岁以下青年教师培养机制，提供有利于青年教师脱颖而出的良好氛围和条件，以造就一批事业心强、具有创新意识、学术水平高的青年学者，促进学科、专业建设和教学科研水平提高。

5. 初步建立教师违规处理与申诉制度

随着教师队伍的不断扩大、教师聘任制度的深入推进，在教学、科研、人事调配等方面各种问题和矛盾日益增多。为保持良好教学秩序，加强教学管理的科学性、规范性，2001年，T大学制定了《教学责任事故认定和处理办法》。教学责任事故认定分为重大（16项）、一般（16项）和轻微（18项）三个等级，涉及课堂教学、实验实习、作业、考试、教学管理、教学保障等方面；处理方式包括年度考核不合格、扣发岗位津贴、行政处分，直至解聘。为引导教师树立正确的科学观和名利观，反对科学研究中的不端行为，2006年，T大学制定了《学术规范及违规处理暂行办法》，将违反学术规范的行为界定为：剽窃、抄袭、严重抄袭、篡改实验数据、伪造、私自署名、作弊、泄密等。成立学术规范委员会，受理学术规范争议问题，对于违反本规

范但未构成违法行为的人员，视其情节轻重和造成的后果，分别给予训诫、通报批评、撤销学术职务、取消相关资格等学术处分；情节特别严重的可以同时给予行政处分。另外，学校设立劳动人事争议调解委员会、岗位考核监察委员会等机构。当教师在职务聘任、合同履行、岗位考核等有关职业生涯的重要问题上存在异议或受到不公正对待，有权向委员会提出投诉或申诉。相关的委员会在调查核实的基础上，给予相应裁决。

三 T大学教师制度改革的意图与动因

综合上述可以发现，改革开放的三十余年里，T大学的教师制度发生了重大转变——从无到有、从少到多、从笼统概括到具体量化，从侧重稳定与均衡到鼓励流动和竞争。就整体而言，T大学的教师制度改革呈现出一个基本指向：以激励、竞争为核心手段推动教师提高工作绩效。为什么T大学会选择这样的制度改革方向呢？其动因显然涉及多个方面，其中，政府主导的制度变革、大学之间的资源竞争、市场机制对大学内部管理的影响等因素具有决定性影响作用。

（一）政府主导的高校人事制度改革

1985年，《中共中央关于教育体制改革的决定》指出，中国传统的教育管理体制存在严重弊端，政府部门对高校统得过死，使学校缺乏应有的活力。为此，政府要加强对高等教育的宏观管理和指导，在国家统一的教育方针和计划指导下，扩大高等学校的办学自主权，使高校具有主动适应经济和社会发展需要的积极性和能力。该文件的颁布拉开了高等教育管理体制改革的序幕。此后，中国高校的办学自主权不断扩大，活力随之而不断增强，但距离高校真正自主办学还存在相当的距离。在长期计划经济体制的影响下，政府习惯于发出指令，大学习惯于贯彻执行指令。不充分的自主权和服从的惯性思维，使大学在内部管理的制度建设上，仍然依赖于政府的指导与推动。20世纪80年代中期开始，政府主导的事业单位人事制度改革正式启动，改革目标设定为——打破平均主义，引入市场竞争机制，提高高校的运行效率和办学效益。身处这场制度改革浪潮当中的T大学，其建立的大多数教师制度（如岗前培训制度、职务聘任制度、校内津贴制度、工作量制度、考核制度等）都与国家相关政策的出台直接对应，具有明显的落实执行色彩。

（二）大学之间的资源竞争

改革开放以后，中国政府逐步淡化与高校之间的隶属关系，强调高校多渠道筹措办学经费，面向社会自主办学。很明显，争取政府资助和赢得市场，是大学获得生存与发展资源的两个最主要途径。从政府资助方面看，为建设高水平大学，政府以工程、规划、科研项目等多种形式对入选的学校或学科给予高额的专项经费资助。要想获得这些资助，大学必须通过已有的绩效来证明自己的实力，以便在项目竞争中压倒对手、拔得头筹。从市场方面看，90年代开始发展起来的大学排名对于学生的择校、用人单位的选才都具有重要的引导价值。尽管各种排名在指标体系和操作方式上存在种种差异，但大学拥有的学位点、科研项目、发表论文数、被索引论文数、获得奖励、取得的经费数额等始终是高权重的“硬指标”。相比而言，部属的重点大学基础雄厚且受到政府倾斜性政策的保护，在资源竞争方面具有明显的先天优势；T大学作为地方的综合性大学，要想在激烈竞争中分得一杯羹，必然要借助于制度之手想方设法激励教师尽快、更多地产出。

（三）市场机制对大学内部管理的影响

高等教育大众化时代的到来，使大学与市场之间建立起日益紧密的关系，根据市场需求设计自身行为的现代大学与其“学者的自由共和国”的传统形象渐行渐远。为了在办学竞争中占据优势，也为了保障规模扩大、功能拓展后的大学能够顺畅运行，大学的内部管理显现出日益鲜明的企业化、公司化特征，大学与教师之间的关系越来越趋向于雇用与被雇用的关系。企业的根本追求在于利润和效益，其内部管理自然建立在追求利润和效益的前提基础之上，因此业绩考核、分配激励等成为企业管理的基本手段。随着市场机制在大学中的不断渗透，大学内部管理也越来越倾向于采纳企业管理的方法。以契约（合同）为基础、以业绩为指向而构建起来的教师管理制度正在逐步取代原本维系大学与教师之间关系的伦理纽带和单位制度。

总体来看，T大学的教师制度改革更多的是顺应外部要求、应对外部压力的结果，其教师制度的制定带有一定的被裹挟的成分。与国内各大学的教师制度改革相比，在改革方向上，是趋于一致的；在改革举措上，既不激进也不落后。上述的教师制度为T大学教师勾画出了职业生涯的基本图景，在其规约之下，T大学教师的现实职业状态是怎样的？与制度期望之间存在哪些差异？他们面对着哪些职业发展问题？本研究将通过问卷和访谈调查予以回答。

第二节 T大学教师职业发展现状调查

一 调查研究设计

（一）调查目的

1．考察教师职业发展的基本现状，比较不同类型（教龄、职称、性别）教师职业发展的状况及特点。

2．考察教师在职业发展中遭遇的主要困境，比较不同类型（教龄、职称、性别）教师存在的主要差异。

3．考察教师制度对于教师职业发展的影响，比较不同类型（教龄、职称、性别）教师存在的主要差异。

（二）调查工具

本次调查以大规模问卷调查为主干，以少量的深度访谈作为辅助。

1．问卷调查工具——《大学教师职业发展调查问卷》由五部分构成。

（1）个人基本信息。包括性别、年龄、教龄、婚姻、子女、学位、学科、职称和管理职务等9个变量。

（2）职业状态量表。本研究采取测量的方法来考察教师的职业状态，《大学教师职业状态量表》包括教学状态、科研状态、职业投入、职业满意、自我管理5个维度，共20个题项。其中，教学状态和科研状态两个维度用于考察教师作为专业人的状态，职业投入、职业满意和自我管理三个维度用于考察教师作为组织人的状态。各题项的答案均采用四点计分（非常符合、比较符合、不太符合、很不符合），选择答案越积极、越利于职业发展则得分越高，取值区间为1—4分。为确保测量的科学与准确，本研究对收集的数据进行了鉴别度分析、信度分析和内容效度分析（见表5－8）。鉴别度分析显示，该量表所包容的20个题项中，最低的临界比值（t值）也已达到11.11，超过了3.5的习惯性标准，且所有项目均达到显著水平（P＜0.001），说明20个项目都具有良好的鉴别度；信度分析显示，全量表的内部一致性信度系数（α）为0.9，5个分量表的内部一致性信度系数均高于或接近0.7，说明测量结果具有较高的稳定性；内容效度分析结果显示，20个题项得分与全量表得分均呈现显著正相关（r＞0.4，P＜0.001），说明测量结果具有较高的可靠性。

表5-8 大学教师职业状态量表的科学性分析（n=758）

分量表	题项	临界比值	信度 α	内容效度 r
教学状态	学生对我的教学工作普遍评价很高	11.94	0.69	0.44***
	我认为自己具有较高的教学水平	11.11		0.44***
	教学工作让我感到愉快，有成就感	19.73		0.60***
科研状态	我能够较轻松地完成自己的科研工作量	20.28	0.84	0.66***
	我认为自己具有较强的科研能力	17.48		0.60***
	科研工作让我感到愉快，有成就感	20.63		0.66***
职业投入	我对自己的本职工作非常尽心尽责	14.89	0.70	0.46***
	我努力使自己成为一名优秀的大学教师	15.54		0.49***
	和同事相比，我的工作成绩比较优秀	14.95		0.53***
职业满意	如果让我重新选择，我仍然会从事现在的职业	20.95	0.84	0.62***
	我对目前单位的条件设施感到满意	16.81		0.61***
	我对目前单位的工作氛围感到满意	15.85		0.58***
	我对现在的工资收入感到满意	15.03		0.58***
	我对自己业已取得的职业成就感到满意	20.07		0.69***
	在目前的工作单位里，我会有很好的职业前景	21.32		0.71***
自我管理	我为自己制定了今后几年的职业发展目标	15.53	0.81	0.58***
	为实现职业发展目标我已经付出了很大努力	15.59		0.58***
	我对与自身职业发展有关的学校制度有一定了解	16.19		0.61***
	我很注意建立自己的人际圈，以利于职业发展	15.88		0.61***
	我会主动寻找机会展现自己的工作成绩	14.22		0.57***
全量表			0.9	

注：*表示 P<0.05 **表示 P<0.01 ***表示 P<0.001，下同。

（3）职业发展问题。包括教师在职业发展过程中可能遭遇的30个困境。

（4）教师制度的影响力。包括T大学正在实行的18项教师制度，涉及岗位聘任、职务考核、奖励惩罚、进修培训和薪酬待遇五个制度层面。由教师逐个判断这些制度对于自身的职业发展具有何种影响。

2．访谈调查工具——《大学教师职业发展访谈提纲》

问题一：请描述您职业生涯的基本历程。

问题二：您在自己的职业生涯中遇到过哪些困境或转折点？当时影响您作出职业发展决策的因素有哪些？

问题三：大学的各项教师制度对于您的教师职业生涯产生了哪些影响？您是如何应对这些影响的？

（三）调查对象

1．问卷调查。在T大学20个学院的专任教师中发放问卷792份，回收有效问卷758份，回收率为95.71%。由于在部分有效问卷中，个别教师对性别、年龄、学历等个人信息和少量问题没有给出明确回答，因此在统计中有些项目不能达到758的总人数。

表5-9　　问卷调查被调查教师的基本信息统计（n=758）

	类别	人数	比例（%）		类别	人数	比例（%）
性别	男	335	44.2	婚姻状况	未婚	109	14.4
	女	392	51.7		已婚	624	82.3
	未填	31	4.1		未填	25	3.3
年龄	30岁以下	90	11.9	教龄	1—2年	82	10.8
	30—39岁	333	43.9		3—10年	266	35.1
	40—49岁	216	28.5		11—20年	183	24.1
	50—55岁	67	8.8		20年以上	222	29.3
	55岁以上	42	5.5		未填	5	0.7
	未填	10	1.3				
职称	教授	126	16.6	所属学科	文学	217	28.6
	副教授	225	29.7		理学	191	25.2
	讲师	328	43.3		教育学	96	12.7
	助教	75	9.9		历史学	38	5.0
	未填	4	0.5		法学	71	9.4
获得学位	博士	270	35.6		工学	38	5.0
	硕士	339	44.7		经济学	21	2.8
	学士及其他	124	16.4		管理学	51	6.7
	未填	25	3.3		未填	35	4.6

2．访谈调查。共访谈T大学的20名专任教师。其中，男教师12名，女教

师8名。

表5-10　访谈调查被调查教师的基本情况（n=20）

序号	编码	性别	出生年份	学位	职称	入本校时间	高校任职
1	A1	男	1940	本科	教授	1980	1980
2	A2	女	1952	本科	教授	1976	1976
3	A3	男	1953	本科	教授	1999	1993
4	A4	男	1955	博士	教授	1982	1982
5	A5	女	1956	本科	教授	1999	1981
6	A6	男	1960	本科	教授	2004	2004
7	A7	男	1960	博士	教授	1999	1982
8	A8	男	1962	博士	教授	1997	1990
9	A9	女	1968	博士	教授	1993	1993
10	B1	男	1946	本科	副教授	1972	1970
11	B2	女	1955	本科	副教授	1999	1982
12	B3	男	1963	博士	副教授	1999	1991
13	B4	女	1973	博士	副教授	1999	1995
14	B5	男	1973	博士	副教授	2008	2002
15	B6	男	1978	博士	副教授	2007	2007
16	C1	女	1964	硕士	讲师	1999	1987
17	C2	男	1972	硕士	讲师	1999	1996
18	C3	女	1974	硕士	讲师	2004	2004
19	C4	男	1978	硕士	讲师	2005	2005
20	C5	女	1981	博士	讲师	2009	2009

（四）统计工具

本研究使用SPSS 11.5，对问卷调查所收集的数据进行统计分析。

二 调查研究的结果及分析

调查研究主要考察T大学教师在职业状态、职业发展问题、教师制度的影响三方面的总体情况，以及不同类型（教龄、职称、职务、性别）教师之间的差异。

（一）T大学教师的职业状态

1．就整体而言，T大学教师的职业状态处于中等略偏上的水平。从专业人的层面看，教师的教学状态较好而科研状态较差；从组织人的层面看，教师的职业投入程度高而职业满意程度低，但很少有教师希望更换其他职业。

问卷调查数据显示，T大学教师在职业状态量表上的总平均分为2.99（取值范围为1—4分）。五个分量表的平均分由高到低依次为：职业投入、教学状态、自我管理、科研状态、职业满意。其中，职业投入和教学状态两个分量表的平均分超过总平均分。通过对样本 t 检验，发现各个分量表的平均分之间均存在显著差异（见表5-11）。上述结果说明，T大学教师在职业投入和教学状态两个方面处于良好水平，在职业发展的自我管理方面略弱一些，在职业满意和科研状态两个方面的情况相对比较差。

表5-11 T大学教师职业状态的统计分析（n=758）

	题项数	平均数	标准差	成对比较	t	Sig.
A 职业投入	3	3.4459	.43875	A-B	12.134	.000
B 教学状态	3	3.2568	.44942	B-C	16.520	.000
C 自我管理	5	2.9206	.52335	C-D	2.791	.005
D 科研状态	3	2.8571	.68014	D-E	4.124	.000
E 职业满意	6	2.7597	.59132			
全量表	20	2.9920	.40990			

为进一步了解教师在职业状态各维度上的具体情况，本研究对教师在各个题项上积极选择（选择“完全符合”和“比较符合”）和消极选择（选择“不太符合”和“完全不符合”）的人数频次进行了统计。表5-11的统计结果显示，在职业投入层面，超过98%的教师认为自己对本职工作尽心尽责，并努力使自己在工作中做到优秀，超过85%的教师认为自己的工作成绩

优秀；在教学状态层面，超过90%的教师相信自己的教学水平，并在教学中得到乐趣和成就感。可见，绝大多数教师对于自己在职业投入和教学工作两个方面非常自信且感受良好。在自我管理层面，超过70%的教师有明确的职业发展目标，关注与自身职业发展有关的学校制度，为实现职业发展目标而寻找机会和付出努力。可见，大部分教师能够对自身的职业发展进行有意识的管理和调控，但少部分教师在自我职业管理方面的主动性和意识性薄弱。在科研状态层面，约33%的教师不能较轻松地完成科研工作量、不能在科研工作中享受成就感，约26%的教师认为自己的科研能力不足；在职业满意层面，约58%的教师对于工资收入感到不满意，约40%的教师对于学校的条件设施感到不满意，在工作氛围、现有成就、职业前景3个方面均有超过1/3的教师感到不满意。由此可见，科研状态和职业满意是教师职业状态中的薄弱环节，约1/3的教师在这两个方面状况不佳。不过，颇有意思的是，尽管有很多教师对于职业生活心存不满，但只有12.4%的教师认为自己“如果能重新选择，将不会从事教师职业”，说明T大学教师对于教师职业的认同程度是比较高的，尽管T大学教师在上述多个方面感到不满意，但只有很少教师（约1/9）希望更换其他职业。

表5-12　　教师职业状态各维度中题项的选择频次统计（n=758）

分量表	题项	积极选择		消极选择	
		频次	%	频次	%
职业投入	我对自己的本职工作非常尽心尽责	750	98.9	8	1.1
	我努力使自己成为一名优秀的大学教师	746	98.4	12	1.6
	和同事相比，我的工作成绩比较优秀	648	85.5	110	14.5
教学状态	学生对我的教学工作普遍评价很高	724	95.5	34	4.5
	我认为自己具有较高的教学水平	717	94.6	41	5.4
	教学工作让我感到愉快，有成就感	687	90.6	71	9.4
自我管理	我为自己制定了今后几年的职业发展目标	580	76.5	178	23.5
	为实现职业发展目标我已经付出了很大努力	675	89.1	83	10.9
	我对与自身职业发展有关的学校制度有一定了解	547	72.2	211	27.8
	我很注意建立自己的人际圈，以利于职业发展	538	71	220	29
	我会主动寻找机会展现自己的工作成绩	536	70.7	222	29.3

续表

分量表	题项	积极选择		消极选择	
		频次	%	频次	%
科研状态	我能够较轻松地完成自己的科研工作量	583	66.9	251	33.1
	我认为自己具有较强的科研能力	560	73.9	198	26.1
	科研工作让我感到愉快，有成就感	506	66.8	252	33.2
职业满意	如果让我重新选择，我仍然会从事现在的职业	664	87.6	94	12.4
	我对目前单位的条件设施感到满意	452	59.6	306	40.4
	我对目前单位的工作氛围感到满意	498	65.7	260	34.3
	我对现在的工资收入感到满意	316	41.7	442	58.3
	我对自己业已取得的职业成就感到满意	495	65.4	262	34.6
	在目前的工作单位里，我会有很好的职业前景	471	62.1	287	37.9

2．不同教龄教师的职业状态差异明显。从内容上看，不同教龄教师在教学、科研、职业满意和自我管理等方面均存在显著差异，但在职业投入方面的状态比较类似；从程度上看，新入职教师的职业状态最好，20年以上教龄教师次之，3—10年和11—20年教龄教师的职业状态明显偏低，整体上呈现出两端好中间差的形态。

本研究将调查样本划分为4个教龄组，分别为1—2年，共82人；3—10年，共266人；11—20年，共183人；教龄20年以上，共222人。由于5位教师没有填写教龄，因此本部分统计分析的样本容量为753人。本研究采取了方差分析的方法来考察4个教龄组教师在职业状态上的差异。F检验结果显示，除了职业投入层面不存在教龄组之间的显著性差异外，其他各个层面和全量表均存在教龄组之间的显著性差异。经过事后比较，可以发现，在教学状态方面，20年以上教龄组显著优于1—2年和3—10年两个教龄组；在科研状态方面，1—2年教龄组显著优于其他三个教龄组；在职业满意方面，1—2年教龄组显著优于3—10年和11—20年教龄组；在自我管理方面，1—2年教龄组显著优于其他三个教龄组，3—10年教龄组显著优于11—20年教龄组（见表5-13）。

表5-13　　不同教龄教师职业状态的方差分析（n=753）

	F检验	Sig.	教龄组A	教龄组B	平均数差(A-B)	Sig.
教学状态	3.217	0.022	20年以上	1—2年 3—10年	.1429 .1090	.014 .008
科研状态	5.238	0.001	1—2年	3—10年 11—20年 20年以上	.2626 .3246 .3227	.002 .000 .000
职业投入	0.491	0.688	——	——	——	——
职业满意	3.9	0.009	1—2年	3—10年 11—20年	.2152 .2394	.004 .002
自我管理	8.78	0.000	1—2年 3—10年	3—10年 11—20年 20年以上 11—20年	.2194 .3180 .3106 .0986	.001 .000 .000 .047
全量表	4.087	0.007	1—2年	3—10年 11—20年 20年以上	.1529 .1860 .1383	.003 .001 .009

3．不同职称教师的职业状态差异明显。从内容上看，不同职称教师在职业状态的五个方面都存在差异；从程度上看，教授群体的职业状态最好，助教次之，讲师和副教授的职业状态明显偏低，整体呈现出两端好中间差的形态。

由于4位教师没有填写职称，因此本部分统计分析的样本容量为754人。其中，教授126人，副教授225人，讲师328人，助教75人。F检验结果显示，职业状态的五个维度和全量表均存在职称组之间的显著性差异。经过事后比较发现，在教学状态方面，教授组和副教授组显著优于讲师组和助教组；在科研状态方面，教授组和助教组得分最高，副教授次之，讲师最低；在职业投入方面，教授组显著优于副教授和讲师组，但与助教组没有差异；在职业满意方面，教授组显著优于其他3个职称组；在自我管理方面，助教组显著优于其他3个职称组，同时，副教授组又显著低于教授和讲师组（见表5-14）。

表5-14　　　　不同职称教师职业状态的方差分析（n=753）

	F检验	Sig.	职称组A	职称组B	平均数差(A-B)	Sig.
教学状态	7.184	.000	教授	讲师	0.1817	.000
				助教	0.1722	.008
			副教授	讲师	0.1296	.001
				助教	0.1200	.043
科研状态	11.818	.000	教授	副教授	0.3535	.000
				讲师	0.3750	.000
			助教	讲师	0.2436	.015
职业投入	3.531	.015	教授	副教授	0.1002	.039
				讲师	0.1472	.001
职业满意	9.618	.000	教授	副教授	0.2710	.000
				讲师	0.3199	.000
				助教	0.1969	.020
自我管理	10.275	.000	助教	教授	0.1813	.016
				副教授	0.3627	.000
				讲师	0.2617	.000
			副教授	教授	-0.1814	.002
				讲师	-0.1009	.024
全量表	11.233	.000	教授	副教授	0.2025	.000
				讲师	0.2217	.000
			助教	副教授	0.1311	.015
				讲师	0.1503	.004

4．不同性别教师的职业状态存在一定差异。男教师在科研、自我管理两个方面明显优于女教师，在教学方面略优于女教师，在职业投入和职业满意两个方面则无明显差异。这种差异显著地体现在教授和讲师两个职称群体之中。

由于31位教师没有填写职称，因此本部分统计分析的样本容量为727人。其中，男教师335人，女教师392人。t检验结果显示，男教师在教学状态、科研状态、自我管理三个层面显著优于女教师（P＜0.05），在职业满意和职业投入两个层面男女教师之间不存在显著性差异（见表5-15）。具体考察男女教师在教学、科研、自我管理三个层面各题项上的得分情况，可以发现，3个与教学状态相关的题项中只有“我认为自己具有较高的教学水平”一项存在显著的性别差异，男教师的选择更积极和自信；3个与科研状态相关的题项都存在显著的性别差异，且都是男教师的状态优于女教师；5个与自我管理相关的题项都存在显著的性别差异，且都是男教师的状态优于女教师。

表5-15　　不同性别教师职业状态的显著性差异检验（n=753）

	平均数		标准差		t检验	Sig.
	男教师	女教师	男教师	女教师		
教学状态	3.2945	3.2236	.45651	.44554	2.114	.035
科研状态	2.9811	2.7449	.67310	.67354	4.715	.000
职业投入	3.4687	3.4235	.44107	.43937	1.380	.168
职业满意	2.7990	2.7321	.64773	.54465	1.492	.136
自我管理	3.0155	2.8434	.53050	.51021	4.452	.000
全量表	3.0552	2.9393	.43093	.39193	3.797	.000

为进一步探查不同性别教师在教学、科研、自我管理三个方面所存在的显著性差异是否与职称有关，本研究对于各个职称组分别进行了t检验。统计结果显示（见表5-16），在教学状态方面，各个职称组内都不存在显著的性别差异；在科研状态方面，教授和讲师两个职称组内存在显著的性别差异，且都是男教师优于女教师（P＜0.05）；在自我管理方面，同样是教授和讲师两个职称组内存在显著的性别差异，且都是男教师优于女教师（P＜0.01）。考察各职称组的平均数还可以发现，男教授的科研状态最好，女讲师的科研状态最差（见图5-1）；在男教师群体中，除了副教授之外，其他职称组的自我管理水平都较高；在女教师群体中，除了助教之外，其他职称组的自我管理水平都比较低（见图5-2）。

表5-16　　各职称组中不同性别教师的职业状态比较（n=753）

		教授组		副教授组		讲师组		助教组	
		平均数	t检验	平均数	t检验	平均数	t检验	平均数	t检验
教学状态	男	3.43	1.682	3.28	-0.919	3.24	1.682	3.19	-0.146
	女	3.27		3.34		3.15		3.20	
科研状态	男	3.21	2.250*	2.84	1.060	2.91	3.106**	3.09	1.048
	女	2.93		2.74		2.67		2.95	
自我管理	男	3.09	2.942**	2.86	1.243	3.03	3.245**	3.26	1.453
	女	2.79		2.77		2.83		3.11	

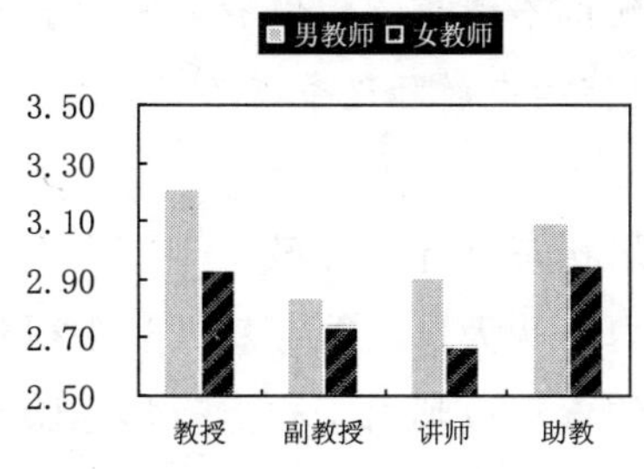

图 5-1 不同职称组教师科研状态比较

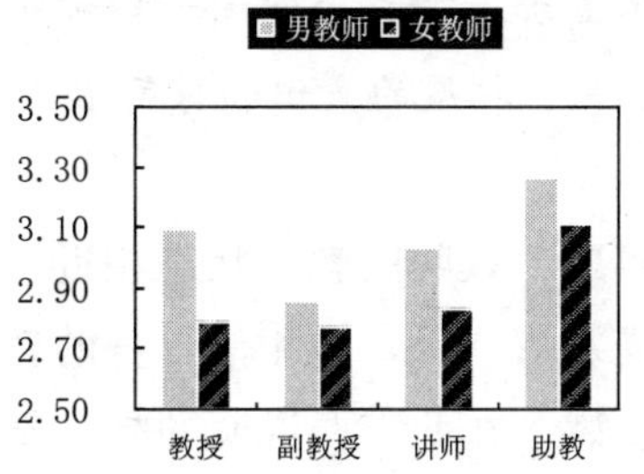

图 5-2 不同职称组教师自我管理的比较

【T大学教师职业状态的综合分析】

上述问卷调查结果为把握T大学教师当前的职业状态提供了统计数据资料，在此基础上结合针对部分教师的深度访谈资料，可以大致勾勒出T大学教师职业状态的整体性图景：

第一，教师的职业满意度低，但职业忠诚度很高。T大学教师对于职业生活的各个层面都存在一定程度的不满，这些不满大致集中在：①薪酬待遇，如付出与回报不匹配、工资低、待遇差、住房压力大等；②工作氛围，如缺乏科研平台、学术气氛淡薄、学术交流少等；③条件设施，如图书资料匮乏、教学设施落后等；④职业前景，如专业稳定性差、发展前景不明朗、与社会缺乏联系、缺乏职业指导等。不过诸多的职业不满并没有影响教师对于教师职业的“忠诚”，绝大部分教师没有更换职业的愿望。导致这一现象的原因自然很多，但其中两个因素具有较大的解释力：其一，大学教师职业的高稳定性和一定的自由度对于教师具有相当大的吸引力；其二，自主选择的意识弱、职业环境封闭狭窄导致部分教师主动放弃选择权。L老师和T老师的经历比较典型地反映了上述情况。

L老师：90年代初入校时，并不安心于当教师，因为教师待遇低，而且自己的职业发展志向是企业经营。不过，学校管理宽松便于做兼职，可以以此作为跳板。工作之初的十年里做过很多兼职，但一直没有很好的机会。90年代末，社会大环境发生变化，一方面企业也不好干，另一方面学校待遇逐步提高，自己年龄也大了更向往稳定，最终坚定了在学校发展的想法。于是，考博士、评教授、做科研，专心投入专业和学科建设。

T老师：90年代末期入校，选择教师职业的最初原因是觉得比较适合自己的性格，竞争性不强、比较安稳且有一定的自由度。近些年来，教师职业的压力不断加大，自由空间不断缩小，感到很不适应。但做教师时间长了，与社会隔离，拓展的意识和勇气不足，只能继续走教师这条道路。

第二，教师的教学状态相近，但科研状态迥异。在教学工作方面，教师的感受基本一致，即相信自身的教学能力、认为自己能够从教学中得到乐趣和成就感。在此需要说明的是，新入职的青年教师由于缺乏教学经验和前期积累，在教学状态上比资深教师要差一些，但这只是程度上的区别，并未形成实质性差异。另外，教师的教学状态良好并不意味着教学工作层面没有矛盾和冲突。很多教师在谈及教学工作时，或无奈或愤懑地指出“现在的大学生不好教”，一方面生源质量下降，学生越来越功利化，“只关注当下，缺乏对真善美的追求，缺乏深层的学习兴趣”；另一方面行政权力对于教师教学的干预不断增强，从教学内容到教学方式几乎无所不管，“学生变成一个‘说不得’的群体，否则就是教师压制学生”。然而，尽管教学领域问题重重，但绝大多数教师仍然毫不犹豫地认同教学的价值、乐趣和成就感。

在科研工作方面，教师的感受存在明显分歧。认为自己具有较强科研能力并以科研为乐的教师很多，认为自己缺乏科研能力且为科研所困的教师为数也不少。教师在科研方面所显现的差异与T大学的发展历程直接相关。T大学在传统上是一个以教学为主的高校，科研基础薄弱、教师科研能力普遍不足。自90年代开始，学校制定政策鼓励教师开展科研工作，部分教师抓住机遇积极进修，使自身的科研能力得到提升。2000年以后，特别是最近几年，T大学新聘任的教师以及大量引进的人才基本都具有博士学位，接受过系统的科研训练。这些教师的进入使T大学教师队伍的科研水平得到进一步改善。然而，在学校由重教学向重科研快速转变的过程中，亦有相当一部分教师或出于不愿或出于不能而无法顺应该趋势。

S老师，自80年代开始从教，好学、刻苦、业务能力强，教学广受赞誉但科研成果缺乏。面对不努力发表科研成果晋升教授职称就只好在55岁退休的问题，她最终选择了放弃。她的看法是：“虽然我没几年就该退休了，但如果有环境和条件，我愿意搞科研。只是，我不知道如何搞现在的科研，写文章发表就是科研么？不知道如何搞科研，但必须完成科研任务，那就只能采用不诚实的手段了。我不愿意跟着造假，所以只能选择放弃。”

第三，教师普遍期待取得职业成功并愿意为此付出努力，但对职业成功的理解和追求存在很大差异。处于各个职业发展阶段的教师都毫无例外地拥有追求职业成功的意向，无论新任职教师还是资深教师，无论身处教师职业阶梯起点的助教还是处于职业阶梯高端的教授，无论男教师还是女教师。毋庸置疑，这种普遍存在的追求职业成功的意向，对于教师个体、对于大学组织都具有重要的积极意义。不过，怎样才算"职业成功"？不同教师对此问题的理解及现实追求存在着很大的差异。有些人比较注重外职业生涯的成功，如晋升职称、获得导师或学术带头人资格、承担管理性职务等；有些人则可能更注重内职业生涯的成功，如因学识渊博、教学技艺高超、得到学生的爱戴等在工作中获得满足感。显然，如果能够促使内外职业生涯两个方面得到均衡发展，是最为理想的状态。但在现实中，外职业生涯成功的巨大吸引力已经使内职业生涯成功的价值显得越来越微不足道。

G老师（2007年入校，博士，副教授）：教师的本职是教学，对学生的影响也主要在教学中体现。这并不是说科研不重要，但科研做得好主要对个人发展有利，教学做得好才对学生发展有利。现在的大学形式上非常重视教学，但实质上教学好的老师并不占优势。

Y老师（80年代中期大学毕业，2003年转行做教师，现为教授和专业负责人）：现在的大学无法培养创新人才，老师们的心思都放在评职称、发文章、提高收入上面了。人的精力有限，为应对众多现实的压力，谁能安心教学、研究？许多中青年教师迫于制度压力，只能被动地跟着走，这种状况对青年教师的发展非常不利。

第四，青年教师在科研和职业规划方面的意识明显增强。青年教师是刚刚步入职业生涯的群体，他们中的大多数都位于教师职业阶梯的低端，但他们的职业状态不但不低于身处职业阶梯中端和高端的资深教师，而且在科研状态和自我管理两个层面明显占优。其中原因不难理解。就科研层面来看，青年教师学历起点高，基本都拥有博士或硕士学位，通常在入职之前就已经从事过系统的科研工作，对于自身的科研能力比较自信；就自我管理层面看，当代的青年教师成长于鼓励个人成功的90年代、经历过就业市场的激烈竞争，因此在职业规划方面主动性、自觉性和现实性更强，敢于对自己提出较高的职业发展目标并为之积极寻找发展机会。

Y老师（2009年博士毕业，应聘进入T大学）：自己所在的学院年轻人比较多，都是博士毕业，做科研的心气很高。因为刚入职一年，主要精力都放在教学上了，没有时间做科研。现在基本适应教学工作了，开始希望在科研方面做些事情。学院里的几个青年博士也都有类似的想法，目前正筹划着共同开发一个研究方向。

W老师（2005年硕士毕业，应聘进入T大学）：选择T大学的原因主要有三个。第一，学校地理位置好，距离北京近，发展机会比较多；第二，自己肯定要在职攻读博士学位，T大学属于综合性大学，牌子还比较亮，报考时比较有利；第三，在大城市中，未来子女的受教育机会更好。入职后的基本规划是，首先，在学校立足，在同事和学生中打开局面；其次，买房，解决安居问题；第三，深造，已经选定了报考的导师，选择该导师的一个重要原因是可以推荐自己进入清华大学做博士后，然后找机会出国访学。

第五，女教师在科研和职业规划方面处于弱势。从专业人的层面看，女教师在教学状态上与男教师相近，但在科研状态上明显比男教师差；在各个职称群体中，女讲师的科研状态尤其令人担忧。从组织人的层面看，女教师对职业的投入程度、满意程度与男教师相近，但对于自身的职业规划却明显比男教师差；除了女助教的自我职业管理意识较强之外，其他三个职称群体中的女教师在职业发展的自我管理方面水平都偏低。需要注意的是，女教师在上述两方面的劣势更多地属于意识和动机的问题，而并不都是能力问题。随着学校制度环境的改变，很多女教师开始重新审视自身的职业发展问题，力求从意识淡薄、有心无力等被动状态中摆脱出来。

D老师（2004年入职，硕士，讲师）：科研压力比较大。学校规定讲师每四年发表1篇核心期刊，就数量来说要求并不高。但社会大环境使发表文章变得相当复杂，不是个人努力用心就能做到的。跟着别人的研究团队做科研虽然有收获，但在科研考核评价时不算数。学校各种奖励都与科研成果直接挂钩，而且只看级别无论其实际质量的高低，非常打击工作热情和自信心。

W老师（80年代初入职，教授）：当初入职做教师，想法很简单，就是教好课、对得起学生；此外，就是不甘于平庸，不能比别人做得差，有机会学习进修或参与科研工作就积极参加。应该说八九十年代的社会环境与自身的本性是比较切合的，自己愿意在工作中多投入，学校就会给予相应的支持和回报，没有刻意地规划职业，包括晋升职称基本上也是被环境推着走。近些年来情况不同了，越来越感到职业发展是自己的事情，不认真地为自己规划就没有发展机会。

（二）教师职业发展中的主要困境

1．就整体而言，T大学教师的职业发展问题主要集中在科研压力和学术环境两大方面。科研问题涉及教学任务重导致研究精力不足、研究成果难发表、科研考核压力大和无法加入研究团队等；学术环境涉及学术氛围不理想、学术交流机会少、学术视野窄等。

问卷调查结果显示，在30个职业发展问题中，选择人数超过总人数30%的共有10项。其中，选择“教学任务重，缺少精力开展研究”的教师最多，达到样本容量的60.7%。此外，“科研成果难发表”、“科研考核压力大”、“学术氛围不理想”、“单打独斗，没有研究团队可以加入”和“学术交流机会少”等5个项目的选择人数比例超过40%；“学术视野窄，不了解前沿”、“工作内容窄，与社会缺乏联系”、“物质条件差”和“信息资料少”等4个项目的选择人数比例超过30%（见表5–17）。

表5–17　　教师职业发展问题的总体选择状况（n=753）

题目	频次	%	题目	频次	%
1. 教学任务重，缺少精力开展研究	460	60.7	16. 对职业发展前景感到迷茫	125	16.5
2. 教学效果不理想	69	9.1	17. 自己的才能不能充分施展	108	14.2
3. 学术视野窄，不了解前沿	228	30.1	18. 工作成绩得不到认可	97	12.8
4. 科研工作重，无暇关注教学质量	120	15.8	19. 职称晋升不顺利	150	19.8
5. 科研能力不足	169	22.3	20. 评奖评优受到阻碍	57	7.5
6. 科研成果难发表	372	49.1	21. 与同事关系不和谐	14	1.8
7. 科研考核压力大	335	44.2	22. 领导压制，工作不自主	47	6.2
8. 学术氛围不理想	312	41.2	23. 制度不公平，资源分配不均	167	22

续表

题目	频次	%	题目	频次	%
9. 单打独斗，没有研究团队可加入	359	47.4	24. 在学术界缺乏影响力	157	20.7
10. 工作中缺乏有益的指导	220	29.0	25. 物质条件差	254	33.5
11. 工作内容窄，与社会缺乏联系	229	30.2	26. 信息资料少	289	38.1
12. 不能如愿参加业务进修	216	28.5	27. 希望担任管理职务，不能如愿	19	2.5
13. 学术交流机会少	337	44.5	28. 社会活动过多，影响本职工作	16	2.1
14. 事务性工作多，影响业务水平	184	24.3	29. 家庭负担重	128	16.9
15. 缺乏职业发展的动力	96	12.7	30. 身体健康状况不佳	61	8.0

注：频次，指认为该题项内容与自身情况相符的人次。

2．不同教龄教师所面对的职业困境差异明显，且呈现出两端轻中间重的形态，即新入职教师和20年以上教龄的资深教师面对的困境较少，介于二者之间的教师面对的职业困境较多。具体而言，新入职教师在教学效果不佳、缺乏参与学术研究的条件和机会等方面受困扰程度相对较高；20年教龄以上的资深教师在工作成绩得不到认可、资源分配不公等方面受困扰程度相对更高；中间教龄教师不仅在上述四个方面，还在缺乏指导、不能进修、前景迷茫等多个方面感受到较高程度的困扰。

本研究采用卡方百分数同质性检验来考察各个教龄组在30个职业发展困境上的选择是否存在显著性差异。统计结果显示（见表5-18），不同教龄组教师在9个题项上存在显著性差异（P＜0.05）。根据A.R.值（即Adjusted Residual的缩写，指校正后标准化残差值）为正值表示实际次数显著高于期望次数，为负值则表示实际次数显著低于期望次数的事后比较方法，[①]可以发现：相比而言，教龄1—2年的教师在“教学效果不理想”的问题上受到的困扰最为严重，在“单打独斗，没有研究团队可加入”和“学术交流机会少”两个问题上受到的困扰程度也比较高；教龄3—10年的教师在“单打独斗，没有研究团队可加入”、“工作中缺乏有益的指导”、“不能如愿参加业务

① 王保进：《英文视窗版SPSS与行为科学研究》，北京大学出版社2007年第3版，第218页。

进修”、“学术交流机会少”、“对职业发展前景感到迷茫”和“制度不公平，资源分配不均”等6个问题上受到的困扰最为严重，在“教学效果不理想”和“工作成绩得不到认可”两个问题上受到的困扰程度也比较高；教龄11—20年的教师在“科研成果难发表”问题上受到的困扰最为严重，在“对职业发展前景感到迷茫”和“工作中缺乏有益的指导”两个问题上受到的困扰程度也比较高；教龄20年以上的教师在“工作成绩得不到认可”问题上受到的困扰最为严重，在“制度不公平，资源分配不均”问题上受困扰程度也比较高。

表5-18　　不同教龄教师职业发展问题的比较（n=753）

题　目		1—2年	3—10年	11—20年	20年以上	卡方检验
1. 教学效果不理想	频次	14	29	17	9	14. 096 **
	%	17. 1	10. 9	9. 3	4. 1	
	A. R.	2. 6	1. 2	0. 1	-3. 1	
2. 科研成果难发表	频次	29	128	106	106	12. 152 **
	%	35. 4	48. 1	57. 9	47. 7	
	A. R.	-2. 6	-0. 4	2. 8	-0. 4	
3. 单打独斗，没有研究团队可加入	频次	41	146	85	85	13. 662 **
	%	50	54. 9	46. 4	38. 3	
	A. R.	0. 5	3. 0	-0. 3	-3. 2	
4. 工作中缺乏有益的指导	频次	22	98	56	42	19. 336 ***
	%	26. 8	36. 8	30. 6	18. 9	
	A. R.	-0. 4	3. 5	0. 6	-3. 9	
5. 不能如愿参加业务进修	频次	21	92	51	52	7. 972 *
	%	25. 6	34. 6	27. 9	23. 4	
	A. R.	-0. 7	2. 6	-0. 3	-2. 1	

续表

题　目		1—2年	3—10年	11—20年	20年以上	卡方检验
6. 学术交流机会少	频次	43	139	79	76	18.135***
	%	52.4	52.3	43.2	34.2	
	A.R.	1.5	3.1	-0.5	-3.8	
7. 对职业发展前景感到迷茫	频次	4	54	37	30	14.028**
	%	4.9	20.3	20.2	13.5	
	A.R.	-3.0	2.0	1.5	-1.5	
8. 工作成绩得不到认可	频次	3	36	16	42	16.319**
	%	3.7	13.5	8.7	18.9	
	A.R.	-2.6	0.4	-1.9	3.2	
9. 制度不公平，资源分配不均	频次	8	53	46	59	11.572**
	%	11	21.8	19.1	20.7	
	A.R.	-2.1	1.1	-0.2	0.5	

注：% 指占各教龄组人数的百分比。

3．不同职称教师所面对的职业发展困境存在明显差异，教授和副教授的职业发展困境较少且程度较低，讲师和助教的职业发展困境不仅多且受困扰程度较高。具体而言，与其他职称的教师群体相比，教授在职业发展的各个方面都不存在严重问题；副教授遭遇的主要困扰集中在工作精力和发展动力不足、在学术界缺乏影响力等方面；讲师是教师职业发展过程中的问题多发阶段，其职业困扰主要集中在个人能力不足、环境条件不佳、职业前景不明三个方面；助教的职业困扰与讲师大体一致，但职业困扰的内容范围略小些、受困程度略低些。

卡方检验结果显示，不同职称组教师在15个题项上存在显著性差异（P＜0.05）。考察A.R.值可以发现：教授在所有存在显著性差异的题项上受困扰的程度都比较低；副教授在“教学任务重，缺少精力开展研究”、“缺乏职业发展的动力”、“在学术界缺乏影响力”三个问题上受到的困扰最为严重，在“科研能力不足”问题上受到的困扰程度也比较高。在15个存在显著性差异的题项中，除“教学任务重，缺少精力开展研究”一个项目外，讲师在其他14个项目上受困扰程度均显著高于教授和副教授；助教所遭遇的主要困境和讲师比较相似，只是在“不能加入研究团队”、“对职业前景感到迷茫”、“在学术界缺乏影响力”和“家庭负担重”四个项目上的困扰程度显著低于讲师。（见表5—19）

表5-19　不同职称教师职业发展问题的比较（n=753）

题　项		教 授	副教授	讲 师	助 教	卡方检验
1．教学任务重，缺少精力开展研究	频次	64	157	199	37	17.002 **
	%	50.8	69.8	60.7	49.3	
	A.R.	-2.5	3.4	0	-2.1	
2．教学效果不理想	频次	2	16	40	11	16.197 **
	%	1.6	7.1	12.2	14.7	
	A.R.	-3.2	-1.3	2.5	1.7	
3．学术视野窄，不了解前沿	频次	15	63	119	30	29.743 ***
	%	11.9	28	36.3	40	
	A.R.	-4.9	-0.8	3.2	2.0	
4．科研能力不足	频次	7	53	86	23	26.430 ***
	%	5.6	23.6	26.2	30.7	
	A.R.	-5	0.5	2.2	1.8	
5．单打独斗，没有研究团队可加入	频次	40	99	185	32	24.762 ***
	%	31.7	44	56.4	42.7	
	A.R.	-3.8	-1.2	4.4	-0.8	
6．工作中缺乏有益的指导	频次	12	52	124	31	44.851 ***
	%	9.5	23.1	37.8	41.3	
	A.R.	-5.3	-2.3	4.6	2.5	
7．工作内容窄，与社会缺乏联系	频次	25	68	109	26	8.547 *
	%	19.8	30.2	33.2	34.7	
	A.R.	-2.8	0	1.6	0.9	
8．不能如愿参加业务进修	频次	13	60	116	27	30.369 ***
	%	10.3	26.7	35.4	36	

续表

题　项		教 授	副教授	讲 师	助 教	卡方检验
	A.R.	-5	-0.8	3.6	1.5	
9. 学术交流机会少	频次	30	100	171	36	29.915***
	%	23.8	44.4	52.1	48	
	A.R.	-5.2	-0.1	3.6	0.6	
10. 缺乏职业发展的动力	频次	6	35	45	10	9.130*
	%	4.8	15.6	13.7	13.3	
	A.R.	-2.9	1.5	0.7	0.2	
11. 对职业发展前景感到迷茫	频次	8	35	70	12	15.102**
	%	6.3	15.6	21.3	16	
	A.R.	-3.4	-0.5	3.1	-0.1	
12. 职称晋升不顺利	频次	5	38	90	17	33.407***
	%	4	16.9	27.4	22.7	
	A.R.	-4.9	-1.3	4.6	0.6	
13. 在学术界缺乏影响力	频次	16	54	75	12	8.311*
	%	12.7	24	22.9	16	
	A.R.	-2.5	1.4	1.2	-1.1	
14. 物质条件差	频次	32	70	126	26	7.859*
	%	25.4	31.1	38.4	34.7	
	A.R.	-2.2	-1	2.4	0.2	
15. 家庭负担重	频次	11	36	71	10	12.013**
	%	8.7	16	21.6	13.3	
	A.R.	-2.7	-0.5	3	-0.9	

4．不同性别教师所面对的职业发展困境存在明显差异，女教师在职业发展的多个方面受困扰程度高于男教师。从教龄角度看，职业困境的性别差异集中体现在3—10年和11—20年教龄的教师群体之中，而且性别差异所涉及的内容范围随着教龄段的提高有逐渐扩散的趋势；从职称角度看，讲师是性别差异最突出的一个职称群体，教授则相反。

卡方百分比同质性检验结果显示（见表5-20），不同性别教师在14个职业发展困境中存在显著性差异（P＜0.05）。考察A.R.值可以发现，男教师只在一个项目（物质条件差）上的受困扰程度比女教师严重，其余13个项目都是女教师受困扰程度更严重。这13个职业发展困境广泛涉及教学能力、科研能力、职业环境、家庭环境、个人健康、职业前景等多个方面。

表5-20　　不同性别教师职业发展问题的比较（$n_{男}$=335，$n_{女}$=392）

题　项		A. R.	卡方检验	题　项		A. R.	卡方检验
1. 教学效果不理想	男	-2.4	5.69 *	8. 工作内容窄，与社会缺乏联系	男	-4.3	18.64 ***
	女	2.4			女	4.3	
2. 学术视野窄，不了解前沿	男	-5.2	27.22 ***	9. 不能如愿参加业务进修	男	-3.6	12.77 ***
	女	5.2			女	3.6	
3. 科研能力不足	男	-4.7	22.37 ***	10. 学术交流机会少	男	-3.3	10.78 **
	女	4.7			女	3.3	
4. 科研成果难发表	男	-3.7	13.39 ***	11. 对职业发展前景感到迷茫	男	-3.5	12.31 ***
	女	3.7			女	3.5	
5. 科研考核压力大	男	-2.8	7.58 **	12. 物质条件差	男	2.5	6.46 *
	女	2.8			女	-2.5	
6. 单打独斗，没有研究团队可加入	男	-2.4	5.61 *	13. 家庭负担重	男	-2	3.91 *
	女	2.4			女	2	
7. 工作中缺乏有益的指导	男	-4.1	16.91 ***	14. 身体健康状况不佳	男	-2.9	8.29 **
	女	4.1			女	2.9	

注：因篇幅原因，本表省略了各细格的频次和百分比。

为进一步探查不同性别教师在上述14个职业发展困境中存在的显著性差异与教龄之间存在何种关系，本研究对各个教龄组分别进行了卡方检验。统计结果显示，在14个职业困境中有12个与教龄存在关联。其中，教龄1—2年的教师只在“科研成果难发表”、“物质条件差”两个问题上存在显著的性别差异；教龄3—10年的教师在“学术视野窄，不了解学术前沿”、“科研能力不足”、“科研成果难发表”等7个问题上存在显著的性别差异；教龄11—20年的教师在“学术视野窄，不了解学术前沿”、“科研能力不足”、“工作内容窄，与社会缺乏联系”等7个方面存在显著的性别差异；教龄20年以上的教师在“科研成果难发表”、“科研考核压力大”、“家庭负担重”、“身体健康状况不佳”等4个方面存在显著的性别差异。（见表5-21）

表5-21　　不同性别教师职业发展问题的二次分组比较（按教龄分组）

题　项	卡方检验			
	1—2年 $n_{男}$=37 $n_{女}$=45	3—10年 $n_{男}$=116 $n_{女}$=148	11—20年 $n_{男}$=70 $n_{女}$=103	20年以上 $n_{男}$=112 $n_{女}$=96
1. 学术视野窄，不了解前沿		12.17***	11.99**	
2. 科研能力不足		7.85**	15.78***	
3. 科研成果难发表	7.98**	4.77*		6.72*
4. 科研考核压力大		3.95*		8.24**
5. 工作中缺乏有益的指导		8.94**		
6. 工作内容窄，与社会缺乏联系		14.89***	5.04*	
7. 不能如愿参加业务进修		3. 896*	9.95**	
8. 学术交流机会少			4.98*	
9. 对职业发展前景感到迷茫			4.51*	
10. 物质条件差	-8.91**		-7.84**	
11. 家庭负担重				4.28*
12. 身体健康状况不佳				4.8*

注：卡方值前加“—”，表示男教师的A.R.值为正值，女教师的A.R.值为负值

为了进一步探查不同性别教师在上述12个职业发展困境中存在的显著性差异与职称之间存在何种关系，本研究对于各个职称组分别进行了卡方检验。统计结果显示，14个职业困境中有9个与教师职称存在关联。教授只在“不能如愿参加业务进修”一个问题上存在显著的性别差异；副教授在“科研能力不足”、“科研成果难发表”、“家庭负担重”3个问题上存在显著的性别差异；讲师在“学术视野窄，不了解前沿”、“科研能力不足”、“工作中缺乏有益的指导”、“工作内容窄，缺乏与社会的联系”、“学术交流机会少”和“物质条件差”6个职业困境上存在显著性差异；助教在“科研成果难发表”和“物质条件差”两个问题上存在显著的性别差异。（见表5-22）

表5-22　　不同性别教师职业发展问题的二次分组比较（按职称分组）

题　项	卡 方 检 验			
	教授 $n_{男}$=83 $n_{女}$=35	副教授 $n_{男}$=100 $n_{女}$=116	讲师 $n_{男}$=120 $n_{女}$=198	助教 $n_{男}$=32 $n_{女}$=43
1. 学术视野窄，不了解前沿			14.37***	
2. 科研能力不足		5.98*	7.39**	
3. 科研成果难发表		7.81**		6.67*
4. 工作中缺乏有益的指导			7.25**	
5. 工作内容窄，与社会缺乏联系			20.25***	
6. 不能如愿参加业务进修	4.1*			
7. 学术交流机会少			5.13*	
8. 物质条件差			-4.37*	-5.79*
9. 家庭负担重		5.28*		

注：卡方值前加"—"，表示男教师的A.R.值为正值，女教师的A.R.值为负值

［T大学教师职业困境的综合分析］

第一，时间不足、精力分散，影响科研工作。该职业困境在T大学教师中颇具普遍性，导致这一困境的主要原因来自两大方面：其一，教学任务重。T大学教师内部已经发生了比较明显的分化：有条件有能力搞科研且能够大量产出科研成果的教师通常不愿意多上课，更希望将时间和精力投入到高水平研究当中，因为科研所带来的物质和精神回报更多，对于自身的职业发展更有利，而且通常会得到学校的鼓励和支持；缺乏科研条件或科研能力不足的教师则只能选择承担大量的教学工作，否则自身的物质收益和精神需求就难以保证。如此一来，后一类教师就逐渐步入了一种负向循环之中——由于科研弱，为保证个人收益只好多上课，教学繁重占据时间，更加无力提高科研水平。其二，事务性工作多。随着行政力量在教学领域的日益渗透，对于教学内容、教学进程、教学方式、教学评价等各方面的要求不断增加和细化，由此衍生出大量附着于教学的事务性工作。

W老师（2005年入校，硕士，讲师）：实事求是地讲，学校规定的教学工作量并不算多。如果只满足于完成必要的工作量，压力不大。但教师也是普通人，不可能不考虑经济问题，尤其青年教师，买房结婚、生儿育女，处处都需要钱。如果有兼课挣钱的机会，当然不会推辞。

Z老师（80年代开始从事教师职业，90年代进入T大学，教授）：行政管理过细过严，将教师的时间和空间都占满了。过度的管理、人为制造的繁杂工作正在消磨教师的热情、理想和意志，令人日渐麻木。我为自己总结了一条规律，那就是“一旦读书读得入神，肯定是把学院布置的某项工作给忘掉了，因为要把布置的工作都做完，就肯定没有时间静下心来读书”。无暇潜心治学成为我现在的最大苦恼，所以非常盼望退休，到时候就可以没有牵挂地投身到自己所挚爱的学问当中去。

第二，研究条件与学术氛围的缺失。科研问题是T大学教师面临的最主要困境，除了前文提到的由于时间、精力不足而影响科研工作外，为数众多的教师在研究团队、学术氛围、学术交流机会等方面深受困扰。就本质而言，科学研究是整个人类社会为探索未知领域所进行的集体行动，并非纯粹的个人活动。因此，教师在开展研究工作时不可能脱离外部环境，浓郁的学术空气、活跃的学术交流和团结合作的研究队伍是教师在科研方面取得成就的重要前提基础。这些外部条件构成了教师在研究领域获得发展的土壤，特别对于中青年教师来说，土壤质量的优劣直接决定着他们在科研乃至职业生涯的各个方面的发展前景。在T大学，教师身处的科研环境差异很大，下面三位教师的感受比较典型地体现了这种差异。

G老师（入校3年，博士）：当初博士毕业找工作时，导师建议选择学校名气不大但学科强的单位。现在看来，这种选择是对的。现在的学院领导在学术界很有影响，为青年博士提供了非常好的研究环境，教研室中的前辈也都热心地指导和提携自己，这两年出了很多科研成果，博士论文也顺利出版。评副教授时竞争虽然激烈，但自己成果强，没有争议地通过了。总体来说，我对自己目前的学术发展比较满意。

L老师（入校两年，博士）：我所在的学院比较重教学，入职一年多已经主讲3门课，因为忙于备课上课，科研基本停滞。读博期间一直在导师的研究团队中做科研，但现在的教师队伍较散，没有科研梯队，年纪大的教师大多缺乏科研水平和经验，没有学术带头人引路。找不到研究队伍，独立申请科研项目又比较困难，有时的确觉得有些彷徨。

D老师（入校6年，硕士）：以前读书时，有很多机会参加学术会议和研讨，可以了解学科的前沿动态。工作后，这样的机会很少，觉得自己在学术信息方面越来越闭塞。周围的老师都在做自己的事，没有形成研究团队，想做科研不知从何处着手，写文章投出去又没有回音，有无助感。

第三，教师的职业发展困境具有明显的阶段性特征。教师在职业生涯中可能遭遇的困境是多种多样的，各种职业发展困境对于各个职业发展阶段的教师都可能造成困扰。不过，有些职业发展困境（如：科研成果难发表，不能加入学术团队、学术交流机会少等）对于每个职业发展阶段的教师都具有重要影响，而有些困境则更多地与特定职业发展阶段联系在一起。这种阶段性规律可以从教龄（因自然力而形成的阶段）、职称（由人为力量划分的阶段）等不同角度予以揭示。

从教龄的角度来看，随着任教时间的增长，教师所遭遇的职业困境呈现出一定程度的变化，大致的轨迹为：受困于教学绩效—受困于科研绩效—受困于停滞不前—受困于组织认可。具体来说，刚入职的教师首要关注的是能否应对教学工作，教学效果是否令人和令己满意；适应教学工作之后，科研成为教师的首要关注问题，因为无论晋升职称、还是评奖评优都直接取决于科研成果；随着教龄的继续增长，一些教师开始进入职业高原期，是否需要“更上一层楼”，如何使自己摆脱停滞状态获得新的发展成为此阶段的重要问题；到了职业生涯后期，教师往往更加关注自己在组织中的地位，期待工作成绩得到认可。

从职称的角度来看，高级职称教师显然比中低级职称的职业困境少、受困程度轻。其中，讲师的职业困境尤其突出，主要集中在三个方面：个人能力不足（如教学效果不理想、科研能力不足、学术视野窄等），环境条件不佳（如没有研究团队可加入、缺乏有益的指导、学术交流机会少、物质条件差、家庭负担重等），职业前景不明（如职称晋升不顺利、对职业发展前景感到迷茫、与社会缺乏联系等）。可见，讲师阶段是教师职业发展过程中的问题多发阶段，教师可能面对的困境不限于业务领域，还包括物质生活条件和家庭负担等多方面问题。

第四，女教师在职业发展过程中受困扰程度比男教师高，且具有阶段性特征。从教龄的角度看，入职初期的男女教师所遭遇的职业困境都比较少，性别差异并不明显。度过最初1—2年的适应期后，男女教师之间开始呈现出较多的性别差异；随着教龄的增长，男女教师之间的职业困境差异所涉及的范围逐步扩展，大致是从专业人困境（科研压力大、专业能力不足等）向组织人困境（如职业前景迷茫、发展机遇少）和个人困境（家庭负担重、身体健康状况不佳等）扩散。从职称的角度看，助教、副教授和教授阶段男女教师所面对的职业困境差异都不大，但讲师阶段的性别差异却非常突出。女讲师在研究能力不足、缺少发展机遇、缺少引导和对外联系等多个方面受困扰的程度都高于男讲师。在常识中，人们一般认为女教师的家庭负担比男教师重，但研究结果表明，四个职称群体中，只有副教授阶段在“家庭负担重”这一问题上存在显著的性别差异。

（三）教师制度对于教师职业发展的影响

1．整体而言，T大学约半数的教师倾向于认可教师制度对自身职业发展的积极影响，只有少量教师认为某些教师制度对自身职业发展具有消极影响。相对来说，聘任、津贴、入职培训、进修等制度的积极影响得到较多教师的肯定，而教学工作量、科研工作量、学生评教、职称评审等制度则被较多教师视为消极影响的来源。

问卷调查结果显示，认为本研究所列出的18项教师制度对自身职业发展具有积极影响的教师占总数的37%—58%，认为没有明显影响的教师占总数的14%—40%，认为具有消极影响的教师占总数的3%—27%。具体考察各项制度的选择情况，可以发现，在8项制度上选择“具有积极影响”的教师超过总数的50%，包括岗位津贴制度（57.8%）、聘期考核制度（56.1%）、岗位聘任制度（55.9%）、入职培训制度（55%）、绩效津贴制度（54.5%）、进修制度（54.4%）、职称评审制度（52.6%）和科研工作量制度（52%）。在4项制度上选择“具有消极影响”的教师超过总数的15%，包括学生评教制度（26.5%）、教学工作量制度（24.9%）、科研工作量制度（23.2%）和职称评审制度（16.9%）。

表5-23　　教师制度对教师职业发展的影响（n=753）

题项	积极影响		无影响		消极影响		总人数
	频次	%	频次	%	频次	%	
1．入职培训制度	417	55	220	29	28	3.7	665
2．教学工作量制度	328	43.3	156	20.6	189	24.9	673
3．教学事故认定制度	352	46.4	234	30.9	58	7.7	644
4．学生评教制度	318	42	159	21	201	26.5	678
5．科研工作量制度	394	52	106	14	176	23.2	676
6．岗位聘任制度	424	55.9	164	21.6	77	10.2	665
7．岗位津贴制度	438	57.8	161	21.2	79	10.4	678
8．聘期考核制度	425	56.1	169	22.3	74	9.8	668
9．职称评审制度	399	52.6	136	17.9	128	16.9	663
10．评奖评优制度	330	43.5	234	30.9	99	13.1	663
11．绩效津贴制度	413	54.5	182	24	66	8.7	661
12．高层次人才引进制度	322	42.5	258	34	70	9.2	650
13．进修制度	412	54.4	210	27.7	30	4	652
14．服务期制度	301	39.7	275	36.3	52	6.9	628
15．学术假制度	338	44.6	275	36.3	42	5.5	655
16．收入分配制度	346	45.6	210	27.7	102	13.5	658
17．福利制度	346	45.6	218	28.8	83	10.9	647
18．延聘返聘制度	281	37.1	297	39.2	53	7	631

注：由于一些教师在部分项目上存在空项情况，但已填写的部分又具有统计价值，因此每个项目所对应的实际填写总人数是不等的。

2．不同教龄教师对于教师制度影响力的感受存在明显差异。教龄不足10年的教师比教龄10年以上的教师更倾向于认同教师制度的积极影响；教龄1—2年的教师只在入职培训制度上存在较高程度的不满；教龄3—10年的教师对于制度的不满集中于教学、职称、进修和收入分配等方面；11—20年教龄的教师对于制度的不满最为突出，几乎涉及教师制度的所有方面；20年以上教龄的教师对于制度的不满集中于考核、评优、人才引进、学术假和延聘返聘等方面。

本研究采用卡方百分数同质性检验来考察各个教龄组在18项教师制度上的选择是否存在显著性差异。统计结果显示，不同教龄组教师在18项制度上均存在显著性差异（P＜0.01）。根据校正后标准化残差（A.R.值）进行事后比较，判断在“积极影响”和“消极影响”两个水平上哪个教龄组出现的频次较高[①]。从表5-23中可以发现，在对各项教师制度持肯定态度的教师群体中，教龄1—2年的教师在18个项目上的A.R.值为正值；教龄3—10年的教师只在延聘返聘制度一个项目上的A.R.值为负值，其他17个项目均为正值；教龄11—20年的教师在进修制度和学术假制度两个项目上为正值，其他16个项目均为负值；教龄20年以上的教师在教学工作量制度和延聘返聘制度两个项目上为正值，其他16个项目均为负值。由此可见，教龄在10年以下的教师对待各项教师制度的态度普遍比教龄10年以上的教师积极，更倾向于认为教师制度对自身的职业发展具有积极影响。

在对各项教师制度持否定态度的教师群体中，1—2年教龄教师只在入职培训制度一个项目上的A.R.值为正值（即持否定态度的人多于其他教龄组），其他项目均为负值；3—10年教龄教师在10个项目上的A.R.值为正值，特别是在教学工作量、教学事故认定、职称评审、服务期、福利等5项制度上的A.R.值明显高于其他教龄组教师；11—20年教龄的教师在16个项目上的A.R.值为正值，特别是在科研工作量、岗位聘任、聘期考核、进修等4项制度上的A.R.值明显高于其他教龄组教师；20年以上教龄的教师在10个项目上的A.R.值为正值，特别是在人才引进、学术假和返聘延聘3项制度上的A.R.值明显高于其他教龄组教师。

表5-24　　教师制度对于不同教龄教师的影响比较（n=753）

题　项	A.R.值（积极影响）				A.R.值（消极影响）				卡方检验
	1—2年	3—10年	11—20年	20年以上	1—2年	3—10年	11—20年	20年以上	
1. 入职培训制度	2.1	0.7	−1.8	−0.5	3.7	0	−1.3	−1.4	69.71***
2. 教学工作量制度	1.3	0.4	−1.8	0.3	−0.1	2.8	1.7	−4.5	41.43***

① A.R.值为正值表示该教龄组出现的频次显著高于A.R.值为负值的其他教龄组。

续表

题　项	A. R. 值（积极影响）				A. R. 值（消极影响）				卡方检验
	1—2年	3—10年	11—20年	20年以上	1—2年	3—10年	11—20年	20年以上	
3. 教学事故认定制度	1.4	1.4	−1	−1.5	−0.1	2.1	0.3	−2.4	34.86***
4. 学生评教制度	1.1	1.3	−1.8	−0.5	−0.2	0.1	1.5	−1.4	25.4**
5. 科研工作量制度	3.4	3.1	−2.1	−3.6	−3.1	−0.1	1.7	0.6	48.81***
6. 岗位聘任制度	2.1	1.7	−0.8	−2.5	−1.6	−1.4	2.2	0.5	38.39***
7. 岗位津贴制度	3.2	2.2	−2	−2.6	−2.5	−1.6	1.8	1.7	40.97***
8. 聘期考核制度	3.8	0.4	−0.8	−2.3	−2.4	−1.2	1.8	1.2	42.67***
9. 职称评审制度	3	0.8	−0.6	−2.4	−2.1	2.1	0.5	−1.2	36.09***
10. 评奖评优制度	5.7	1.7	−2.7	−3.2	−2.7	−0.4	1.1	1.2	56.66***
11. 绩效津贴制度	3.6	0.8	−0.6	−2.8	−2.6	0.2	0.6	1	44.41***
12. 人才引进制度	2.6	0.8	−1	−1.7	−1.9	−1.2	0.9	1.8	37.62***
13. 进修制度	2.9	0.8	0.3	−3.1	−2	0.5	1.2	−3	37.85***
14. 服务期制度	3	0.7	−0.6	−2.1	−1.7	1.7	1.5	−2	42.86***
15. 学术假制度	1.8	1.6	0.3	−3.2	−1.3	−1.2	0.8	1.4	36***
16. 收入分配制度	2.7	0.9	−1.4	−1.5	−2.4	0.9	1	−0.3	29.19**
17. 福利制度	2.5	2.5	−1.5	−3	−2.3	1.1	0.2	0.1	38.93***
18. 延聘返聘制度	3.1	−0.6	−0.3	1.2	−2.2	0.1	−1	2.3	41.86***

注：因篇幅原因，本表省略了各细格的频次和百分比，省略了“无明显影响”选项的相关统计值。

3. 不同职称教师对于教师制度影响力的感受存在明显差异。教授、助教更倾向于认同教师制度的积极影响，教授对于各项教师制度都没有较高程度的不满，助教则只在入职培训制度上存在较高程度的不满；副教授、讲师更倾向于认同制度的消极影响，讲师的不满主要集中于教学工作量、职称评审和岗位津贴等制度，副教授的不满主要集中于聘期考核、人才引进和收入分配等制度。

卡方百分数同质性检验结果显示（见表5-24），不同职称教师在入职培训、教学工作量、岗位津贴、聘期考核、职称评审、人才引进、进修和收入分配等8项制度上存在显著性差异（P＜0.05），在其他10项制度上不存在显著性差异。根据校正后标准化残差（A.R.值）进行事后比较，判断在“积极影响”和“消极影响”两个水平上哪个职称组出现的频次较高。从表5—23中可以发现，在对各项教师制度持肯定态度的教师群体中，助教在8个项目上的A.R.值都为正值；讲师只在进修制度一个项目上为正值；副教授在教学工作量和职称评审两个项目上为正值；除了入职培训和进修制度外，教授在其他6个项目上都为正值。在对各项教师制度持否定态度的教师群体中，教授在所有8个项目上的A.R.值都为负值；副教授在岗位聘任、聘期考核、人才引进、进修、收入分配5个项目上的A.R.值为正值，在入职培训、教学工作量和职称评审3个项目上为负值；讲师在所有8个项目上的A.R.值都为正值；助教只在入职培训制度一个项目上的A.R.值为正值，其他项目均为负值。上述结果表明，在认为教师制度具有积极影响的教师群体中，教授和助教所占的比例多于副教授和讲师；在认为教师制度具有消极影响的教师群体中，副教授和讲师所占的比例多于教授和讲师。

表5-25 教师制度对于不同职称教师的影响比较（n=754）

题　项	A.R.值（积极影响）				A.R.值（消极影响）				卡方检验
	教授	副教授	讲师	助教	教授	副教授	讲师	助教	
1. 入职培训制度	-0.6	-0.4	0	1.4	-0.4	-1.8	0.7	2.1	28.83**
2. 教学工作量制度	2.4	0.4	-3.7	2.6	-3	-0.9	4.7	-2.7	34.26***
3. 岗位津贴制度	1.8	-1.3	-1.9	2.9	-2.3	0.5	2.2	-1.5	21.63*
4. 聘期考核制度	1.8	-0.2	-1.3	0.2	-1.1	1.4	0.8	-2.2	18.69*
5. 职称评审制度	1.5	0.9	-2.5	0.9	-3.7	-2.1	5.3	-0.9	34.72***
6. 人才引进制度	2.1	-1.7	-1.4	2.3	-0.9	1.2	0.3	-1.2	21.24*
7. 进修制度	-1.3	-2.3	1.3	3	-0.5	0.4	0.7	-1.2	17.3*
8. 收入分配制度	2.3	-2.5	-0.7	2.1	-2.3	1.1	0.8	-0.1	18.52*

注：因篇幅原因，本表省略了各细格的频次和百分比。

4．不同性别教师关于教师制度对自身职业发展影响力的评价都不存在明显差异。卡方百分比同质性检验结果显示，不同性别教师在“18项教师制度对于自身职业发展具有积极影响还是消极影响”的问题上，均不存在显著性差异（P>0.05），换言之，男女教师对于教师制度在自身职业发展中所发挥影响作用的判断基本一致。

［T大学教师制度对教师职业发展影响的综合分析］

第一，教师制度改革积极影响多于消极影响，新制度为教师提供了诸多的职业发展机会和动力。近十余年里，T大学在教师聘任、进修、薪酬、奖励、晋升等方面进行了较大规模的制度改革，这些以强化科研、突出绩效、鼓励竞争、拉大收入差距为目标指向的新制度在相当程度上改变了原来的教师职业生涯轨道：由重教学转向重科研、由重资历转向重业绩、由安稳轻松转向压力重重。面对上述制度所引发的变化，教师的感受普遍比较积极，大部分教师认同制度改革的整体指向，认同新制度对于自身职业发展所产生的积极影响。尤其对于中青年教师来说，新的教师制度提供条件以鼓励教师追求个人的发展和进步；制定量化标准督促教师认真负责地开展工作；打破年龄限制，为教师在职业领域中的快速上升开辟出空间。种种制度变化促使很多教师从消极被动、安于现状的心态中摆脱出来；也使很多教师抓住机遇脱颖而出，进入个人发展与组织发展双赢的良性循环。

Z老师（90年代中期硕士毕业留校，现为教授、副院长）：1998年是我职业发展的转折点，当时孩子已经大了，时间比较充裕。自己感觉要在高校发展必须提高学历，于是在职读博士和博士后，收获非常大，科研上了一个台阶。在此期间，学校提供了极大的支持，不仅报销全部学费，而且工资按满工作量发放。毕业后顺利晋升职称，接下来从事管理工作。这一切在很大程度上得益于学校的相关制度。

W老师（80年代末期入职，硕士，讲师）：2000年以前工作压力不大，所以发展自身的动力也不足。在做好本职工作之余，主要精力都投入到家庭当中。2000年以后，压力增大但机会也多起来，能否抓住机会主要还是看自己。原来自己属于遇事不愿争先的人，现在想法已经不同。有了压力，促使自己动起来，相信付出了总会有一定结果。

第二，制度在设计和执行中存在程度不同的刚性、僵化和人治特征，对教师的职业发展造成消极影响。任何制度变革为个体所带来的都不可能只是积极影响，T大学的教师制度也不例外。以追求绩效为核心的新制度既使教师获得了广阔的发展空间和前所未有的发展机遇，同时也为教师的职业生活设置了重重的规范和约束。对于新制度出台后入职的教师来说，这些制度是先在的，因此更倾向于视制度为理所当然而加以认可和接受；对于制度变革之前就已经入职的教师来说，则存在着对新旧制度进行比较的可能性，因此他们对新制度的态度和感受存在较大差异。就整体而言，认为制度对于自身发展具有消极影响的教师，通常都不否定该制度存在的必要性与合理性，他们质疑的主要是制度中存在的缺陷和漏洞，以及制度执行过程中的僵化或因人而异等现象。正如访谈过程中一位教师所说："制度不能缺失，完全靠个人道德无法保障质量、效率和有序。但制度存在，并不意味着一定有效"，"根本的问题不能归之于制度，人推委责任于制度，制度成为人的挡风墙"。在各项教师制度中，学生评教、工作量、收入分配等持续地、直接地与教师职业生活相关联的制度所引发的消极感受最多。

L老师（90年代初期入职，博士、教授，学科带头人）：制度不能缺失，但有缺陷的制度会被恶意利用。我的教学效果是公认的好，但因为教学要求严格而得罪了一些学生，于是他们在生评教时给我打低分，第一年评教授就是因为生评教分数低而没通过，后来评教学名师又是因为生评教成绩而落选。很多同事和学生都为我鸣不平，自己也觉得委屈、愤慨，向上级多次反映，但没有实际用处。明知存在着不合理，可没有人站出来对制度提出异议，都在维护制度。其实，这种情况耽误的不仅是我个人的发展，也耽误了学科和专业的发展。

Z老师（80年代入职，教授）：我经历过"文化大革命"、上山下乡，也进过工厂。78年参加高考，毕业后开始教书。可以说，在外界环境非常恶劣的各个时期，学习的兴趣始终是浓厚的，教书的心态也是积极的。在意识中，一直坚信教书意义重大，是利他的、崇高的事业，是理应得到敬重的职业。但近些年来环境的急剧变化，使我对大学教师的处境形成了新的认识。学校中"官"的权力越来越大，管理部门不再是服务于教学的部门，而成为管制教师的部门。在名利的诱惑和量化考核的逼迫下，教师日益丧失传道、授业、解惑的热情，教师职业日渐沦为一种谋生糊口的职业。学生是消费者，教师则是知识的贩售者，理想主义在大学中已经消失殆尽。心境摧毁、意志消沉的状况下，何谈发展？

第三，教师制度改革带来形形色色的非预期后果。教师制度的作用在于规约教师的行动，但教师对于制度的反应并不是无条件接受，他们会从自身利益出发进行权衡，然后确定自己的行为方式。因此，制度改革一方面在某种程度上取得了预期的效果，但与此同时也带来了诸多新的问题。例如：建立生评教制度的意图在于提高教学质量评价的客观性，让教师借助学生的眼睛来审视自己的教学，进而有针对性地改进教学工作。然而，实际情况是，教师对生评教所反馈的结果通常并不关注①，给教师带来实质性影响的是生评教分数。由于生评教分数与教师晋升职称、评优评奖等多方利益相结合，少部分教师为得到高分而迎合学生，通过放松教学要求来换取学生的高评价。建立人才引进制度的意图在于加强学科和专业建设，然而，很多高学历高职称的引进人才更愿意做“官”而不愿做学问，愿做学问的却常常因缺乏相关资源而举步维艰。建立科研工作量制度的意图在于激励教师的科研热情、提高教师的科研能力和绩效，然而，很多教师为了完成科研任务不得不“编”科研、“买”科研、“集体运作”科研。由此可见，教师制度改革所带来的并不都是改革者所期望的结果。

S老师（80年代入职，副教授）：生评教的客观程度与学生的素质和学习愿望有关。高校扩招后，学生的素质良莠不齐，上大学的目的也大相径庭，他们对教师所作出的评价固然有一定参考价值，但并不意味着是对教师教学水平的真实反映。想学习的学生打分一般比较客观公正，不想学习的学生则是谁宽松、跟谁关系好就给谁打高分。生评教成绩和教师的很多利益是直接挂钩的，为了获得这些利益，一些老师不是想办法提高自己的教学水平，而是放下师道尊严，通过和学生联络感情、放宽教学要求、营造轻松热闹但缺乏实质性内容的课堂等方法来换取学生给出的高分。这种现象虽然不是普遍存在的，但已经到了见怪不怪的地步，这是非常不正常的。

L老师（90年代末引进人才，博士，教授，副处长）：我之所以从事管理，是多方面权衡的结果。作为引进人才入校时，我已经评上了正高级职

① 笔者的前期调查结果显示出一个有趣的现象，尽管学生对教师的评价有高有低，教师之间的生评教分数存在明显差异，但教师普遍认为自己的教学效果良好。参见吴艳茹、闫广芬《大学教师有效教学的特征分析与校际比较》，《教育研究与实验》2009年第3期。

称，因此在科研方面并没有继续上升的外部动力。在一般人眼里，我的科研能力是比较强的，但人必须有自知之明。我认为自己在学问方面不可能做到最好，现在做管理，一个重要原因就是想避开为完成工作量而搞所谓的科研。这并不是说科研没有乐趣，在做研究时我经常会因为发现了一些新东西而感到兴奋和满足，但仅此而已。如果跳出个人范畴，会发现大部分科研工作对社会、对学术都毫无用处。为了完成科研工作量而制造出来的大量科研成果，基本上都是垃圾。如果没有科研工作量的压力，其实很想安心做教师，教学生，做一些我认为真正有意义的事情。

三 调查研究的结论

本研究综合运用问卷和访谈两种方法对于T大学教师的职业状态、职业发展困境以及教师制度对教师职业发展的影响等三个问题进行调查。通过对调查结果的统计分析与逻辑分析，得出如下结论：

1. 教师的职业状态就整体而言处于中等偏上的水平，但内部存在明显的不平衡。在教学工作方面，教师的感受基本一致，即相信自身的教学能力、认为自己能够从教学中得到乐趣和成就感。在科研工作方面，教师的感受存在明显分歧。认为自己具有较强科研能力并以科研为乐的教师很多，认为自己缺乏科研能力且为科研所困的教师亦为数不少。教师对于职业生活的各个层面都存在一定程度的不满，特别是薪酬待遇、学术氛围、条件设施和职业前景等方面。但诸多的职业不满并没有影响教师对于教师职业的“忠诚”。处于各个职业发展阶段的教师都毫无例外地拥有追求职业成功的意向，外职业生涯成功的巨大吸引力已经使内职业生涯成功的价值显得越来越微不足道。青年教师在科研和职业规划方面的意识明显增强。女教师在科研和职业规划方面处于弱势。

2. 科研问题是T大学教师面临的最主要职业发展困境。繁重的教学和庞杂的事务性工作，导致教师时间不足、精力分散；研究条件与学术氛围的缺失，使教师有心而无力、孤掌难鸣。处于不同职业发展阶段的教师面对的发展困境具有一定的阶段性特征。从教龄的角度来看，随着任教时间的增长，教师所遭遇的职业困境呈现出一定程度的变化，大体沿着“受困于教学绩效——受困于科研绩效——受困于停滞不前——受困于组织认可”的轨迹发展。从职称的角度来看，高级职称教师比中低级职称的职业困境少、受困程度轻，而讲师的职业困境则最为突出。女教师在职业发展过程中受困扰程度比男教师高，且阶段性特征明显。

3．教师制度对教师职业发展的积极影响多于消极影响。以强化科研、突出绩效、鼓励竞争、拉大收入差距为目标指向的新制度在相当程度上改变了原来的教师职业生涯轨道，为教师提供了诸多的职业发展机会和动力。种种制度变化促使教师从消极被动、安于现状的心态中摆脱出来；也使很多教师抓住机遇脱颖而出，进入个人发展与组织发展双赢的良性循环。但与此同时，新教师制度对于教师的职业发展也造成了一定程度的消极影响。制度设计中存在的缺陷和漏洞，以及制度执行过程中的僵化或因人而异等现象，是制度消极影响产生的主要根源。由于教师对于制度的反应并不是无条件接受，他们会从自身利益出发经过权衡进而确定自己的行为方式，因此，教师制度改革所带来的并不都是改革者所期望的结果。

第三节 T大学教师制度改革与教师职业生涯的关系分析

一 变与不变：T大学教师制度改革对教师职业生涯的影响

T大学的教师制度建设从20世纪80年代中期就已经启动，但真正具有改革意义的变化主要出现在21世纪的近十年里。在此期间，岗位聘任、绩效津贴、人才引进、科研激励等一系列制度规范的推出与执行，使T大学教师的职业生涯随之发生了显著的变化。这种变化既体现在教师的外职业生涯（涉及职业内容、职位升迁、职业待遇等因素）之中，也体现在教师的内职业生涯（涉及专业素质、职业态度、价值追求等因素）之中。

就外职业生涯层面来看，教师制度改革的影响主要体现为：第一，教师的工作职责范围扩大，教学与科研两大任务在教师职业生涯中的地位发生转移。T大学自成立开始就形成了注重本科教学的传统，虽然教师也在不同程度地从事科研工作，但主要是出于个人的学术追求、晋升职称的需要或学科建设的需要等原因，科研工作并非教师必须履行的职责。90年代末，科研工作量制度的出现打破了上述状态，明文规定的量化标准使科研与教师的职业生涯紧密相连，重教学轻科研的传统取向迅速朝着相反的方向转移。第二，教师职务晋升阶梯的层级趋于细化。自1986年《高等学校职务试行条例》实行以来，T大学教师的职务名称始终由教授、副教授、讲师和助教四个等级构成。教师入职后先经历1—2年的试用期，然后沿着职称的四个等级逐阶攀升。2001年开始实行的岗位聘任制度在一定程度上改变了这种教师晋升轨迹。学校在4级职称阶梯之外建立起10个岗位级别，根据教师的职称、业绩两方面的情况聘任上岗。由单一的职称阶梯到职称阶梯与岗位阶梯并存，说明教师职务晋升的道路由长时段大跨度上升变为短时间小步子发展，层级细化趋势明显[①]。第三，教师之间的福利待遇差距不断加大。2000年以前，T大学根据国家规定实行职务等级工资（占70%）+津贴（占30%）的专业技术职务等级工资制度。当时教师中工资收入最高者与最低者之间的差距约为3—4倍，津贴的差距也是3倍左右。2000年以后实行岗位津贴制度，A1岗位教师与C3岗位教师的岗位津贴差距加大到约8倍。此外，岗位浮动津贴、引进人才的特殊待遇、各类科研奖励和研究基金等制度的实行，也使教师之间的收入差距日渐扩大。

就教师的内职业生涯来看，教师制度改革的影响主要体现为：第一，随着任职资质要求的不断提高，教师提升专业素质的愿望和实际行动被极大地调动起来。八九十年代入职的新教师通常是本科或硕士研究生学历，而2000年以来新入职教师的学历要求已由硕士逐渐向博士过渡。新教师在专业素质（主要是科研水平）上的高起点，使先期入职的中青年教师感到了危机和压力，纷纷通过在职进修提高自身的学历和专业素质。第二，个人职业发展意识增强，单位人意识减弱。改革开放后的最初20年，中国大学教师依然生活在单位体制框架内，“单位人”所特有的“单位意识”——以服从和依赖换取安稳的职业生活——依然十分浓厚。由于此期教师的职业发展主要取决于资历，个人业绩只具有很小的影响力，因此教师通常缺乏职业攀升的自我设计，同时也讳言攀升。岗位聘任制度实行后，重视业绩、强化竞争、鼓励流动的氛围日益形成，教师个人有了较多的选择权利，开始由被动等待向主动谋求发展转向。第三，职业价值追求向短期化、功利化方向发展。什么样的教师是职业成功的教师？对这一问题的回答自然是见仁见智的。但不可否认，个人对教师职业成功所形成的认识与他身处时代的制度导向之间存在着直接关联。八九十年代，是缺乏制度规约的低效率、慢吞吞的时代。在多做与少做的现实收益相差不多的环境里，肯多做者之所以多做，往往更多的是出于某种超越功利的目标和价值追求，如对探索学术的热衷、对职责的精益求精等。制度改革后，教师置身于诸多的令人眼花缭乱的现实利益诱惑之

① 2010年末，T大学进行新一轮岗位聘任改革，将专业技术岗位进一步细化为13个等级，包括高级岗位7级、中级岗位3级和初级岗位3级。

中，明码标价的业绩奖励清单、有产出则立马兑现待遇的快速反应机制，相当有效地吸引了教师的视线，追求功利成为教师合制度、合理性的价值取向。

需要注意的是，T大学的教师制度改革是中国高校人事制度整体改革的一个组成部分，目前这场全国性制度改革尚处于进行时。与国内多数大学的情况相似，T大学的教师制度改革尽管已经对教师的职业生涯造成了相当重大的影响，但这种影响并未构成全面而彻底的改变，各项制度在具体执行中并没有与改革目标完全合拍。与建立以平等竞争、择优聘任、契约管理、绩效激励为特征的现代大学教师制度的改革目标相对照，可以发现，现实中T大学的教师制度改革为教师的职业生涯遗留了很多“不变”，主要体现在：第一，岗位聘任并未改变教师终身任用的实际状况，除非教师犯了重大错误或自动辞职，学校一般不会解聘教师。岗位设置在很大程度上带有因人设岗的色彩，而非因需设岗。第二，“只上不下”的职务资格评审（即职称评审）始终存在，并且作为教师获得职业晋升的最基本标志，依然在教师职业生涯中具有决定性影响。第三，教师的“单位人”特征并未完全消除。在聘任过程中，教师与学校之间不具有对等的地位，岗位聘任的单向性和强制性非常明显。

二　顺应与拒斥：教师应对制度改革的不同选择

具有理性选择能力的教师，面对教师制度所带来的职业生涯重大变化，是怎样应对的呢？如果我们将教师的应对态度简单二分为顺应和拒斥，应该说，T大学绝大部分教师都采取了顺应的态度，即接受学校的聘任条件、按照合约规定设法完成工作任务、积极参与竞争以谋求更多的资源和发展机遇等。这些教师之所以顺应制度要求，是个人理性选择与身份认同两方面力量共同作用的结果。从理性选择的角度来看，首先，能够从新制度中直接受益的教师必然会积极支持制度改革，主要包括：科研能力强且能够产出大量成果的教师，科研能力不强但能够通过现有地位和社会关系产出大量成果的教师；其次，尚未产出大量成果但认为制度开启了快速上升的通道，且相信凭借自己的潜力能够从制度中受益的教师，也会支持制度改革；再次，在新制度中倍感压力，很难甚至无法从中受益的教师同样会采取顺应的态度，因为对他们来说，离职才是最坏的选择。外部缺乏健全的就业市场、内部缺乏职业流动意识，使大多数教师无力面对离职的威胁。从身份认同的角度来看，作为大学中的组织人，每个教师都要通过遵循大学中的制度规则来建立自己对教师身份的认识，进而实现自己的身份。尽管在身份形成过程中，个体的意愿、能力、判断将发挥一定作用，但在个人意识偏弱的中国社会，个体往往更关注的是对外部规则的遵循。对于教师来说，接纳、顺应学校的制度规则，是实现自己身份的基本保证。

当然，T大学的教师中也有少数人对制度采取了拒斥的态度。主要表现为：不关注各种评奖评优和资源竞争，满足于完成最低的任务要求，甚至情愿因未完成工作任务而接受处罚（降级、扣津贴等）。这类教师之所以拒斥制度要求，主要出于个人的理性选择，即由于投身到新制度营造的竞争环境中，得到的好处与需要付出的代价不成正比，所以转而采取制度所不鼓励的行为方式。具体来说，一部分教师是在权衡经济利益后作出的上述选择。“由于所在学科的关系，我们学院的老师在外面上课的机会非常多，只要你愿意上，半年收入几万元不成问题。特别是中青年教师，都比较需要钱，靠搞科研得到的利益根本没法和外面上课相比。所以对老师们校内科研考核不太在意，扣钱也不在乎，学校的激励制度基本没有吸引力，只有到了快评职称的年龄才会比较注重科研成果。”①另一部分教师是由于坚持自己的学术理想和偏好，而与制度发生冲突。“如今的大学越来越像养鸡场，教师则被看做母鸡，而母鸡‘业绩’的唯一衡量是下了多少蛋。一切由饲养员（行政官员）说了算。饲养员（行政官员）又非‘鸡蛋专家’，于‘蛋’本身的质量无从判断，于是只能数‘蛋’，于是母鸡（教师）就忙着下蛋。至于下的‘蛋’是瘪皮蛋，还是空心蛋，甚至是添加了三聚氰胺的‘毒蛋’，则无从顾及，也无关紧要。可问题是，大学不是养鸡场，不是给我点饲料，我就得下蛋。那是母鸡的事业，不是学者的事业。”②此外，还有部分教师是因为个人能力、身体健康、家庭负担等其他诸多原因而对教师制度改革采取了消极态度。

尽管T大学教师对于教师制度改革基本上都采取了顺应的态度，但并不意味着制度改革正在顺利地朝着预期目标行进。因为，教师在顺应制度的基本前提下，其具体行为是制度无法完全掌控的。用安东尼·吉登斯的话来讲，就是在制度设定的规限之墙中，个人虽然难以逃离，但“他尽可以在房间里自

① 摘自访谈资料，2010年5月31日。

② 摘自访谈资料，2010年6月22日。被访谈教师以此文佐证自己的观点和感受。此文转引自丁辉《“著作等身”的时代》，《杂文报》2010年6月15日第6版。

由走动”。所以，教师顺应所带来的结果不一定与制度改革目标相一致，而教师拒斥所带来的结果也不见得必然对制度改革不利。

三 进与退：T大学教师制度改革面对的窘境

毋庸置疑，大学教师制度改革必然会继续下去，但朝什么方向继续改革，是T大学也是中国所有大学面对的共性问题。如前文所述，T大学之所以在世纪之交强力推行教师制度改革，主要动因来自于外部——由政府主导的高校人事制度改革和大学之间日益激烈的资源竞争。在这两种决定性因素的共同推动下，T大学将制度改革的目标定位于运用分配激励手段引导、推动教师提高工作绩效。就一定意义上讲，改革是卓有成效的，平均主义的分配机制和旧有观念被打破，教师追求职业发展的主动性显著提升，教师职业发展的空间和机遇大为拓宽等。不过，与此同时，T大学的教师制度改革亦引发了诸多未曾预料的后果，这些让人无法乐观的非预期后果不是单一一所大学变革的产物，而是全国性大学教师制度改革乃至中国社会转型的整体作用结果。十余年间，它们日益清晰地显现出来，在相当程度上对制度改革的合理性构成了质疑。

（一）个人功利主义膨胀，“反常识”泛滥

中国大学教师正生活在一个匆忙、喧嚣的物质主义时代。在个人自由、个性解放的标签下，追名逐利已经成为“积极上进”的同义词，物质欲望支配了大多数人的头脑和心灵。本应作为国家、民族精神脊梁的大学，面对转型时期欲与利的冲击，普遍出现精神虚脱的现象。在此背景之下，以收入分配和物质激励为基本手段的教师制度改革无形之中为教师追逐个人功利提供了新的动力。功利主义的膨胀与蔓延，使构成大学精神的诸多常识遭遇挑战，“反常识”[①]在现实中得到日益广泛的接纳与认同。典型的“反常识”如，在教学上花费时间和精力得不偿失。这是因为，教学成果不能短期显现且难以计量，从优质教学中受益的主要是学生而不是教师本人；科研成果则能够在短期内显现且数量分明，教师可以借此得到职务晋升、物质报酬乃至更高的学术地位、更广的学术发展空间。又如，关注科研成果的质量不如提高科研成果的数量。在以科研成果的数量与级别作为衡量教师职业成功核心指标的环境中，著作等身的教师才是最大的制度获益者。“在写作上比快，

① 梁立俊：《“反常识”与巴普洛夫的老鼠》，《杂文报》2010年7月27日第2版。

从而鼓励出学术垃圾的时代已悄然到来。"[①]那些有志于"十年磨一剑"的教师，在面对无法晋升、经济受损、丧失机遇，以及因未能定期发表成果而被视为"朽木"的诸多风险之后，通常会放弃当初的"愚蠢想法"。再如，学术需要经营。这是当今中国"伪"学术界不明言的通则。而所谓"经营"，其含义就是通过弄虚作假赚取名利。

（二）管理主义膨胀，学术行政化日趋严重

强化绩效考核、分配激励的教师制度改革，必然要有一套与之配合的管理体系提供运行保障，这种现实需求为管理主义在大学中的快速蔓延提供了合法性基础。在我国，大学长期以来就是附属于政府的一级行政单位，行政力量始终具有重要的影响力。但在传统上，行政人员与业务人员之间有比较明确的区分，各司其职，互不干扰。时至今日，上述情况已经发生了极为明显的改变，无论是"学而优则仕"还是"仕而优则学"，行政职务与学衔职称集于一身业已成为高校中的常态。当教师制度改革将权柄授予行政管理者之后，这些集行政与学术于一身的管理者显然取得了左右逢源的优势。既可以运用行政权力获取学术资源、提升学术地位，又可以凭借学术影响谋求更高的行政职位。尽管大学中在学术能力、学术操守、行政管理等方面俱美的教师不在少数，但不可否认，学术行政化的潮流已经造就出一批以官取学、以学谋官、不学然而有术的投机钻营者。在其操控下，学术标准被演绎成人际关系交易，大学由学者的精神家园变成鱼龙混杂的江湖世界。国内某大学教授为此指出："中国大学的每一次改革都是以增加行政机构的权力或者至少不减少行政机构的权力为前提，结果是，局面越来越糟糕。事实上，衡量改革的唯一标准是：行政机构的权力是否得到制约，教师和学生的权利是否增加或得到保障。如果教师和学生的权利进一步减少，就是伪改革和反改革。"[②]

（三）大学组织自身长期发展目标的偏离与迷失

如果说上述两个问题是目前中国大学面对的共性问题，那么此处所言的学校自身长期发展目标问题则需要T大学予以独立解答。当今中国正经历着文化的、社会的、政治的三重转型，独特的"三重转型期"造就了中国社会中众多独特的行为模式。一般而言，"社会转型越激烈，其成员的目光也就变

① 丁辉：《"著作等身"的时代》，《杂文报》2010年6月15日第6版。

② 郑阳鹏、王婧：《北大"癸未变法"今何在？》，《中国新闻周刊》2010年11月18日（http://www.chinanews.com/edu/2010/11-18/2664323.shtml）。

得越短浅”[①]。因为激烈的转型使未来变得极端不确定，于是关注当下利益的短期行为此时反而成为合理性的行为。其实，此言不仅适用于个体，也同样适用于每一个独立的组织。T大学在全国大学系统中处于中等偏上的略显尴尬的位置，既难以与位居高端的研究型大学相抗衡，又不甘心放弃提升学校学术地位的机遇；既想保持教学方面的传统优势，又不得不鼓动教师大量产出科研成果以便在高校资源竞争中占据主动。在过去的教师制度改革中，T大学一直跟随着政府改革的整体步伐，在激进与保守之间寻找平衡。随着改革的日益深入，以自身长期发展目标为出发点，构建适应自身需要的教师制度将成为一个基础性问题。

美国高等教育专家罗伯特·伯恩鲍姆（Robert Birnbaum）曾将大学教师划分为国际性和地方性两大类[②]。国际性教师来自于不同国家，有着相同的专门的学术兴趣，进行学术研究和出版活动，并以此获得报酬和心理满足。他们把学校作为开展对外活动的基地，认为自己首先是独立的专家和学者，其次才是某大学的教员。地方性教师则主要献身于他们所在的学校，把自己融入校园社区生活之中，集中精力从事教学，关心、参与学校活动。他们认为自己首先是某一大学的教员，其次才是一个独立的专家和学者。对于一所特定的大学来说，这两类教师在数量上的多与寡并不能说明实质性问题。真正重要的是，两类教师所占的比例与学校长期发展目标之间是否切合。而寻找这个恰当的比例，为两类教师分别营造他们所需要的职业发展空间，应该是大学教师制度改革深入发展的一个基本指向。

---

① 汪丁丁：《制度分析基础讲义I：自然与制度》，上海人民出版社2005年版，第3页。

② [美]罗伯特·伯恩鲍姆：《大学运行模式——大学组织与领导的控制系统》，别敦荣主译，中国海洋大学出版社2003年版，第19页。

第六章　理论反思与实践构想

一方面出于对社会结构与个体能动性之间关系的好奇，另一方面也是出于对当前中国大学教师制度改革所引发的诸多现实问题的困惑，笔者将研究焦点定位于探查大学组织中教师制度与教师职业生涯之间的互动关系。在前文中，本书采取理论分析、历史性的制度分析、案例分析等方法对上述问题进行了多角度的阐释和探讨。本章将以此为基础，尝试着从理论层面对大学教师制度与大学教师职业生涯的关系进行解答，从实践层面对中国大学教师制度改革中存在的问题作出解释，进而提出深化中国大学教师制度改革的实践构想。

第一节　理论反思：大学教师制度与教师职业生涯的关系

毋庸置疑，大学教师制度与大学教师职业生涯之间存在着紧密的关联，但研究者们却通常只对其中的一方感兴趣，或者采取宏观的视角考察大学教师制度的发展及变迁，或者采取微观的视角考察大学教师职业生涯的现实状态。前一种研究视角的支持者往往认为，对日常生活中的教师个体行动进行研究是琐碎无聊的，因为教师的行动是由制度来约束和控制的，那些涉及制度层面的重大问题才真正具有研究意义；后一种研究视角的支持者则倾向于将制度视为教师职业生涯的一种外在的、既定的背景，对于这种背景无须深入探究，真正需要关注的是具体存在的教师的微观经验。上述建立在二元论基础上的研究分工，虽然在各自的领域内都推进了人们的认识，但也都由于人为割裂了制度与行动者之间的内在联系而在相当程度上削弱了其自身的解释力。具体表现为：在大学教师制度研究中，教师似乎变成了丧失能动性的木偶，完全桎梏在制度的制约当中；在大学教师职业生涯研究中，制度则固化为某种一成不变的东西，其演进和变迁的本性难觅踪迹。为了超越上述两种研究思路的对立，本书采取吉登斯结构化理论的立场和视角，结合新制度经济学和职业生涯理论的基本观点，对大学教师制度和在其规约之下的大学教师职业生涯之间的关系进行了多层面的探讨，具体结论如下。

一　大学教师制度的产生是教师群体行动的结果，是教师群体行动的预期结果与意外结果的合成物

大学教师制度发端于中世纪。作为人类发展史上相对晚近的一个片断，我们能够比较清晰地考察出该制度得以产生的原因。中世纪后期，城市的兴起、贸易的发展、人口的增长和流动，极大地激发了人们求学受教的欲望，以教授“自由艺术”为业的中世纪学者因此而逐渐汇集到城市里。为了谋求职业的稳定和安全，教师群体仿照城市中其他手艺人的做法，相互联合组成了自己的社团——大学。大学组织的存在与发展离不开制度规则，哪些人可以进入教师社团，哪些人则不能？教师的工作报酬由谁来支付？教师的工作职责有哪些？这一系列现实问题都需要借助制度手段来予以解答。于是，针对教师职业生活的各种制度安排逐步建立起来，大学教师的职业生涯道路也由此而变得越来越清晰明确。从上述过程中可以发现，大学教师制度最初的产生并非某种外部力量刻意规划的结果，而是教师群体自发行动的结果，是教师在职业生活过程中有目的地选择、借鉴、改进的逐步累积的结果。身处在城市政权、教会、学生等多方力量共同作用之下的教师，需要审时度势、权衡利弊，通过理性判断选择出最有利于本群体中大多数人的制度安排。以教师任职资格制度为例，一个有志于从事教师职业的人，必须经历多年的系统学习、严格的学位考试，才能被教师社团正式接纳为其成员；非教师社团成员如果从事教学活动将受到打击和排斥。这样的制度安排既保证了新成员的职业素养，又有效地限制了同行竞争。再以教师薪酬制度为例，最初，中世纪大学教师的生活来源主要依赖于学生支付的学费，因为从四面八方汇集到城市中的教师要想生存，就必须遵循城市发展的惯例，而通过出售自己的知识和劳动取得报酬符合城市惯例。但是后来，城市当局用公共资金设置带薪职位吸引优秀教师，于是，越来越多的教师放弃原来的取酬方式转而接受稳定的薪俸，新的教师薪酬制度就由此而确立起来了。

需要注意的是，教师群体的自发行动使教师制度得以构建，但建立起来的教师制度与教师行动的最初意图并不完全吻合。换言之，教师群体通过自发行动要达到的意图与行动实际导致的结果之间存在着很大的差距。可以

说，大学教师制度在相当程度上属于大学教师行动的意外后果。从根本上讲，教师组成社团、建立制度规则，其目的就是期望借此而获得职业安全保障。就实际效果来看，大学教师制度的建立的确使教师摆脱了动荡不安的职业生活方式。虽然入职的过程和要求比较严苛，但在获准进入社团之后，教师由原来的独自一人变成了集体中的一分子，他身处社团的有效保护之中并享有多种特权，此外，其经济来源变得稳定可靠、社会地位也不断提升，这一切都符合教师对制度的最初期望。然而，由教师行动建立起来的大学教师制度所带来的并不仅仅是上述意料之中的结果，诸多超出教师意图之外的后果也蕴涵在这些制度当中，特别表现在下述几个方面：第一，教师的独立精神大为削弱，依赖性日益增强。为了谋求职位安全和经济保障，教师必然要努力顺应制度的规范和要求。第二，教师的职业自由受到限制，制度化使知识与学术的传播由个体的自由行为变成了组织的垄断性行为。第三，教师内部发生分化，形成特权阶层。组织化和制度化使教师群体的力量大为增长，由此而获得了种种特权。把持权力的教师上层为维护和扩大自身特权，朝着贵族化、政治化方向发展。所以说，大学教师制度虽然是教师群体有意图地选择和构建起来的，“但它并不是某种合乎意图的筹划，它总是顽固地躲开人们将其置于自觉意识指引之下的努力”[①]。

二　大学教师制度既为教师的职业生涯设置了边界和约束，同时也提供了职业生涯发展的方向和保障

制度，是约束个体行为、调节人际关系的行为规则。相应地，大学教师制度，就是专门针对大学教师群体而构建起来的行为规则体系。在这些行为规则的作用之下，大学教师职业生活的方方面面都受到了制约和限定，从入职时的任用资格、任用方式，到入职后的晋升阶梯、薪酬待遇，乃至职责范围、业绩考评、奖励惩罚，等等。大学教师制度在上述各个方面所作出的限定，为大学教师的职业活动划定了边界和行动空间。在制度限定的范围内，教师谋求个人职业生涯发展的行为将得到制度的保护甚至鼓励；脱离或违背制度规限的教师，其职业生涯将面对重重障碍甚至因此而终止。当然，大学教师制度对教师职业生涯的具体制约方式不是固定和统一的。在不同社会背景和传统习俗的影响下，制度约束会呈现出多种形态。考察19世纪德英美三

① [英]安东尼·吉登斯：《社会的构成》，李康、李猛译，生活·读书·新知三联书店1998年版，第91页。

国的大学教师制度，可以比较清楚地看到制度约束上存在的明显差异：德国的大学教师制度为教师设置了一条相当陡峭的职业生涯道路，教师之间等级分明。位于职业阶梯高端的教授生活优裕，拥有充分的自主权力和稳定的终身职位，且没有业绩考核压力；位于职业阶梯低端的编外讲师则收入菲薄且不稳定，缺乏职业安全，面对的晋升道路漫长、艰辛且结果难料。英国的大学教师制度为教师设置的职业生涯道路比较平坦。尽管入职时通常需要经历一定程度的竞争，但入职后职业压力一般较小，取得终身职位相对较早也较容易；教师身份独立，不受外界权威的干涉；教师之间平等相处，保持同行互助的传统。美国则在吸纳德国和英国制度优势的基础上，构建起一条清晰的逐级提升的职业发展路径，教师拥有公平多样的发展机会，待遇与职级直接对应，但竞争激烈且职业安全缺乏有效保障。

大学教师制度制约着教师的职业生涯，但制约并不是制度的唯一属性。事实上，教师职业生涯的正常发展需要制度的支撑。首先，制度属于“公共品”，承载着任何人都可以平等消费的稳定的信息，正是这些稳定性信息为教师提供了职业生涯的必要预期和发展导向。获得充分信息是个体开展理性行动的前提基础，然而，一方面，人的认识能力是有限的，不可能做到全知全能；另一方面，人所处的社会环境是不断变动的，难以掌控和预知。在这两方面的共同作用下，个体为获取较为充分的信息往往需要付出相当高昂的成本。大学教师制度的存在，使教师得以简便快捷地获取关于自身职业生涯的相关信息，为教师的职业生涯发展提供了行动指南。其次，制度减少了教师职业生涯中的不确定性，使教师的职业风险得到有效降低。人的职业生活需要一定的安全感和稳定感。如果职业环境过于动荡，充满不确定性，个体将难以确定各种事件的真假，也难以估计当前行动可能导致的未来结果，进而会削弱人的自信，使之因无所适从而丧失主观努力的欲望。尽管不确定性无法完全消除，但制度的存在及其有效运行在很大程度上对教师职业生涯的稳定构成了保障。大学教师制度的缺失或执行不力，将严重干扰或阻碍大学教师的职业生涯发展。在中国大学教师制度的发展历程中，曾经经历过两次相当极端的制度缺失时期。20世纪三四十年代，虽然大学教师制度在规则设置层面不断趋于细密完善，但由于大规模战争的长期影响，制度缺乏实施机制的有力保障而在很大程度上沦为空文，大学教师的职业生活普遍由安稳舒适陷入贫困动荡的状态之中；20世纪六七十年代，“文化大革命”使大学教师制度破坏殆尽，教师的职务晋升、工资提级、培训进修等常规性工作完全停顿，教师开展学术研究的权利和自由荡然无存，教师的职业地位也是一落千丈，堕入社会末流。所以说，大学教师制度对于教师的职业生涯发展不仅意味着制约，同时也提供了必不可少的支持和保障。

三 教师的职业生涯决策及与之相应的有意图行动，是大学教师制度制约性与使动性得以发挥的前提

大学教师制度兼具制约与使动的双重属性。这是因为，制度一方面限制和规定了教师职业行动的可能选择，另一方面也为教师的行动提供了基础性条件。但这并不意味着教师个体因此就丧失了主动性和选择权，变成了制度控制下的傀儡。事实恰恰相反，无论是制度的制约作用还是使动作用的发挥，都必然要建立在教师个体的决策及有意图行动的基础之上（如图6-1）。

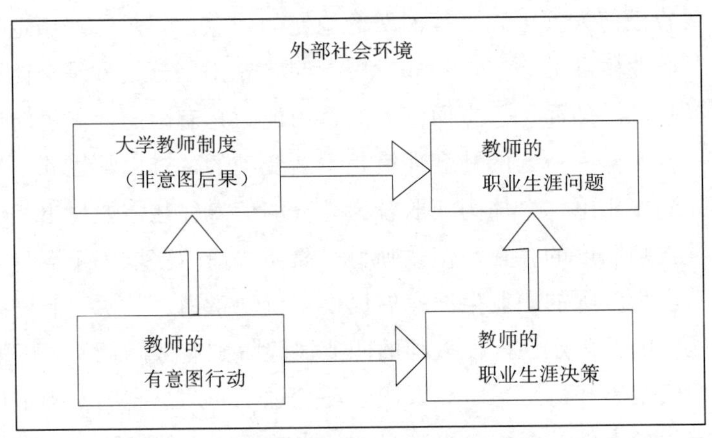

图6-1 大学教师制度与教师职业生涯的关系

对于教师个体来说，制度是先在的，构成了自身行动的制约和条件。不过，教师并不会简单地按制度行事，他们总是根据自己面对的问题情境审时度势，然后做出一定的职业生涯决策，进而有目的地、有意图地展开行动。换言之，大学教师制度并不能绝对地控制教师的职业活动，相反，正是在教师的职业活动中制度才得以存在和延续。因为“约束，只是在绝少的情况下才以强制（Compulsion）的面目出现。其他所有的约束，无论多么沉重和深远，都必须以那些受制于它们的人的某种默认为前提。哪怕是死亡的威胁，

也得是被威胁的人对生命有所珍视，才会产生效果”。[①]同理，就大学教师制度而言，如果不是受到制度中某种力量的“吸引”（而非“强迫”），这些制度将无法“推动”教师去做任何事情。可见，决定教师如何行动的真正力量不是外在的制度，而是教师自身的决策（虽然很多教师将制度规定作为解释自身行动的理由，并坚信自己的所作所为是迫不得已）。上述说法并不是要否定制度的作用。大学教师制度对于教师的职业生涯发展的确具有重要的影响力，但它所能做的就是为教师提供了一些可能性选择的集合，教师将如何推进自己的职业生涯取决于他自己做出的职业生涯决策及与之相应的有意图行动。那么，教师的职业生涯决策及相应的有意图行动又是从何而来的呢？笔者认为，这是教师的有限理性选择与身份遵循需要两方面共同作用的结果。

首先，与其他人群一样，教师是“理性人”，具有趋利避害的本能。当他在职业生涯发展过程中面临选择的时候，会自主或不自主地衡量每一种选择的机会成本，然后按照“两害相权取其轻、两利相权取其重”的原则做出决策。这里需要注意两个问题：其一，所谓的“利”与“害”并没有唯一的、固定的解释，它们取决于个体的偏好。不同的个体显然具有不同的偏好，同一个体在不同时段的偏好也不是单一、固定和明确的，而是多元、变动、模糊甚至矛盾的；其二，教师所具有的理性是有限的，在自身有限的认知能力和不充分信息等多方面因素的制约下，教师做出的每一个职业生涯决策都是“针对不确定的未来而进行的一种博弈”[②]。总之，为追求自身利益的最大化，根据个人偏好对行动的结果进行评估，然后在各种备选方案中做出选择，是教师职业生涯决策的一个重要来源。在现实之中，我们可以找到众多基于个人理性选择的职业生涯决策案例，比如，20世纪中后期德国大学面临优秀青年学者外流的问题，其原因就在于，德国大学教师制度规定青年学者必须在待遇低下且缺乏安全感的初级职位上长期滞留，而未来能否晋升为教授又难以预知，于是，年轻而杰出的学者如果能够在工商业界或国外大学获得职位，往往都会毫不犹豫地选择离开。

其次，身份遵循的需要是教师职业生涯决策的另一个重要来源。“身份

① [英]安东尼·吉登斯：《社会的构成》，李康、李猛译，生活·读书·新知三联书店1998年版，第279页。

② [法]埃哈尔·费埃德伯格：《权力与规则——组织行动的动力》，张月等译，格致出版社2008年版，第43页。

是个体对自我的概念”[①]，个体根据自己在家庭、职业、团体、国家等活动领域中所拥有的身份来描述自我。因此，任何特定行动者都具有多重身份，而不止一种身份，对于教师个体来说，大学教师只是他所拥有的多种身份中的一个。大学教师身份的内化，是教师个体构筑与外界强加的共同结果。大学组织通过制度手段为教师身份定义了相应的行为规则。为了使自身的行动与大学职业情境相符合，教师需要识别自己身处的情境，通过遵循与该情境相符合的行为规则来履行自己的教师身份。所以，职业生涯决策并不仅仅是教师基于个人偏好的理性选择结果，也是教师个体为履行教师身份而遵循相应规则的结果。在此，同样需要注意两个问题：其一，在教师身份内化的过程中，教师个体具有一定的主动选择权。也就是说，虽然大学教师制度为教师设置了同样的身份和行为规则，但不同教师对于这些身份和行为规则的认识和接受程度是不同的。其二，教师身份及行为规则的结构和内容不是一成不变的，在来自外部和内部的压力作用下会不断变化。例如，中世纪大学教师的基本职责就是教学；19世纪初德国大学的兴起使科研成为教师的第二项使命；进入20世纪后，大学教师的职责中又增加了社会服务的内容。再如，20世纪上半叶，中国大学教师属于大学组织聘任的雇员，大学和教师之间为双向选择的关系；50—80年代，中国大学教师成为依附于大学并受到严格管控的“单位人”；90年代至今，随着聘任制度的逐步推行，中国大学教师的身份再次向大学雇员的方向靠拢。

四　一定制度环境下，社会精英的行动与大学教师的行动共同促成了大学教师制度变迁

所谓制度变迁，就是一种效益更高的制度对另一种制度的替代过程[②]。任何一种特定制度都是在具体的社会环境和条件下产生的。当制度最初形成的环境和条件发生了变化，而与此同时，人们又发现有效益更高的制度可以取代现存制度的时候，就会出现制度变迁的可能。考察大学教师制度的整体发展历程，可以发现，制度环境的变化、社会精英的行动和大学教师的行动构成了大学教师制度变迁的三支基本力量（如图6-2）。

第一，制度环境的影响力。无论是大学教师制度的建立还是变迁，都

---

① [美]詹姆斯·G. 马奇：《决策是如何产生的》，王元歌等译，机械工业出版社2007年版，第44页。

② 卢现祥：《西方新制度经济学》，中国发展出版社2003年版，第80页。

不能脱离一定历史时期的制度环境。制度环境是一个国家的基本制度规定，对于其他制度安排具有至关重要的影响作用。由政治、经济、法律、文化等基础性社会规则构成的制度环境，为大学教师制度的建立和变迁提供了外部动力。如前所述，中世纪晚期，学术生活之所以走向制度化并最终促成了大学教师制度的建立，与当时欧洲社会的全面复兴直接相关。在此后的数百年间，正是由于大学在教会神权与世俗王权之间找到了均衡点，中世纪大学教师制度才由此得以长期延续。历史进入19世纪，制度环境发生了重大变化，在文艺复兴、宗教改革、思想启蒙等运动的反复冲击下，世俗化成为当时的时代最强音；伴随着宗教势力的不断衰落，科学的力量和价值开始为世人所瞩目。受到上述多方面因素的共同影响，德国大学率先构建了新型的教师制度，成为近代大学教师制度改革的典范。到了20世纪后期，经济全球化、政治民主化、教育市场化等社会潮流极大地改变了大学赖以生存的外部环境，政府、市场和大学之间原有的利益均衡被打破，当代大学教师制度正在经历一次新的变迁过程。纵观大学教师制度的历史变迁，可以清楚地感受到制度环境的重大影响力。不过，尽管制度环境始终发挥着至关重要的作用，但制度变迁最终还是直接取决于人，取决于社会精英和大学教师的决策、行动及互动。

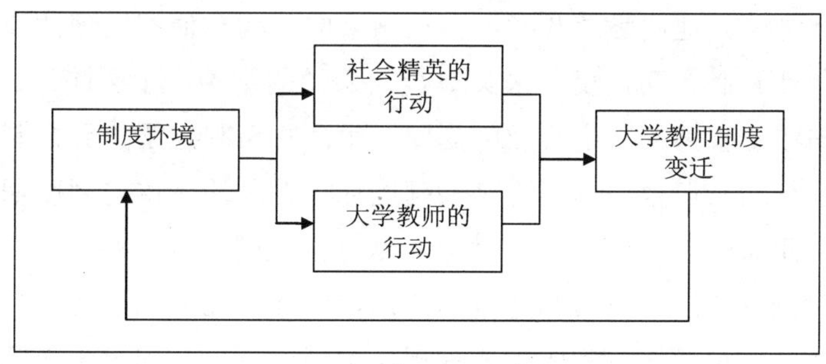

图6–2　影响大学教师制度变迁的三支力量

第二，制度制定者——社会精英的影响力。这里所言的精英，是一个中性概念，没有褒贬之意，指那些在各个领域中比别人更有才干的出类拔萃的人。按照精英循环论提出者帕累托的分类，精英包括掌权的精英和不掌权的精英，其中，掌权的精英对于社会发展的方向及前景具有重要影响。尽管笔者并不赞同“制度是天才人物的理性建构”这一说法，但不可否认，精英人物对于制度的形成与变迁的确具有特殊的作用。大学教师制度是人类经验不断积累的结果，在这个积累过程中，经常出现精英人物基于一定的立场和目的人为设计制度的情况，而那些掌握权力的精英所进行的人为设计往往会引起制度的剧烈变迁。对于大学教师制度变迁具有重要影响的社会精英，主要由政治精英和文化精英两部分构成。文化精英通常是大学教师制度的直接设计者，如19世纪，推动德国大学教师制度创新的洪堡、费希特和施莱尔马赫等；20世纪初，为美国大学教师制度奠定基础的那一批“巨人式”校长——约翰·霍普金斯大学校长吉尔曼、芝加哥大学校长哈珀、哈佛大学校长艾略特等；当然还有，20世纪上半叶对中国大学发展产生深远影响的蔡元培、梅贻琦、罗家伦等。政治精英则既可能采取直接的方式也可能采取间接的方式对大学教师制度施加影响，前者如中世纪首创教师职位津贴制度的西班牙国王阿方索八世；后者如20世纪80年代主导英国社会改革并由此深刻改变英国大学教师制度的撒切尔夫人。

第三，制度接受者——大学教师的影响力。显然，大学教师是大学教师制度的规约对象，大学教师的职业生涯是在教师制度的规范和约束之下得以展开的。然而，教师制度与教师个体之间的关系并非简单的单向影响，而是双向互动的，正如组织社会学家埃哈尔·费埃德伯格（Erhard Friedberg）所言，“行动者是根据条件来行动的。行动者并不独立于行动领域而存在，在行动领域之中，他们是游戏者；行动领域的结构对他们的理性与他们的行动构成了条件限制，而这反过来又对行动领域的结构产生影响”。[①]事实的确如此，先在于教师的制度为教师的职业生涯决策限定了边界，制约着教师的职业生涯行动，但也正是因为这些制度的存在才使一些与制度期待不相符的可能性由此而得以开启。以19世纪的德英美三国为例，德国大学教师制度赋予讲座教授以广泛的权力和优越的待遇，然而，在此制度之下教授阶层排斥异己、傲慢自负、压制青年学者等现象不断涌现；英国大学教师制度为教师营造了既无竞争压力又无衣食之忧的“简单、高贵、超脱”的职业环境，然而，该制度却助长了教师的平庸和惰性，不思进取和腐化堕落因此而潜滋暗长；美国大学按照市场规则建立起自由竞争的教师职业生涯道路，然而，该制度以科研绩效来评价教师能力的特性导致教师中重科研轻教学的积弊日增。之所以会出现这些与制度预期不相符的后果，一个重要原因在于，具有

---

① [法]埃哈尔·费埃德伯格：《权力与规则——组织行动的动力》，张月等译，格致出版社2008年版，第244页。

有限理性的教师可以采取多种不同的态度来对待制度规范，甚至“操纵”制度规范。教师的有意图行动所引发的各种意料之中或意料之外的后果构成了制度变迁的基础。当制度环境发生变化时，这些教师职业生涯行动所带来的后果将成为社会精英推动制度变迁的主要理由，而变迁之后的制度又构成了制约教师职业生涯发展的新的框架和区域。

总而言之，作为制度规约对象的大学教师，在受到现存制度规约的同时始终在发挥其能动性，因此说“我们在受制约中创造了一个制约我们的世界”！①

第二节　实践构想：关于中国大学教师制度改革的若干思考

“变革不可逆转，变革终会来临。无法预知的是，变革能否带来进步”，美国国务卿希拉里·克林顿在纽约大学2009年毕业典礼上所讲的这句话，极好地概括出当今时代的基本特征和当代人面对的主要困惑。如果将它运用到本书所涉及的问题领域，我们可以得出这样的推论：置身于世界性教育改革浪潮之中的大学教师制度改革必将持续进行并不断深入下去，目前我们所面对的问题不是应不应该改革，而是如何才能让这些改革为大学组织、为教师个人带来进步和发展。改革开放以后，中国在学习借鉴西方现有制度的基础上启动了大学教师制度改革，各种改革举措取得了相当显著的成效，但同时也滋生了诸多问题和矛盾，改革前景因此而变得模糊不定。在此情况下，对制度改革本身保持警觉和内省，从不同角度探查改革中存在的问题，进而审慎地进行制度调整，就成为大学教师制度改革深化的一个必要前提。

一　中国大学教师制度改革中存在的主要问题

（一）在制度改革的推进方式上，强制性变迁色彩浓郁

制度是约束群体的行为规则，这些行为规则是利益相关各方多次博弈所得出的均衡解，因此其形成需要经历一个反复博弈的过程。然而，考察中国大学教师制度的建立及发展历程，可以发现，由国家凭借强制力推动的制度变迁几乎贯穿始终。自清末近代大学发端，大学所实行的教师制度就是清政

① [英]安东尼·吉登斯：《社会的构成》，李康、李猛译，生活·读书·新知三联书店1998年版，译序第9页。

府委托知名学者和开明官僚设计并推行的；民国时期，大学教师制度日趋严格细密，其动力来源来自政府不断出台的各种规程和法令；新中国成立后，政府规定大学教师是国家工作人员，与教师职业相关的一切问题均由国家统一规范和管理；改革开放后，为适应政治、经济的全面转型，在政府直接领导下全国范围内的大学教师制度改革方兴未艾……。在过去的二十余年里，虽然地方和学校获得了越来越多的办学自主权，但权力下放的程度尚浅，政府始终以一个强势的领导者姿态控制和引领着大学教师制度的变迁。

显然，这些由国家强制力予以保障的制度改革具有多方面优势，如：能够以最短的时间和最快的速度推进，能够在极大程度上降低变迁成本等。但是，强制性制度变迁通常是精英式人物人为设计的结果，在个人的有限理性与偏好、集团利益、意识形态、国家政策导向等多方面原因的共同作用下，其制度设计无论在目标取向上还是在措施手段上都可能存在缺陷；另外，这种建立在强制基础上的改革也往往会违背一致性同意原则，无论精英人物的整体设计看起来多么吸引人，只要它不能符合多数人的利益要求，不能引领着多数人向更好的方向发展，该制度必然会面对危机。因为，人的能动性始终存在，利益受损者很可能不按制度规则来规范自己的行为，大量失范行为的出现最终将导致制度在实际上的低效乃至无效。所以说，任何新制度的建立都是一个错综复杂的利益博弈过程。制度改革不仅意味着制度创新，也意味着对利益关系的重新调整。只有经过利益相关各方的不断参与，通过反复的博弈和讨价还价，才可能最终达成制度均衡——帕累托最优状态，即“现存制度安排的任何改变都不能给经济中的任何个人或任何团体带来额外的收入”。[①]而通过强制方式推行的人为设计的制度则很难达到这种均衡状态。

（二）在制度改革的价值取向上，对效益目标的过度追求遮蔽了学术目标的本体意义

20世纪末，人类社会步入经济全球化时代，激烈的国际竞争使各国政府都将目光投向了培养高层次人才的摇篮——大学。作为后起的发展中国家，中国亦不例外。为应对知识经济时代的挑战，提高国家竞争力，也为了充分调动教师的主动性和积极性，改变大学封闭、保守、效率低下的现实状态，中国实施了以聘任制为核心的新一轮大学教师制度改革。很明显，这场改革的根本目的在于通过改善师资队伍质量来提高大学的办学效益，其具体的手段就是以工作业绩为基础建立竞争和流动机制。不可否认，这种以效益为根

① 卢现祥：《西方新制度经济学》，中国发展出版社2003年版，第98页。

本追求的价值取向有其合理性。在知识创新、科技创新、产业创新不断加速的时代背景下，不改变原有的安于现状、人浮于事、冗员充斥、效率低下等弊病，中国大学将难以适应国家发展的需要，也难以在全球化时代立足。然而，加大竞争力度、提高业绩产出，对于提高大学的办学水平而言，只是必要但非充分的条件。一所好大学乃至世界一流大学的成就，从来不能缺乏大学组织和大学教师对于学术目标的普遍追求！

大学教师制度萌发于西方社会，是西方学术职业者在长期的历史演化过程中不断尝试、选择、积累的结果。这些制度不仅规限了教师的职业生涯道路，也为教师职业赋予了一种特殊的价值取向——自由、自主、学术至上。这种价值取向作为大学之魂在一代又一代西方学者身上传承，并以潜移默化的方式广泛渗透于西方国家的社会意识当中。相比之下，中国的情况则颇为不同。中国大学教师制度的建立相当晚近且比较突然，在随后的一个世纪里，教师制度的建设与学术职业的发展因军事战争、政治运动等外力干扰而多次被强行中断，其发展道路可谓异常曲折。由于制度内容主要是从外国移植而缺乏历史沉淀、制度变迁自始至终为政治力量所掌控、教师的政治地位和经济地位长期得不到保障等多方面原因的共同作用，学术自由、独立自主、学术至上等西方学术职业的价值观念始终未能普遍地、深入地根植于我国的大学教师群体。

上述差异，使中国当前的大学教师制度改革比西方国家更艰难也更复杂。他们面对的问题在于如何使拥有悠久传统的学术职业适应新的时代发展要求，而我们面对的问题则是如何在虚弱单薄的现有基础上迅速发展壮大。换言之，中国大学教师制度改革不仅要应对来自外部的需求和压力，而且要努力培植学术职业所缺乏的内在学术品性。然而，现有的改革将视线主要聚焦在了前者身上，在产业逻辑和市场规则的支配下，着力从技术层面构建竞争流动的外部职业环境，业绩和效率成为衡量教师职业成败的唯一标准。在此情况下，原本就未能在中国学术职业领域立稳根基的学术逻辑遭到强烈冲击，学术目标与学术价值的缺失导致大学组织中学术腐败与学术不端现象层出不穷。

（三）在制度改革的措施手段上，过度强调个人竞争和功利性激励

我们生活在一个竞争激烈的时代，一个高度认同个人成功的时代。在全球化潮流的冲击和洗礼之下，中国固有的讲求和谐共存、鄙视追名逐利的传统观念正在不断消解。必须承认，当前的大学教师制度改革强调个人竞争、

重视运用激励手段调动教师的工作积极性，这些举措的确具有一定的合理性和必要性，既顺应了社会发展的整体走向，又切中了现实问题的要害。改革开放以后，中国的大学教师制度仍然建立在单位制基础之上，教师个体对单位的全面依附，使无条件服从、平均主义、磨洋工等单位人特有的单位意识相当广泛地存在着。这种情况严重阻碍了社会、大学以及教师个体的发展与进步。鉴于此，制度改革引入经济学和管理学的基本理念，力求打破单位和单位人的“控制—保护”特征，构建良性的竞争机制和职业发展环境，该思路本身是富有价值的。然而，这里忽略了一个重要问题，那就是——原有状态是不好的，将之推向完全相反的方向，其结果将是另外的一种不良状态。遗憾的是，急于求成的心态之下，人们往往更倾向于采取激进的举措而将深思熟虑置之脑后。在缺乏适当控制机制的情况下，制度改革所引发的震荡使局面变得更加困难和复杂。

具体来说，强化个人竞争有助于提升大学教师的自主意识、进取意识和创新意识，但是过度的竞争则会威胁教师的学术自由、破坏教师间的团结合作，会使教师在喧嚣和重重危机之中迷失方向、丧失独立性。前密西根大学校长詹姆斯·杜德斯达（James Duderstadt）曾批评当代大学的竞争制度“强加给人们难以处理的工作安排，同时也导致共同目标和同事关系的丧失。它促使研究人员把他们的责任从学校、教学和教育中转向了他处”，教师“被日常的种种压力剥夺了去做他们最希望做的事情的机会——思考、梦想、交谈、教学以及写作——这些压力迫使他们忙于合作性研究、组织研究项目以及与政府和大学的官僚机构打交道，所有这些使他们无法安心于教室和实验室”。[①]功利性的激励手段在一定程度和范围内是有效的，但同样需要有所控制。这是因为，首先，调动教师的积极性，仅有名与利是不够的。大学教师是“经济人”、“社会人”、“学术人”等多重特征的合一。单一的激励手段不仅难以取得预期的效果，而且非常容易引发教师对制度的反感、拒斥和不信任，各种投机行为也会因此而滋生。其次，过度的名利刺激会培植出唯利是图的群体意识。在中国，知识、文化与学术曾经遭受过长时间的贬抑，身处政治环境重压之下的知识分子既不能也不敢追求学术；进入市场经济时代，大学教师突然置身于充满利益诱惑的另一种社会环境当中，需要一定时间进行价值判别和价值选择。此时在大学组织内部强力推行物质激励，将进

① [美]詹姆斯·杜德斯达：《21世纪的大学》，刘彤等译，北京大学出版社2005年版，第96—97页。

一步诱导教师以追名逐利作为合乎理性的发展取向，而学术则很可能成为教师既不想也不愿献身追求的事物。

（四）在制度改革的实现途径上，单纯依赖行政管制和等级控制的方式

有效的实施机制是确保任何制度规则付诸实施的基本前提，大学教师制度改革当然也必须要有一定的执行力量予以保障和推进。既然教师制度改革的实施对象是教师群体，那么改革的执行权也就自然而然地握在了行政部门的手中。从理论上讲，行政管理追求的是效能和效率，其根本目的在于通过计划、组织、协调和控制等方式最优地实现预定目标。然而在现实中，行政管理者所采取的具体手段并不总是与预期目标相匹配，行政管理者的效率取向也与大学教师的学术取向构成极为明显的矛盾。用美国社会学家刘易斯·科塞（Lewis Coser）的话来说，就是“管理者有一种天然的倾向，要在全部工作中实行某种最低限度的统一模式，以减少其四处蔓延的多样性。他们企图引入各种组织条例和精心制订的权威和交流系统，以此与学者们那种在他们看来混乱的自由放任主义作斗争”[①]。

行政权力在大学组织中日益扩张，这是当前高等教育发展所面对的世界性问题。随着高等教育大众化时代的到来，大学规模迅速扩大、组织职能不断增加、与社会各系统之间的联系日益紧密，由此而滋生的各种非学术性事务自然越来越庞杂。扩张后的大学为维持自身的运行效率，必然要强化行政管理权力，于是，以理性和高效著称的科层制在现代大学组织中扎根并迅速壮大。不过，具体比较西方国家和我国的大学组织，可以发现情况并不尽同。笼统地讲，西方大学的学术权力形成在前，行政权力萌发在后，目前两支力量正在博弈中寻求适当的平衡点。而中国大学的情况则是行政权力先在，学术权力后发。从古至今在中国社会延续下来的“官本位”思想，大学组织自建立起就形成的对政府机构的依附，再加上当代大学扩张对科层管理的强烈需要，这些历史与现实的多方面因素使中国大学组织中行政力量异常强大，学术权力极为弱小，二者之间几乎无法构成博弈。在此背景之下，当前的大学教师制度改革又为行政权力“锦上添花”，通过聘任、考核、竞争、激励等制度手段的使用，处于行政等级最底层的大学教师成为完全意义上的被管控者，一切工作和活动均须听从大学行政系统和行政管理人员的指挥和安排。行政权力的迅速膨胀，进一步压缩了学术权力原本就非常有限的

① [美]刘易斯·科塞：《理念人——一项社会学的考察》，郭方等译，中央编译出版社2004年版，第309页。

生长空间。对此，我们不仅心生一个疑问：当代大学显然已经不可能复为“学者的自由共和国”，但是，如果这个组织中只有行政管理者及其治下的教师雇员，它还能称得上是一所大学么？

二　深化中国大学教师制度改革的几点思考

当代中国的高等教育已经成为一个庞大而复杂多样的体系，其中包括的上千所大学正在努力进行自我调整以服务于国家和社会日益变化的多方面需要。在席卷全球的市场力量的作用下，大学已经置身于一场全面重组的革命性变迁之中，作为这场变革的一个组成部分，大学教师制度改革必将持续深入地进行下去。在此，本书仅对深化制度改革的思路提出一些建设性意见。

（一）弱化制度改革中的强制性特征，采取渐进的变革路径

所谓渐进性变革，并不是消极停滞、无所作为的遁词，而是在尚不具备整体、快速变革的条件下采用分阶段、有重点、逐步推进的改革策略。这是基于我国特定的、具体的历史与现实状况所应作出的选择。从历史上看，中国的大学教师制度源自于对外国制度的移植，缺少本土根基；在过去的一个世纪里大学教师制度经历了多次来自外部环境的震荡和冲击，缺乏自主演进的时间和空间；几乎每一次重要的制度变迁都是政府采取自上而下的强制方式推进的，人们已经习惯于被动接受或按照“上有政策，下有对策”的思路来应对制度改革，由此常常导致制度的低效或虚设。从现实来看，一方面，当代中国正处于文化的、社会的、政治的三重转型过程中，“在大国当中，只有中国同时发生着这样三个层次上的转型”[①]，各种政策制定者始料不及的行为模式已经大量涌现；另一方面，面对市场力量所带来的巨大挑战与危机，各国政府和大学都在努力探索自己的生存、发展之路，不存在一个清晰明朗且合乎理想的最优模式可供模仿和复制。

在此情况下，中国的大学教师制度改革应该放缓激进的步伐，在渐进式的改革中为制度的自然演进创造一定的空间，以避免因动荡和反复可能造成的难以弥补的破坏。台湾学者雷国鼎在评价英国近现代教育制度时指出，“英国始终牢守一项原则，即社会之进步，不宜恃国家力量，控制人民心理，而应由个人或团体自动举办，不由外铄而出于自然；不采被动，而取主动；不宜由国家控制和管理，而应由人民自由创造和试验。因之，英国最大特色，在活动而多变化，非如他国之整齐划一。中央政府之教育权责，在激

① 汪丁丁：《制度分析基础讲义Ⅰ：自然与制度》，上海人民出版社2005年版，第3页。

励和劝导，而非命令和干涉。一切教育法令，须经地方试行有效并受舆论支持者，方得正式宣布。英国教育之进步，容或稍缓，但其实施成效，却切实可靠，尤不致造成理论与实际之脱节。盖其进步，依据经验而得，绝非专家学者发明之科学原理”①。这种英式改革的传统精神，正是中国大学教师制度改革基本理念中最为欠缺的一个部分。

（二）在兼顾学术目标与效益目标的基础上，实现制度改革价值取向的多样化

当今时代的大学，面对着一个与以往任何时代都截然不同的世界。多种多样的社会需求、无孔不入的市场力量、日益沉重的财政压力和舆论压力等一系列因素，使现代大学再也无法维系世外桃源般的传统存在方式，对效率和效益的追求成为大学制度改革的一个必然主题。杜德斯达在对美国大学进行全面考查之后指出，随着与社会联系的日渐紧密以及实用性的不断增长，当代大学业已成为新旧价值和利益交火的战场，“很多批评者认为我们应该回到早期非常狭隘的角色中去，而不应该继续提供现代公司式范围广泛的服务……然而，我们不可能回去了，知识密集型的世界已经越来越依赖现代大学。如果我们真的回到过去，社会就会制造出新的机构来取代我们的地位，比我们发挥更好的作用”②。这一结论同样适用于中国。大学需要借助制度改革引领教师清醒地认识目前面临的挑战、机遇和责任，进而从保守安逸的状态中摆脱出来，投身到竞争、创新的洪流中去。不过，中国大学教师制度改革的目标不能仅限于此，我们需要同时应对历史和现实所带来的双重危机。在先天不足与后天失调的共同作用下，中国大学缺乏西方大学代代传承的核心价值追求——对知识的热爱、对自由探索的渴求和为学术而献身的精神，而这些恰恰是大学这种古老组织历经千年屹立不倒的根本，也是大学教师职业为世人所尊敬、信任和期许的基本原因。鉴于此，培植并巩固超越功利的学术价值，应该成为当前大学教师制度改革必须直面的一个重要问题。

兼顾学术目标与效益目标的同时，制度改革还要关注大学的多样性问题。一方面，随着当代大学与社会生活联系的日益紧密，大学之间已经发生明显分化。不同类型的大学承担着不尽相同的职能，由此决定了它们在应对社会变化的具体方式上不能整齐划一，相应地，各类大学的教师制度改革在

① 康永久：《教育制度的生成与变革——新制度教育学论纲》，教育科学出版社2003年版，第455—456页。

② [美]詹姆斯·杜德斯达：《21世纪的大学》，刘彤等译，北京大学出版社2005年版，第29页。

价值追求上亦应有所侧重。少数具有精英特征的研究型大学有崇高的声望和充足的财富作为保障，在教师制度上应该强调对传统大学教师职业生活方式和学术传统的适当保留；而其他教学研究型和教学型大学则可能更多地需要增强教师在职业生涯中的灵活性和应变性。另一方面，各类大学中的教师在其职业生涯的不同阶段都扮演着多种角色，除了知识传授者和研究者之外，还可能作为企业顾问、政府专家、评估者、管理者等。承认并接受教师职责的差异性，也是深化大学教师制度改革过程中需要认真考虑的一个问题。

（三）超越传统人事管理观念的束缚，推动制度改革为人力资源管理及开发创造环境和条件

大学教师制度是大学人事管理制度的一个组成部分。在传统的人事管理观念中，事为中心，人则居于从属地位。1954年，管理学家彼得·德鲁克（Peter Druker）首次提出“人力资源”这一概念，为人们重新认识组织中成员的地位开拓了新的思路。20世纪中后期，伴随着知识经济时代的来临和全球化、信息化的飞速发展，人力资源逐步成为企业和国家竞争力的“第一资源”，人力资源管理与开发也由此成为企业成功和国家发展的核心使命。所谓人力资源管理（Human resource management，HRM），就是对组织中人力资源的获取、使用、维护、开发等一系列管理活动，是在传统人事管理基础上发展出来的新型人事管理。与传统人事管理相比，人力资源管理呈现出很多不同的特征（见表6-1）。

表6-1 传统人事管理与人力资源管理的比较

	传统人事管理	人力资源管理
人性假设	好逸恶劳、为个人利益而工作的“经济人”	组织中最具活力、能动性和创造性的要素
基本理念	把人力视为成本，追求成本最小化；以事为中心，人居于从属地位	把人力视为资本，是能带来更多价值的再生性资源；以人为本
管理内容	孤立的静态管理；重使用，轻开发	动态的全程管理；将对人力资源的开发放在工作首位
管理方法	物质引诱和“棍棒”政策，强调对人的管制与监控	人性化管理和科学化管理，强调提高工作生活质量
管理目标	完成考勤、人事档案管理、绩效考评、薪资福利等事务性工作	促使人自愿发挥力量达成组织目标，并实现个人目标与组织目标的和谐

从人力资源管理的基本理念出发，大学教师制度改革的重点需要逐步

从目前的以规范限制、激励个人竞争为主向未来的以创造机会、开发潜能为主转移，需要致力于促进大学组织发展与教师个人发展的协调共赢。当前的制度改革已经使大多数教师走出了被动保守的职业状态，他们开始认真思考自身的发展前景并积极进行职业规划。但是，这些规划基本上都属于个人行为，在个人的有限理性和自利本能的影响下，教师面对自身的职业生涯问题常常难以做出适当的决断，或者做出的选择与大学组织发展目标相背离。可见，职业生涯发展如果总是停留在教师个人层面，将难以实现个人发展与组织发展之间的接轨。针对这一问题，建立有组织的大学教师职业生涯开发系统，将成为一种较为理想的选择。具体来说，就是以大学教师制度为依托，在综合分析教师个人职业发展需求与大学组织发展需求的基础上，由大学机构、管理人员和教师三方合作，通过持续而有计划的努力实现具有稳定性、开放性和双赢效果的教师职业生涯发展。

（四）探寻教师参与制度改革的有效途径，避免制度执行过程中行政权力的过度膨胀或滥用

大学教师制度改革的运行必然需要依靠行政管理机构和管理人员，但行政权力对效率目标的热衷和乐于控制的本性，使它非常容易出现盲目使用、过度使用甚至滥用的问题。正如“袋鼠与笼子”这则寓言为我们提供的警示，简单地、一味地加高围墙（即严格约束，以增加犯错者的代价）并不能实现对制度的有效执行。如果管理者不能在制度执行过程中及时发现问题并作出准确的判断，那么他们使用的制度手段越多，带来的资源浪费和负面效应也就越多。另外，随着制度规则的不断增加和日益复杂，管理机构只好采取强制性手段以保证其得到遵守，而这时，由于制度接受者不一致的需求所产生的失范情况将会进一步增加。

[寓　言][①]

有一天，几只袋鼠从笼子里跑了出来。管理员见状大惊，忙把笼子加高了一尺。结果，第二天袋鼠仍然从笼子里跑了出来，管理员便将笼子加高了三尺。他们以为从此袋鼠再也不会逃跑了。然而，第三天，袋鼠们又一次出现在笼子外面。管理员只好继续将笼子加高两米。这时，旁边笼子里的河马问袋鼠：“你们觉得他们把笼子加高到什么地步才算完？”袋鼠们回答说：“不知道。只要他们继续忘了锁门，无论加高到多少米也没有用。”

① 于建宏：《制度建设不是一味加高笼子》，《中国教育报》2010年10月26日第4版。

为避免行政权力的过度使用，为提高制度改革的合理性和有效性，必须借助制度的力量保证教师参与到制度改革的全程中来。这是因为，一方面，制度是规范个体行为的规则体系，而这些规则原本就是个体在行动中通过反复博弈而形成的。即使某一具体的制度改革在制定和执行过程中将教师排斥在外，教师也将通过自身的失范行为和诸多非意图后果反作用于制度，最终迫使制度发生新的变迁。另一方面，学术职业的特点也决定了大学教师参与自身管理的必要性和重要性。美国历史学家坎特罗威茨（E.K.Kantorowitz）曾说过，“有三种职业是有资格穿长袍以表示其身份的，这就是：法官、牧师和学者。这种长袍象征着穿戴者思想的成熟和独立的判断力，并表示直接对自己的良心和上帝负责。它表明这三种相关职业在精神上的自主权：他们不应允许自己在威胁下行事并屈服于压力”①。思想的成熟和独立的判断力，决定了大学教师群体不会被制度随意摆布。因此，以提高大学办学水平、激发教师积极性和创造性为指向的当代中国大学教师制度改革，需要来自教师的真实而广泛的参与。探寻教师参与制度改革的有效途径，将成为深化大学教师制度改革的一个必要环节。

① [美]亨利·罗索夫斯基：《美国校园文化——学生·教授·管理》，谢宗仙等译，山东人民出版社1996年版，第144页。

参考文献

中文参考文献

著作

[1][奥]哈耶克:《自由秩序原理》，邓正来译，生活·读书·新知三联书店1997年版。

[2][澳]柯武刚、[德]史漫飞:《制度经济学》，韩朝华译，商务印书馆2000年版。

[3][德]费希特:《论学者的使命、人的使命》，梁志学等译，商务印书馆2008年版。

[4][德]韦伯:《学术与政治》，钱永祥等译，广西师范大学出版社2004年版。

[5][德]卡尔·雅斯贝尔斯:《大学之理念》，邱立波译，世纪出版集团2007年版。

[6][法]E.迪尔凯姆:《社会学方法的准则》，狄玉明译，商务印书馆1995年版。

[7][法]埃哈尔·费埃德伯格:《权力与规则——组织行动的动力》，张月等译，格致出版社2008年版。

[8][法]米歇尔·福柯:《规训与惩罚》，刘北成等译，生活·读书·新知三联书店2007年版。

[9][法]米歇尔·克罗齐耶、埃哈尔·费埃德伯格:《行动者与系统——集体行动的政治学》，张月等译，上海人民出版社2007年版。

[10][法]克罗戴特·拉法耶:《组织社会学》，安延译，社会科学文献出版社2000年版。

[11][法]雅克·勒戈夫:《中世纪的知识分子》，张弘译，商务印书馆1996

年版。

[12][法]爱弥儿·涂尔干:《教育思想的演进》，李康译，上海人民出版社2006年版。

[13][美]菲利普·G.阿特巴赫:《变革中的学术职业——比较的视角》，别敦荣主译，中国海洋大学出版社2006年版。

[14] [美]艾尔·巴比:《社会研究方法》，邱泽奇译，华夏出版社2005年版。

[15][美]鲁思·本尼迪克特:《菊与刀》，吕万和等译，商务印书馆1990年版。

[16][美]罗伯特·伯恩鲍姆:《大学运行模式——大学组织与领导的控制系统》，别敦荣主译，中国海洋大学出版社2003年版。

[17][美]德里克·博克:《走出象牙塔——现代大学的社会责任》，徐小洲、陈军译，浙江教育出版社2001年版。

[18][美]德雷克·博克:《回归大学之道——对美国大学本科教育的反思与展望》，侯定凯等译，华东师范大学出版社2008年版。

[19][美]E.L.波伊尔:《学术水平反思——教授工作的重点领域》，载吕达，周满生《当代外国教育改革著名文献》美国卷·第三册，人民教育出版社2004年版。

[20][美]彼得·布劳、马歇尔·梅耶:《现代社会中的科层制》，马戎等译，学林出版社2001年版。

[21][美]约翰·S.布鲁贝克:《高等教育哲学》，王承绪等译，浙江教育出版社1998年版。

[22][美]约翰·达利等:《规则与潜规则——学术界的生存智慧》，卢素珍主译，北京大学出版社2008年版。

[23][美]加里·德斯勒:《人力资源管理》，中国人民大学出版社2003年版。

[24][美]詹姆斯·杜德斯达:《21世纪的大学》，刘彤等译，北京大学出版社2005年版。

[25][美]杜普伊斯、高尔顿:《历史视野中的西方教育哲学》，彭正梅等译，北京师范大学出版社2006年版。

[26][美]费斯勒、克里斯坦森:《教师职业生涯周期——教师专业发展指导》，董丽敏等译，中国轻工业出版社2005年版。

[27][美]S.E.佛罗斯特：《西方教育的历史和哲学基础》，吴元训等译，华夏出版社1987年版。

[28][美]亚伯拉罕·弗莱克斯纳：《现代大学论——美英德大学研究》，徐辉等译，浙江教育出版社2001年版。

[29][美]杰弗里·H.格林豪斯等：《职业生涯管理》，王伟译，清华大学出版社2006年版。

[30][美]托马斯·G.格特里奇、赞迪·B.莱博维茨、简·E.肖尔等：《有组织的职业生涯开发》，李元明等译，南开大学出版社2001年版。

[31][美]E·P.克伯雷：《外国教育史料》，任宝祥、任钟印译，华中师范大学出版社1991年版。

[32][美]伯顿·克拉克：《高等教育系统——学术组织的跨国研究》，王承绪等译，杭州大学出版社1994年版。

[33][美]克拉克·科尔：《大学的功用》，陈学飞等译，江西教育出版社1993年版。

[34][美]刘易斯·科塞：《理念人——一项社会学的考察》，郭方等译，中央编译出版社2004年版。

[35][美]康芒斯：《制度经济学》，于树生译，商务印书馆1997年版。

[36][美]亨利·罗索夫斯基：《美国校园文化——学生·教授·管理》，谢宗仙等译，山东人民出版社1996年版。

[37][美]詹姆斯·G.马奇：《决策是如何产生的》，王元歌等译，机械工业出版社2007年版。

[38][美]詹姆斯·G.马奇、赫伯特·A.西蒙：《组织》，邵冲译，机械工业出版社2008年版。

[39][美]C.曼特扎维诺斯：《个人、制度与市场》，梁海音等译，长春出版社2009年版。

[40][美]C.赖特·米尔斯：《社会学的想象力》，陈强、张永强译，生活·读书·新知三联书店2005年版。

[41][美]罗伯特·K.默顿：《社会理论和社会结构》，唐少杰等译，译林出版社2006年版。

[42][美]杰克·奈特：《制度与社会冲突》，周伟林译，上海人民出版社2009年版。

[43][美]道格拉斯·C.诺思：《制度、制度变迁与经济绩效》，杭行译，格

致出版社2008年版。

[44][美]Reardon，Lenz，Sampson，Peterson:《职业生涯发展与规划》，侯志瑾、伍新春译，高等教育出版社2005年版。

[45][美]埃德加·沙因:《组织心理学》，马红宇、王斌译，中国人民大学出版社2009年版。

[46][美]施恩:《职业的有效管理》，仇海清译，生活·读书·新知三联书店1992年版。

[47][美]乔纳森·特纳:《社会理论的结构》，邱泽奇等译，华夏出版社2001年版。

[48][美]詹姆斯·汤普森:《行动中的组织——行政理论的社会科学基础》，敬乂嘉译，上海人民出版社2007年版。

[49][美]爱德华·希尔斯:《学术的秩序——当代大学论文集》，李家永译，商务印书馆2007年版。

[50][日]青木昌彦:《比较制度分析》，周黎安译，上海远东出版社2001年版。

[51][英]齐尔格特·鲍曼:《通过社会学去思考》，高华等译，社会科学文献出版社2004年版。

[52][英]波普:《猜想与反驳》，傅季重等译，上海译文出版社1986年版。

[53][英]托尼·布什:《当代西方教育管理模式》，强海燕主译，南京师范大学出版社1998年版。

[54][英]艾弗·F.古德森:《专业知识与教师职业生涯》，刘丽丽译，北京师范大学出版社2007年版。

[55][英]安东尼·吉登斯:《社会的构成》，李康、李猛译，生活·读书·新知三联书店1998年版。

[56][英]迈克尔·科伦索:《组织变革改善策略——组织演进与变革》，高俊山、贾振权译，经济管理出版社2003年版。

[57][英]约翰·亨利·纽曼:《大学的理想》，徐辉等译，浙江教育出版社2001年版。

[58]陈桂生:《师道实话》，华东师范大学出版社2004年版。

[59]陈明远:《文化人的经济生活》，陕西人民出版社2010年版。

[60]陈伟:《西方大学教师专业化》，北京大学出版社2008年版。

[61]陈学飞:《美国、德国、法国、日本当代高等教育思想研究》，上海教育出版社1998年版。

[62]程振响:《教师职业生涯规划与发展设计》，南京师范大学出版社2006年版。

[63]邓小林:《民国时期国立大学教师聘任之研究》，西南交通大学出版社2007年版。

[64]风笑天:《社会学研究方法》，中国人民大学出版社2005年版。

[65]冯友兰:《中国哲学简史》，天津社会科学院出版社2007年版。

[66]高桂娟:《现代大学制度演进的文化逻辑》，中国海洋大学出版社2007年版。

[67]顾建民:《自由与责任——西方大学终身教职制度研究》，浙江教育出版社2007年版。

[68]郭丽君:《大学教师聘任制——基于学术职业视角的研究》，经济管理出版社2007年版。

[69]郭石明:《社会变革中的大学管理》，浙江大学出版社2004年版。

[70]何东昌:《中华人民共和国重要教育文献1949—1975年》，海南出版社1998年版。

[71]洪汉鼎:《诠释学——它的历史和当代发展》，人民出版社2001年版。

[72]侯钧生:《西方社会学理论教程》，南开大学出版社2001年版。

[73]胡建华、王建华、王全林等:《大学制度改革论》，南京师范大学出版社2006年版。

[74]胡金平:《学术与政治之间的角色困顿——大学教师的社会学研究》，南京师范大学出版社2005年版。

[75]黄天中:《生涯规划——理论与实践》，高等教育出版社2007年版。

[76]季羡林:《牛棚杂忆》，中共中央党校出版社1998年版。

[77]金美福:《教师自主发展论——教学研同期互动的教职生涯研究》，教育科学出版社2005年版。

[78]金树人:《生计发展与辅导》，（台北）天马出版社1990年版。

[79]康永久:《教育制度的生成与变革——新制度教育学论纲》，教育科学出版社2003年版。

[80]李宝元:《职业生涯管理:原理·方法·实践》，北京师范大学出版社

2007年版。

[81]李桂荣：《大学组织变革之经济理性》，中国社会科学出版社2007年版。

[82]李汉林、渠敬东：《中国单位组织变迁过程中的失范效应》，上海人民出版社2005年版。

[83]李路路、李汉林：《中国的单位组织:资源、权力与交换》，浙江人民出版社2000年版。

[84]李银河：《社会学精要》，内蒙古大学出版社2009年版。

[85]李友梅：《组织社会学及其决策分析》，上海大学出版社2001年版。

[86]刘献君等：《中国高校教师聘任制研究——基于学术职业管理的视角》，科学出版社2009年版。

[87]鲁鹏：《制度与发展的关系研究》，人民出版社2002年版。

[88]卢乃桂、操太圣：《中国教师的专业发展与变迁》，教育科学出版社2009年版。

[89]卢现祥：《西方新制度经济学》，中国发展出版社2003年版。

[90]卢晓中：《现代高等教育发展论纲》，广东教育出版社2005年版。

[91]吕达、周满生：《当代外国教育改革著名文献》美国卷·第三册，人民教育出版社2004年版。

[92]马和民：《新编教育社会学》，华东师范大学出版社2002年版。

[93]马骥雄：《战后美国教育研究》，江西教育出版社1991年版。

[94]马嘶：《百年冷暖:20世纪中国知识分子生活状况》，北京图书馆出版社2003年版。

[95]马伊里：《合作困境的组织社会学分析》，上海人民出版社2008年版。

[96]孟繁华：《教育管理决策新论——教育组织决策的系统分析》，教育科学出版社2002年版。

[97]钱民辉：《教育社会学——现代性的思考与建构》，北京大学出版社2004年版。

[98]钱穆：《文化与教育》，生活·读书·新知三联书店2009年版。

[99]钱乘旦、陈晓津：《在传统与变革之间——英国文化模式溯源》，浙江人民出版社1991年版。

[100]邱美华、董华欣：《生涯发展与辅导》，（台北）心理出版社1997

年版。

[101]邱泽奇：《社会学是什么》，北京大学出版社2001年版。

[102]石中英：《知识转型与教育改革》，教育科学出版社2001年版。

[103]水延凯：《社会调查案例教程》，中国人民大学出版社2008年版。

[104]陶孟和：《社会与教育》，福建教育出版社2008年版。

[105]田正平、商丽浩：《中国高等教育百年史论——制度变迁、财政运作与教师流动》，人民教育出版社2006年版。

[106]童星：《现代社会学理论新编》，南京大学出版社2003年版。

[107]汪丁丁：《制度分析基础讲义I：自然与制度》，上海人民出版社2005年版。

[108]汪丁丁、韦森、姚洋：《制度经济学三人谈》，北京大学出版社2005年版。

[109]王保进：《英文视窗版SPSS与行为科学研究》，北京大学出版社2007年第3版。

[110]王保星：《西方教育十二讲》，重庆出版社2008年版。

[111]王处辉：《中国社会思想史》，中国人民大学出版社2002年版。

[112]王全林：《精神式微与复归——"知识分子"视角下的大学教师研究》，南京师范大学出版社2006年版。

[113]王有升：《理想的限度——学校教育的现实建构》，北京师范大学出版社2003年版。

[114]吴康宁：《教育社会学》，人民教育出版社1998年版。

[115]吴康宁主编：《教育与社会：实践·反思·建构》，广西师范大学出版社2008年版。

[116]吴民祥：《流动与求索——中国近代大学教师流动研究（1898—1949）》，浙江教育出版社2006年版。

[117]吴鹏：《学术职业与教师聘任》，中国海洋大学出版社2006年版。

[118]夏之莲主编：《外国教育发展史料选粹》北京师范大学出版社1999年版。

[119]谢维和：《教育活动的社会学分析——一种教育社会学的研究》，教育科学出版社2007年版。

[120]辛鸣：《制度论——关于制度哲学的理论建构》，人民出版社2005年版。

[121]熊逸:《春秋大义——中国传统语境下的皇权与学术》，陕西师范大学出版社2007年版。

[122]徐复观:《中国知识分子精神》，华东师范大学出版社2004年版。

[123]徐笑君:《职业生涯规划与管理》，四川人民出版社2008年版。

[124]阎明:《一门学科与一个时代——社会学在中国》，清华大学出版社2004年版。

[125]杨俊一等:《制度哲学导论》，上海大学出版社2007年版。

[126]杨善华、谢立中主编:《西方社会学理论》，北京大学出版社2005年版。

[127]姚裕群、张再生主编:《职业生涯与管理》，湖南师范大学出版社2007年版。

[128]叶芬梅:《当代中国高校教师职称制度改革研究》，中国社会科学出版社2009年版。

[129]叶澜、白益民、王枬等:《教师角色与教师发展》，教育科学出版社2001年版。

[130]应望江:《中国高等教育改革与发展30年（1978—2008）》，上海财经大学出版社2008年版。

[131]于显洋:《组织社会学》，中国人民大学出版社2001年版。

[132]张斌贤、刘慧珍:《西方高等教育哲学》，北京师范大学出版社2007年版。

[133]张成福、党秀云:《公共管理学》，中国人民大学出版社2001年版。

[134]张俊宗:《现代大学制度:高等教育改革与发展的时代回应》，中国社会科学出版社2004年版。

[135]张旭昆:《制度演化分析导论》，浙江大学出版社2007年版。

[136]郑杭生:《社会学概论新论》，中国人民大学出版社1987年版。

[137]周彬:《决策与执行:制度视野下的学校变革》，教育科学出版社2005年版。

[138]周川、黄旭:《百年之功——中国近代大学校长的教育家精神》，福建教育出版社1994年版。

[139]周玲:《大学组织冲突研究——角色、权力与文化的视角》，中国社会科学出版社2007年版。

[140]周南照、赵丽、任友群:《教师教育改革与教师专业发展:国际视野

与本土实践》，华东师范大学出版社2007年版。

[141]周雪光：《有限理性与组织决策》，载北京大学社会学系主编《21世纪与中国社会学》，北京大学出版社2004年版。

论文

[142][美]德博茹·布罗其：《职业生涯发展理论的新视角》，苏文平等译，《江西社会科学》2006年第4期。

[143]别敦荣、陈艺波：《论学术职业阶梯与大学教师发展》，《高等工程教育研究》2006年第6期。

[144]陈万明、冯承强：《高校教师薪酬制度改革理性评析与展望》，《复旦教育论坛》2006年第4期。

[145]高宝立、刘小强：《高等教育研究热点分析:两个维度、四项指标——以现代大学制度研究为例》，《教育研究》2008年第9期。

[146]郭忠华：《新制度主义关于制度变迁研究的三大范式》，《天津社会科学》2003年第4期。

[147]胡伟、李汉林：《单位作为一种制度——关于单位研究的一种视角》，《江苏社会科学》2003年第6期。

[148]黄桂田、张启春：《有限理性与制度变迁的渐进逻辑——对中国改革路径的一种理论认识》，《学习与探索》1999年第4期。

[149]黄明东：《北美地区高校教师发展状况探析》，《高等教育研究》2008年第6期。

[150]黄泰岩、程斯辉：《关于我国高校教师考核评价的几个基本问题》，《武汉大学学报》（哲学社会科学版）2008年第1期。

[151]姜良芹：《抗战时期高校教师工资制度及生活状况初探》，《南京师范大学学报》（社会科学版）1999年第3期。

[152]江涛、覃琼霞：《有限理性下的个体决策:一种分析框架》，《南方经济》2007年第12期。

[153]揭爱花：《单位——一种特殊的社会生活空间》，《浙江大学学报》（人文社会科学版）2000年第5期。

[154]李春萍：《分工视角中的学术职业》，《高等教育研究》2002年第6期。

[155]李海萍：《大学内部职权运行模式研究》，《清华大学教育研究》

2009年第6期。

[156]李汉林:《变迁中的中国单位制度:回顾中的思考》,《社会》2008年第3期。

[157]李汉林、渠敬东:《制度规范行为——关于单位的研究与思考》,《社会学研究》2002年第5期。

[158]李金春:《我国大学教师评价制度:理念与行动》,博士学位论文,华东师范大学,2008年。

[159]李玲:《美国大学教师发展的历史进程及其启示》,《大学教育科学》2006年第6期。

[160]李颖:《高校教师职业生涯发展及其管理激励创新研究》,硕士学位论文,苏州大学,2004年。

[161]李路路:《论"单位"研究》,《社会学研究》2002年第5期。

[162]李志峰:《学术职业专业化的路径选择与制度创新》,《现代大学教育》2008年第5期。

[163]李志峰、沈红:《学术职业发展:历史变迁与现代转型》,《教师教育研究》2007年第1期。

[164]李子江:《美国大学终身聘任制的历史与变革》,《清华大学教育研究》2006年第6期。

[165]梁玉霜:《高校教师工资制度改革的回顾与思考》,《黑龙江高教研究》1989年第2期。

[166]林杰、李玲:《美国大学教师发展的三种理论模型》,《现代大学教育》2007年第1期。

[167]林义:《制度分析及其方法论意义》,《经济学家》2001年第4期。

[168]刘迟:《制度研究溯源及其内涵探究》,《兰州学刊》2009年第12期。

[169]刘国艳:《教育研究视野中的制度分析》,《辽宁教育研究》2008年第7期。

[170]刘思达:《职业自主性与国家干预——西方职业社会学述评》,《社会学研究》2006年第1期。

[171]龙献忠、邱跃华:《大学单位制改革的制度路径》,《高等工程教育研究》2006年第5期。

[172]卢辉炬、严仲连:《美、日、中大学教师发展之比较》,《社会科学

家》2008年第6期。

[173]马力:《职业发展研究——构筑个人和组织双赢模式》，博士学位论文，厦门大学，2004年。

[174]马廷奇:《大学组织的变革与制度创新》，博士学位论文，华中科技大学，2004年。

[175]缪榕楠:《从辉煌到衰微——中世纪大学教师职业安全的历史考察》，《河北师范大学学报》（教育科学版）2009年第11期。

[176]潘懋元、罗丹:《高校教师发展简论》，《中国大学教学》2007年第1期。

[177]朴雪涛:《试论单位制度对大学组织行为的影响》，《辽宁教育研究》2001年第12期。

[178]齐泽旭:《新制度经济学视野下美国高等学校教师管理制度研究》，博士学位论文，东北师范大学，2008年。

[179]石广盛:《欧洲中世纪大学教师的特点》，《兰州学刊》2007年第7期。

[180]孙存昌、王全林:《中国"近代大学教师问题研究"述评》，《黑龙江高教研究》2008年第10期。

[181]田正平、吴民祥:《近代中国大学教师的资格检定与聘任》，《教育研究》2004年第10期。

[182]王保星:《大学教师:一项学术性职业》，《大学教育科学》2007年第4期。

[183]王惠来:《生命视野下的教师成长》，《课程·教材·教法》2007年第5期。

[184]王建华:《第三部门视野中的现代大学制度》，《高等教育研究》2007年第1期。

[185]王全林:《学术自由与行政效率的双赢——大学制度变革的价值目标》，《教育发展研究》2005年第2期。

[186]王应密:《中国大学学术职业制度变迁研究》，博士学位论文，华中科技大学，2009年。

[187]邬大光:《现代大学制度的根基》，《现代大学教育》2001年第1期。

[188]吴岩:《美国大学教师的学术职业化》，《教育评论》2008年第

2期。

[189]阎凤桥、卓晓辉、余航:《中国高等教育大众化过程与普通高等教育系统变化分析》,《高等教育研究》2006年第8期。

[190]杨东平:《现代大学制度的形成、演变和创新》,《国家教育行政学院学报》2005年第5期。

[191]叶赋桂:《高等学校教师:概念与特质》,《教育学报》2005年第5期。

[192]俞吾金:《也谈学术规范、学术民主与学术自由》,《学术界》2002年第3期。

[193]于显洋:《单位意识的社会学分析》,《社会学研究》1991年第5期。

[194]曾云敏:《有限理性和制度研究》,硕士学位论文,华南师范大学,2005年。

[195]张维迎:《探寻大学制度创新的突破口——谈北大改革对中国高等教育的意义》,《中国高等教育》2003年第23期。

[196]张斌贤:《学术职业化与美国高等教育的发展》,《北京大学教育评论》2004年第2期。

[197]张英丽、沈红:《学术职业:国内研究进展与文献述评》,《大学·研究与评价》2007年第1期。

[198]张应强:《大学教师的社会角色及责任与使命》,《清华大学教育研究》2009年第1期。

[199]赵炬明:《精英主义与单位制度——对中国大学组织与管理的案例研究》,《北京大学教育评论》2006年第1期。

[200]周川、蔡国春、王全林等:《院校研究——高等教育研究的新领域》,《高等教育研究》2003年第3期。

[201]周光礼、彭静雯:《从身份授予到契约管理——我国公立高校教师劳动制度变迁的法律透视》,《高等教育研究》2007年第10期。

[202]周国华:《"单位制度"与公立大学的组织特征》,《辽宁教育研究》2007年第12期。

[203]周艳:《中国高校学术职业的结构性变迁及其影响》,《清华大学教育研究》2007年第4期。

[204]周玉莲:《从新制度经济学视角看美国终身教授制度及其改革》,《世界教育信息》2010年第3期。

[205]朱平:《制度伦理视角下的高等教育制度》，博士学位论文，厦门大学，2007年。

英文参考文献

[206]Alfano K., “Recent Strategies for faculty development”, *ERIC Digest（ED371807）*, 1994.

[207]Beach A.L., “Strategies to improve college teaching:The role of different levels of organizational influence on faculty instructional practices”, dissertation, Michigan State University, 2002.

[208]Bai Kang, “Criteria for assessment and evaluation of the outcomes of sabbatical leaves as a mechanism for faculty development”, dissertation, University Of Alabama, 1999.

[209]Caffarella R.S., Zinn L.F., “Professional development for faculty:A conceptual framework of barriers and supports”, *Innovative Higher Education*, No.4, 1999.

[210]Devi C., “The impact of incentive systems on faculty behavior”, *Change*, No.32, 2000.

[211]Cobban A.B., *The Medieval Universities:their development and organization*, Methuen & Co.Ltd., 1975.

[212]Cobban A.B., *Universities in the Middle Ages*, Liverpool University Press, 1990.

[213]Eleser C.B., Chauvin S.W., “Professional development how to’s: strategies for surveying faculty preferences”, *Innovative Higher Education*, No.22, 1998.

[214]James S.Fairweather, *Faculty Work and Public Trust:Restoring the Value of Teaching and Public Service in American Academic Life*, Boston, MA: Allyn and Bacon, 1996.

[215]Feldman D.C., Turnley W.H., “A field study of adjunct faculty:The impact of careers stage on reactions to non-tenure-track jobs”, *Journal of Career Development*, No.1, 2001.

[216]Finkelstein M., “The Morphing of the American Academic

Profession" , *Liberal Education*, Vol.89, No.6, 2003.

[217]Lieberman M., *Education as a Profession*, Prentiee—Hall, 1956.

[218]Reich J.N., "Developing faculty development programs:A view from the chair" , *Journal of Counseling & Development*.No.5, 1994.

[219]August L., Waltman J., "Culture, climate and contribution:Career satisfaction among female faculty" , *Research in Higher Education*, No.2, 2004.

[220]Matney M.M., "Institutional and departmental factors influencing faculty adoption of innovative teaching practices" , dissertation, University Of Michigan, 2001.

[221]Kalivoda P.et al, "Nurturing faculty vitality by matching institutional interventions with career-stage needs" , *Innovative Higher Education*, No.4, 1994.

[222]Kalivoda P., Sorrell G.R., and Simpson R.D., "Nurturing Faculty Vitality by Matching Institutional Interventions with Career-Stage Needs" , *Innovative Higher Education*, Vol.18, No.4, 1994.

[223]Perly J., "Tenure Remains Vital to Academic Freedom" , *Chronicle of Higher Education*, No.4, 1997.

[224]Cares R.C., Blackburn R.T., "Faculty self-actualization:Factors affecting career success" , *Research in Higher Education*, No.9, 1978.

[225]Hastings Rashdall, *The Universities of Europe in the Middle Ages*, Vol I, Oxford at the Clarendon Press, 1987.

[226]Sorcinelli M.D., Near J.P., "Relations between work and life away from Work among university faculty" , *Journal of Higher Education*, No.1, 1989.

[227]Trow M., "Managerialism and the Academic Profession:The Case of England" , *Higher Education Policy*, Vol.7, No.2, 1994.

致 谢

本书是在博士论文的基础上修改而成的。

“出发之前，永远只是梦想；上路了，才是挑战”。这是论文写作过程中，时常萦绕脑海的一句箴言。早就知道博士论文写作将是一场炼狱之旅，原本以为自己已经做好了相应的准备，然而当一切真正开始，才越来越清楚地意识到当初的想法有多么稚嫩可笑。所谓炼狱，就是必须应对来自智识上的、意志上的、情感上的、体能上的多重挑战，将自身的极限向前推进，再推进……与此同时，还必须忍受那些本体性质疑的煎熬——“这样的研究在申请学位之余究竟还有哪些价值”、“渺小的自我真的能够在某种意义上把握复杂的无限么”等。幸而，在研究和写作期间，我不是独自一人，众多的良师与挚友让这段旅程得以顺利展开，并最终使我收获了一个虽不够丰美但毕竟饱含真诚的果实。回首这段经历，感激之情溢满内心。

首先我要感谢导师闫广芬教授。貌似偶然的一个机缘，使我得以结识老师，并跟随她进入了社会学的令人目眩神迷的斑斓世界，我的学术研究方式、思维与表达方式由此发生了质的改变。在论文选题阶段，正是老师提出的从“组织”视角研究大学教师问题的建议，使我的思路得以拓展，进而找到了研究的方向和立足点。在论文写作过程中，也是老师以其宽广的学术视野、严谨的治学态度和敏锐的洞察力感染着、督促着、引导着我进行学术的攀升。每当遭遇研究困境而苦闷烦躁时，老师总会给予适时的点拨和鼓励；在写作误入歧途却茫然不知时，老师及时的警示和提醒让我走出迷津……如此种种，难以尽书。老师对学生的影响并不限于学术领域。在美丽柔弱的外表下，她有着豁达而坚韧的性格。学术讨论之余，老师常常与学生分享自己的喜怒哀乐和人生感悟，进而指引学生在诚恳做人、踏实做学问的同时享受生活，善待自己，用行动营建一个充盈而快乐的人生。在浮华繁乱的现代社会，有师如此弥足珍贵！

感谢南开求学期间的几位老师：睿智宽厚的侯钧生老师、犀利率直的王处辉老师、渊博谦和的赵万里老师、敏锐严谨的关信平老师、洒脱大度的乐国安老师。他们精彩的授课让我得以领略社会学的美与深刻，他们风格迥异的教学艺术则令我眼界开阔、受益良多。感谢沈亚平、赵万里、宋秋蓉、刘清华几位老师在论文开题阶段所给予的指导，他们宝贵的建议对于论文写作富有启示意义。

我要向吉登斯、马奇和西蒙、诺斯、克罗齐耶等诸多从未谋面但对于我的研究具有重大影响的中外学者致以敬意！在学习、借鉴那些令人叹服的智慧成果的同时，我深切体会到创见的价值和科学共同体的意义。另外，还要感谢高洪源教授、吴康宁教授、傅松涛教授、王建军教授和金美福教授。与他们的交谈，不仅让我获得思想的启迪，更感受到了“师者”的无私与“学者”的执著。

感谢我的硕士导师甄德山教授。是甄先生引领着我走上了科学研究之路，帮助我奠定了学术研究的最初基础，并在心智上使我由懵懂而渐趋明朗。和蔼如慈父的老先生虽然早已退休赋闲，但始终关心着我这个关门弟子的工作、学习乃至生活。老师的辛勤付出与殷殷期望，是学生成长和进步的不竭动力。

感谢天津师范大学的领导和同事们，特别是杨宝忠院长的信任与支持，王惠来教授、王雁教授、周义教授多年来亦师亦友的鼓励和关怀。感谢张维和、程哲红、程刚几位老师，在他们的热情帮助下我得以获取至关重要的研究资料；感谢在问卷调查中提供便利条件的梁福成教授；感谢百忙之中接受访谈的二十位教师和接受问卷调查的数百位教师；感谢帮助我实施问卷调查和数据录入的众多老师和同学；感谢在英文翻译方面提供帮助的卢建民老师。没有他们的支持与协助，我的研究必然举步维艰。

感谢求学期间结识的诸多同学。同师门的杨洋、刘娜、邵彩玲、苌庆辉、赵慧杰、王屯、邵长兰、张品、朱瑞刚、吴俊，同年级的邝小军、赵方杜、周丽丽、高寒、查明辉等，是他们为我的学习生活注入了生动和愉悦。感谢董华、张栋豪、周垚几位学友，他们的真挚友谊让我享受到无尽的欢笑、惬意和温暖。

来自家人的毫不犹疑的理解、鼓励和支持，陪伴着我走过了整个求学之路。日渐年迈的父母和远在异地的姐姐以他们所能想到、所能做到的一切方式默默地帮助着我。我的先生唐耀辉，不仅在生活上给予我无微不至的体贴和关爱，而且在精神上为我提供了最有力的支撑。从收集资料、实施调查乃至数据处理、文档排版，可以说，论文写作所取得的每个进展都与他的协助密不可分。作为我的第一诤友，他活跃的思想和对现实的洞察，很大程度上影响和推动了我的研究进程。

最后，我还要感谢皮克斯（Pixar）的艺术家们无与伦比的创意，他们精彩纷呈的作品时时提醒着我——在提升个人智慧的同时保持一颗简单质朴的心灵有多么重要！

本书得以顺利出版，其中凝结着责任编辑赵丽女士大量的心血和智慧。书稿修改原本是一个琐碎而令人厌烦的过程，但赵丽编辑的善意、坦诚与精益求精使之变成一段令人难忘的愉快经历。在此，特别致以真挚的谢意！书稿的完成，意味着一段新旅程即将开启。愿自己能够在未来的岁月里继续学术前行的脚步并有所作为，使上述言辞形态的感激渗透到具体、真实的行动之中。

吴艳茹

2012年8月于天津